# EL PRINCIPIO
## DE LA
# ANTORCHA

*Enciende tu mente*

**Javier ideami**

Sound of Touch

*El principio de la antorcha—Cómo la innovación y la creatividad pueden fortalecer tu carrera, salud y bienestar.*

Javier Ideami.

Copyright © 2016 por Javier Ideami.

Todos los derechos reservados.

Diseño de portada: Javier Ideami.

Diseño interior: Javier Ideami.

Todos los derechos reservados. Este libro fue publicado por el autor Javier Ideami bajo el sello editorial *Sound of Touch*. No está permitido reproducir ninguna parte de este libro de ninguna forma ni manera sin la autorización expresa del autor. Esto incluye reimpresiones, extractos, fotocopias, grabaciones, o cualquier forma futura de reproducir texto.

Si deseas hacer cualquiera de las cosas mencionadas, por favor solicita permiso primero contactándonos en:

[Web] **torchprinciple.com**

Publicado por el sello *Sound of Touch*.

ISBN 978-0-9972477-2-5

# Índice

| | |
|---|---|
| Sobre el autor | 5 |
| Prefacio | 7 |
| Cómo leer este libro | 9 |
| Dedicatoria | 13 |
| Operación libera tu mente | 15 |
| La mente eléctrica | 37 |
| Dos poderosos amigos | 51 |
| Carrera por la supervivencia | 75 |
| El principio de la antorcha | 85 |
| Ejercitando tus músculos creativos | 163 |
| Salud y bienestar | 263 |
| Narrativa creativa | 305 |
| La evolución de las ideas | 317 |
| La educación natural | 323 |
| Producciones creativas | 327 |
| Escalando el pico del *marketing* | 345 |
| Negocios creativos | 357 |
| Consejos adicionales para el mantenimiento | 365 |
| La innovación en números | 373 |
| La esencia de la creatividad | 381 |

| | |
|---|---:|
| La personalidad creativa | 391 |
| Citas creativas | 401 |
| ¿Te gustó el libro? | 411 |
| Glosario | 413 |
| Referencias | 419 |

# Sobre el autor

*"No temas la perfección, nunca la alcanzarás".*

**– Salvador Dalí.**

Javier Ideami es un director creativo multidisciplinar, artista, ingeniero y emprendedor. Javier es el fundador de los estudios Ideami y de muchos otros proyectos alrededor del mundo, desde Silicon Valley a las junglas de Bali. Ha dado conferencias en prestigiosos lugares, desde las universidades de Stanford y Berkeley en California, a la central de la FAO/Naciones Unidas, el centro financiero de Londres, la facultad de arquitectura de la Universidad de Roma, la Conferencia Internacional de Diplomacia Cultural de Berlín y muchos otros. Ha recibido premios en áreas tan diversas como la ingeniería informática, la fotografía, el cine, la música, las instalaciones tecnológicas, etc. Su web central se puede consultar en:

[Web] ideami.com

# Prefacio

*"No puedes esperar por la inspiración, tienes que ir a por ella con un bate".*

**– Jack London.**

## Es hora de expandirnos

¿Encaras desafíos personales o profesionales que requieren soluciones originales e innovadoras? ¿Te cansan las soluciones típicas que no duran lo suficiente? ¿Te gustaría encontrar un mejor equilibrio entre tus músculos analíticos y creativos para enriquecer tu carrera, salud y bienestar?

Los momentos más felices de mi vida, tanto profesional como personalmente, han tenido a menudo algo en común: son momentos en los que mis procesos analíticos y mi ego no dominaban mi mente. A través de diferentes experiencias y proyectos he sido testigo de cómo la divergencia creativa puede trascender los límites del pensamiento analítico para acelerar la generación de soluciones innovadoras a nuestros desafíos profesionales y personales. A través de una mezcla de compresión y ejercicios, el principio de la antorcha te ayudará a descubrir que más allá de la orilla analítica se encuentra un vasto océano de posibilidades que puede enriquecer tu vida profesional y personal de manera extraordinaria. Los límites nos los marcamos cada uno, y ya es hora de que llevemos esos límites mucho más lejos, ¿te parece?

## En Perspectiva

El contexto lo es todo. Reflexionemos sobre la manera en que este libro encaja en el contexto global de la innovación. En *el principio de la antorcha* revisamos el proceso de innovación completo, desde el establecimiento de un desafío hasta la generación y evaluación de su solución. Sin embargo, el libro se centra principalmente en las fases donde la divergencia creativa es la protagonista. Y es importante explicar el por qué: nuestra sociedad hace un gran énfasis en los procesos analíticos, sistemáticos y lógicos. La mayoría de los adultos están bien entrenados en ellos. Un exceso de estos procesos puede ser dañino tanto profesional como personalmente. Por ello, nos centramos en ayudarte a recuperar el equilibrio entre tus músculos analíticos y los creativos. Y dado que no nos falta ni información ni entrenamiento en la parte analítica, nos centramos en aquella parte que está más descuidada en nuestra sociedad, la divergencia creativa. Nuestros objetivos son dos: Primeramente, darte estrategias y ejercicios que puedes usar para fortalecer tus músculos creativos y mejorar el equilibrio entre ellos y los analíticos. Segundo, proporcionarte herramientas que te ayuden a lidiar con la complejidad y la competición a través de la divergencia creativa, utilizando todo tu potencial.

# Cómo leer este libro

*"Una vez que nos deshacemos del pensamiento tradicional podemos ponernos a crear el futuro".*

— **James Bertrand.**

## Más que un libro

Con *el principio de la antorcha* no adquieres solo un libro, sino también una plataforma *online* donde podrás acceder a infografías, vídeos y herramientas relacionadas con el *brainstorming* y la innovación creativa.

## Lo primero es lo primero

Abre un navegador web y visita la siguiente página:
**[Web] torchprinciple.com/join**

En esa página podrás unirte a la plataforma. Tendrás que introducir en el formulario el lugar donde compraste el libro, así como el número de la transacción. En breve recibirás tu *nombre de usuario* y contraseña y podrás acceder a todo el contenido asociado al libro.

En los diferentes capítulos del libro incluiré en ocasiones direcciones web que podrás usar para acceder a infografías, vídeos o herramientas conectadas con esa parte del libro.

## La primera vez haz los ejercicios y consulta los vídeos en secuencia

En el sitio **[Web] torchprinciple.com** podrás acceder a vídeos cortos que muestran ejemplos de cada uno de los ejercicios. Para limitar la duración de los vídeos, el contenido de cada uno de los ejemplos incorpora las ideas generadas en los módulos previos. Por ello, recomendamos que la primera vez que leas el libro practiques los módulos y veas los vídeos en secuencia. Tras un primer visionado, puedes practicarlos de nuevo en cualquier orden o crear tus propias variaciones.

## Combinando español e inglés

El sitio web de este libro, [Web] **torchprinciple.com**, así como las herramientas *online* que contiene, están disponibles solo en inglés. Para usar tanto la web como las herramientas es suficiente con tener un nivel básico o medio de inglés. Confío en que si tu idioma principal es el español, podrás hacer un buen uso tanto de la web como de la mayoría de las herramientas. Como beneficio adicional, leer el libro en español y acceder a las herramientas y a la web en inglés es un estupendo ejercicio para tu mente. ¡Adelante!

## Lista musical

En algunos de los ejercicios de este libro has de utilizar piezas musicales de fondo. Puedes usar herramientas como *Spotify* para encontrar la música que necesites:
[Web] **spotify.com**

Alternativamente, en las siguientes direcciones puedes acceder a piezas musicales que puedes utilizar en los ejercicios. Debido a los derechos legales de las piezas, estas no se pueden descargar, solo reproducir desde la página web.
[Web] **torchprinciple.com/soundmap**
[Web] **torchprinciple.com/music**

## Revelaciones/ideas

En este libro usaré indistintamente las palabras revelación e idea para referirme a lo que en inglés se denomina *insight*. Ambas palabras aportan algo sutilmente diferente en relación a lo que pueden generar los procesos subconscientes. Por lo tanto, a menudo utilizaré la combinación revelación/idea en el texto.

## Compartimos esta misión

En esta misión estamos juntos. Por ello, te invito a que me contactes directamente cuando quieras para compartir cualquier duda, pregunta o reflexión conectada con el libro. Es posible que no tenga tiempo para contestar a todos los correos electrónicos, pero prometo intentarlo. Puedes contactarme en ideami@ideami.com.

# Dedicatoria

A mi familia y a mis seres queridos, y a todos aquellos que tienen el coraje de ejercitar su divergencia creativa, de ir más allá de lo repetitivo y de lo convencional, para generar progreso y alegría en sus vidas personales y profesionales y en las de otras personas.

# CAPÍTULO 1:
# Operación libera tu mente

*"Grande es el humano que no ha perdido su corazón infantil".*

— **Mencius (Meng-Tse), Siglo IV a.C.**

¿Cuántas veces aparece en este libro la palabra "problema"? 60. ¿Cuántas veces aparece la palabra "desafío"? 513. Comprender la diferencia entre ambas perspectivas, el problema frente al desafío, es una de las claves para que tu vida sea más innovadora, fresca, original y gozosa.

## Un rápido resumen de este libro

Si vives en el planeta Tierra, afrontas muchos desafíos, tanto a nivel personal como profesional. Algunos son demasiado complicados para encararlos usando solamente la lógica y el análisis. Además, las soluciones típicas no son prácticas, o bien porque los competidores ya las están implementando o porque el valor que proporcionan no dura lo suficiente.

Para triunfar necesitas mejorar tus estrategias y producir soluciones innovadoras, diferentes y únicas a tus desafíos personales y profesionales. No puedes correr una maratón sin antes entrenar tus músculos corporales regularmente, y del mismo modo no puedes convertirte en un maestro de la innovación sin antes aprender a ejercitar tus músculos creativos.

En este libro te mostraré cómo ir de tu desafío personal o profesional a la generación de una idea innovadora y cómo ejercitar tus músculos creativos para convertirte en un maestro de este proceso. También exploraremos cómo el pensamiento creativo puede beneficiar tu salud y tu bienestar.

## Estructura del libro

Este primer capítulo es una introducción. El segundo capítulo, "La mente eléctrica", introduce el teatro de operaciones, nuestro cerebro. El tercer capítulo, "Dos poderosos amigos", cubre las dos estrategias clave que nuestra mente utiliza para procesar información: el pensamiento analítico y el creativo. El cuarto capítulo, "Carrera por la supervivencia", conecta estas dos estrategias con nuestra biología y nuestra transición de niños a adultos. El quinto capítulo, "El principio de la antorcha", te guía a través de las fases típicas de los procesos de innovación más exitosos. El sexto capítulo, "Ejercitando tus músculos creativos", te proporciona formas específicas de entrenar estos músculos. Finalmente, el capítulo siete explora cómo las estrategias creativas pueden beneficiar tu salud y bienestar. La segunda parte del libro incluye 10 pequeños capítulos que cubren información extra y complementaria que expand los capítulos anteriores. Profundizan más en temas como la narrativa, la educación, el marketing, los negocios y otros.

## Comenzamos el viaje

Te doy la bienvenida a un viaje fascinante. Reconozco tu valentía y coraje al aceptar este desafío, pues la misión en la que nos vamos a embarcar no es apropiada para los temerosos: tiene el potencial de transformar tu carrera profesional, salud y bienestar de forma dramática.

Juntos, vamos a producir un cambio fundamental en el núcleo y base de cómo piensas y funcionas.

El objetivo de este libro es claro. Primeramente, contribuir a transformarte en un ser humano más equilibrado, completo y exitoso. Segundo, ayudarte a que te eleves sobre la complejidad y/o competición que te rodea y a que encuentres soluciones innovadoras a los desafíos que afrontas tanto a nivel personal como profesional. Nos centraremos en ejercicios prácticos, estrategias, herramientas y trucos que puedes aplicar tanto durante como después de la lectura.

Hoy en día, la complejidad y la competitividad son compañeros constantes en nuestras vidas profesionales y personales. No basta crear un producto o servicio que funciona. Tampoco basta usar la lógica para administrar nuestras relaciones personales y profesionales. Su complejidad requiere un enfoque diferente.

Hoy necesitamos soluciones innovadoras a nuestros desafíos personales y profesionales. Para prosperar, para triunfar y permanecer ahí arriba, necesitamos primeramente divergir inteligentemente antes de converger a soluciones extraordinarias.

Llegar ahí requiere un esfuerzo. No corremos una maratón sin antes entrenar. Todos comprendemos la necesidad de ejercitar nuestros músculos corporales para mantener nuestra salud. De la misma manera, también necesitamos ejercitar nuestros músculos creativos para mantenernos en forma y listos para encontrar soluciones innovadoras a nuestros desafíos. En este libro hay ejercicios específicos y herramientas que puedes usar para mantener esos músculos creativos fuertes y flexibles.

A través de este camino tendré a una compañera conmigo. Creo en el diálogo y en la interacción más que en largos discursos. Por ello, estaré interactuando con mi propia mente (metafóricamente hablando) durante algunas partes de este libro.

Introducir diálogos es también una forma de recordarnos a nosotros mismos que siempre existe una nueva perspectiva en cualquier tema, un nuevo giro esperando a la vuelta de la esquina. Mantén tu mente abierta y disfruta de este camino. Cada vez que nuestra compañera diga algo, sus palabras estarán rodeadas de comillas dobles.

"¡Esa soy yo!".

Así es, gracias, mente. Siéntete libre de mostrarnos tu perspectiva y darnos tu opinión en cualquier momento por favor.

"Así lo haré, ¡esto es divertido!".

Gracias mente, ¡me ilusiona explorar esta interacción!

## Una mente sin género

La mente se expresará en el libro a veces con una voz masculina y a veces con una femenina. Es una forma de celebrar la flexibilidad de nuestra mejor herramienta.

## Profesional y personal

Comencemos enfatizando algo muy importante:

Mucha gente piensa en la innovación y la creatividad solamente en relación a sus trabajos y carreras profesionales. Pero los beneficios de lo que vamos a cubrir aquí se aplican de igual manera a tu vida personal. Si sigues este viaje, te vas a convertir en un ser humano más equilibrado y completo y como consecuencia de ello, te convertirás en un profesional más creativo y exitoso.

## El efecto resistencia

Fortalecer tus músculos creativos no es fácil. Tu mente se resistirá. Te saltarán las defensas. Pensarás que no merece la pena o que es demasiado difícil.

Comprendamos por qué sucede esto.

Hay una mezcla de razones, pero nos queremos centrar en las culturales.

Nuestras sociedades han enfatizado tradicionalmente la importancia de la eficiencia, los resultados rápidos y el pensamiento analítico. En el pasado, lidiar con la competición y la complejidad no era tan importante como lo eran otras prioridades más básicas.

"La mayoría de la gente quería hacer las cosas de la forma más rápida y fácil".

Esto crea adultos desequilibrados que tienden a vivir la mayor parte de su tiempo en espacios mentales analíticos. A su vez, esto refuerza el efecto resistencia. El pensamiento analítico ansía la seguridad y la certidumbre inmediatas. Cualquier otra opción es sospechosa.

"¿Cómo nos sobreponemos a esto?".

Necesitas afrontar el efecto resistencia de forma positiva. Es la única manera de recuperar tu equilibrio. Las recompensas son grandes. Convertirte en un ser humano más equilibrado y en un profesional más exitoso.

"¿Puedo realmente hacer esto…?".

Requiere coraje y determinación el cambiar cualquier hábito. Imagínate pasar un mes entero comiendo pasteles todos los días. Después de 30 días te sientes hinchado y bastante mal. No puedes continuar así. Necesitas equilibrar tu dieta. Pero hay un problema: has creado un nuevo hábito. Tu cuerpo ansía el azúcar todos los días. Necesitas luchar contra ese hábito y ajustar tu manera de pensar, ayudando a que tu cuerpo se acostumbre a una dieta más equilibrada.

"Y eso es después de 30 días…".

Así es. Si eso sucede tras 30 días, imagina lo que sucede después de tantos años dando preferencia al lado analítico de tu mente.

Una cosa más: como veremos más adelante, luchar contra un hábito no significa necesariamente intentar eliminarlo de golpe, lo cual a menudo fracasa, sino abrir otros caminos, otras rutas, que poco a poco y de forma orgánica generan un nuevo equilibrio más saludable.

## No necesito eso, estoy bien como estoy

Es muy tentador decir esto. El problema es que las consecuencias de nuestros hábitos tardan un tiempo en hacerse totalmente visibles. Si comes pasteles todos los días podrías sentirte bien, incluso genial, por un tiempo. Sólo después de varias semanas comenzarás a sentir los efectos de esa loca dieta y pasarán unos meses hasta que tu cuerpo comience a reaccionar negativamente. Nuestros cuerpos y mentes son resistentes, pero tienen un límite.

Si no ejercitas tus músculos creativos estás limitando tus horizontes tanto personal como profesionalmente. Con el tiempo esto producirá síntomas que son tan fuertes y peligrosos como los físicos. Te sentirás ansioso, estresado, vacío, insatisfecho, constreñido, limitado, pequeño, falto de una clara misión vital, etc.

"No suena bien…".

Se trata de una elección.

"¿Es realmente así?".

¿Es tu elección ser un vago o hacer ejercicio?

"Sí, claro".

Bien, entonces también es tu elección si decides usar tu potencia mental en el limitado y repetitivo reino analítico, o si ejercitas tus músculos creativos para expandir tus horizontes y tu mente.

La primera elección produce individuos insatisfechos, estresados, ansiosos y repetitivos. La segunda elección produce personas equilibradas, frescas, completas, satisfechas y creativas.

"¡Llévame ahí!".

Comencemos con unas bases importantes.

## Estableciendo las bases

Antes de comenzar este fascinante viaje, clarifiquemos algunos términos que usaremos a menudo en este libro.

- **PA:** Pensamiento analítico. Nos encanta analizar, ¿verdad? Los adultos son expertos en vivir en esa punta del iceberg de nuestro potencial. El PA se siente a gusto en nuestra mente consciente y cerca del lenguaje. La lógica y el análisis son sus amigos y es típicamente sistemática y secuencial. El PA es convergente, intenta obtener respuestas y soluciones tan rápido como sea posible, ama el pasado porque es más rápido el usar información pasada que el pasar tiempo explorando lo que es siempre nuevo, el momento presente.

- **PC:** Pensamiento creativo. La piedra angular de la innovación. Se siente a gusto con los procesos subconscientes, amplios y orgánicos. Tiene un sabor visual y es capaz de realizar procesamientos simultáneos. El PC es divergente, expande tus horizontes y abre nuevos caminos en tu mente.

- **PA/PC, el PA y el PC:** Las abreviaciones PA y PC serán usadas indistintamente con o sin artículo. Será lo mismo decir: "El PC nos ayuda a…", que "PC nos ayuda a".
"Músculos PC", que "Músculos del PC".
"Procesos PC", que "Procesos de PC".
"Filtros PC", que "Filtros del PC".

- **Subconsciente:** Cuando usamos la palabra subconsciente en este libro, nos estamos refiriendo a procesos que claramente no están siendo controlados conscientemente.

- **Acantilados de cierre:** Son patrones mentales que han sido repetidos tan a menudo que es muy fácil reactivarlos, lo cual nos aleja de otras posibilidades más innovadoras. Constriñen y limitan nuestros horizontes.

- **Divergir antes de converger:** Uno de los mantras principales de este libro. La divergencia creativa nos mantiene alejados de los acantilados de cierre, y nos permite explorar nuevas posibilidades antes de converger a respuestas y soluciones específicas.

- **PITE (DITS en inglés):** La divergencia hecha correctamente requiere profundidad, ingredientes, tiempo y espacio.

- **Caminos de mínima resistencia:** Nuestros pensamientos suelen seguir caminos y patrones mentales que hemos usado con anterioridad.

- **Olla subconsciente:** Una metáfora para describir nuestro subconsciente como si fuera una olla de cocina donde recogemos ingredientes de calidad para nuestros procesos creativos.
  [Web] **torchprinciple.com/subconsciouspot**

- **Ascensores de profundidad:** Podemos interactuar con un desafío a diferentes niveles de abstracción y profundidad. Cuanto más abajo descendemos en los ascensores de profundidad, más nos acercamos a las raíces y cimientos de nuestro desafío y a toda su complejidad.
  [Web] **torchprinciple.com/depthelevator**

- **Ascensores de textura:** Podemos interactuar con texturas visuales a diferentes niveles de abstracción. Cuanto más abajo descendemos, más fácilmente divergimos y conectamos con ideas inesperadas.
  [Web] **torchprinciple.com/textureelevator**

- *Input(s):* Entradas, información, datos que llegan a nuestros sentidos.

- *Output(s):* Salidas, acciones, comportamientos, etc., generados a partir de procesos mentales.

- **Mapa acústico (*soundmap/soundscape*):** Pieza de audio que reproduce un contexto acústico específico. Ejemplos: el sonido de una jungla, de un bar, de la lluvia, de pájaros cantando, etc.
  [Web] **torchprinciple.com/soundmap**

- *Soundstorming/Lightstorming/Emotionstorming/ Contextstorming/Gesturestorming/Linestorming/ Patternstorming/Wordstorming*: Técnicas de *brainstorming* que trabajan con sonidos, texturas visuales, emociones, cambios de contexto, gestos corporales, movimiento, improvisación, dibujo, patrones visuales, palabras, etc.

- **Desafíos frente a problemas:** Piensa en desafíos (positivo), no en problemas (negativo). Como dijo Thomas Edison sobre sus muchos intentos de inventar la bombilla: "No he fallado, he encontrado 10.000 formas que no funcionan". Todos esos intentos son vistos como fracasos si pensamos en términos de problemas. Desde la perspectiva de un desafío, aquellos intentos son simplemente pasos útiles en nuestra ruta hacia encontrar la mejor solución.

"¿Puedes darme ejemplos de lo que quieres decir con desafíos?". Un desafío es cualquier escenario complejo para el que necesitas encontrar una solución. Una que sea innovadora y original. Encontrar tal solución te pondrá por delante de tus competidores y te ayudará a adaptarte a la naturaleza cambiante de cualquier situación compleja.

Aquí incluyo varios ejemplos del infinito número de desafíos profesionales/personales que requieren soluciones innovadoras:

- En mi empresa trabajamos en una aplicación que anima a la gente a practicar deporte. Necesitamos ideas para que la aplicación sea útil pero también entretenida.
- Nuestro departamento de recursos humanos tiene dificultades en identificar a los mejores candidatos para cargos clave de la empresa. ¿Cómo podemos mejorar el proceso de selección?
- Quiero promocionar un producto de limpieza usando narrativa, creando una historia original con el producto como base. Necesito ideas para esa historia.
- Mi compañero y yo estamos buscando ideas originales para actividades que podamos hacer juntos durante nuestras vacaciones o fines de semana.
- Nuestra empresa quiere organizar eventos de dinámica grupal que mejoren nuestro trabajo en equipo. Buscamos ideas para ello.
- Nuestra empresa investiga formas de interferir con el riego sanguíneo que alimenta a las células tumorales. Buscamos nuevas ideas creativas a partir de nuestro conocimiento actual.

- Quiero escribir un libro de ficción sobre un asalto a un banco. Me gustaría desarrollar la base de la historia.
- Somos una empresa especializada en organizar eventos para personas mayores. Buscamos ideas originales y creativas que sorprendan a nuestros clientes.
- Somos una empresa que diseña tecnología para ropa. Tenemos muchos competidores. Buscamos ideas originales para hacer que la ropa sea interactiva de forma útil.
- Estoy creando una canción para anunciar un producto. Necesito inspiración para escribir la letra de la canción.
- Estoy trabajando en el guion de un cortometraje que anunciará y dará visibilidad a nuestra empresa. Necesito generar la historia.
- Mi compañero y yo discutimos debido a nuestros diferentes puntos de vista sobre el orden y la limpieza. Buscamos formas únicas de organizarnos en torno a este desafío.
- Cualquier otro. No hay límites en cuanto al desafío con el que vas a trabajar. Todo es posible. Lo mejor es elegir desafíos que te importen, ya sea a nivel profesional o personal.

Y para cada uno de esos desafíos puedes decidir reutilizar viejas soluciones, si existen, o encontrar una nueva solución.

"¿Es siempre necesario encontrar una nueva solución?".

No hay absolutos y no siempre es necesario. Pero innovar produce, a nivel personal y profesional, beneficios cuyos efectos son profundos y duraderos.

Vamos a viajar con nuestra imaginación por un momento. Es un tranquilo día de invierno. Abres los ojos y delante aparece un hermoso y fresco campo nevado. El campo se extiende en todas las direcciones. Está lleno de tantas posibilidades… Es un gran desafío, pero quieres y necesitas cruzarlo. La nieve es abundante y tienes miedo a que un paso en falso termine en lesión. Dudas pero necesitas cruzarlo, necesitas moverte.

"Necesito valor…".

Entonces te das cuenta de algo. Huellas, pisadas creadas por alguien. Pisadas que parecen cruzar el campo de forma segura y predecible. Y te preguntas: ¿Debería seguir esas huellas, que al parecer me guiarán de forma segura y predecible a través del campo? ¿O debería arriesgarme y abrir una nueva ruta a través de la nieve, un camino que me lleve a un lugar diferente, donde otros no han llegado antes?

"¿Y si combinamos ambas opciones?".

¿Debería incluso combinar estrategias, comenzando mi camino con esas huellas predecibles que encontré, pero desviándome a veces para explorar nuevas posibilidades?

Es tu elección si quieres seguir el camino que aparentemente es más seguro o abrir uno nuevo, pero ten en mente lo que a menudo sucede con ese camino que parece tan seguro…

"No hay nada realmente gratis…".

Tantas personas han seguido ese camino que se ha hecho cada vez más profundo. Tan profundo que si lo sigues podrías quedarte atrapado en uno de los muchos surcos que se crean en la mente. Atrapados, aburridos, vacíos, así es como a veces nos sentimos cuando decidimos seguir las rutas fáciles y predecibles de la vida.

"Lo que comienza fácilmente no siempre termina de la misma manera…".

Estos caminos comienzan típicamente de forma fácil y segura, pero el aburrimiento y la repetición son a menudo lo que nos encontramos al otro lado o allá donde nos quedemos atascados. Abrir nuevas rutas requiere coraje y determinación, pero las recompensas son muchas, incluyendo más alegría y una vida personal y profesional fresca y dinámica.

"¡Eso merece la pena!".

## Encuentra tu felicidad

Todo el mundo quiere sentirse satisfecho y lleno. ¿Qué tipo de satisfacción buscas? ¿La que te da un subidón potente y veloz de alegría que se desvanece igual de rápido? ¿O la que te suministra un flujo continuo de satisfacción cuya fuerza se mantiene a través de los años?

"¡La respuesta me parece clara!".

Si lo que buscas es lo segundo, estás en buena compañía. Este libro trata de un estilo de vida que interactúa con el mundo en formas que mantienen tu salud, mente y carrera frescos y excitantes.

Es fácil caer eventualmente en el aburrimiento y la rutina. Al finalizar este libro, habrás entendido y descubierto muchas formas de mantener la parte más importante de tu ser fresca y revitalizada. Mirarás al mundo que te rodea de una forma completamente diferente.

## Me presento

Tras los conceptos iniciales, es hora de presentarme.

Soy Javier Ideami, a cargo de esta nave cuya misión es guiarte hacia la forma de equilibrar tu forma de pensar, liberando tu mente para reconquistar tu auténtico potencial como ser humano innovador y creativo.

Durante mi carrera he recibido reconocimientos en muchos campos, desde los medios creativos y la tecnología, hasta los negocios y la ingeniería. Esta es una historia que comienza cuando era un niño, lleno de una intensa pasión por explorar y resolver desafíos.

Tras estos años como director creativo multidisciplinar, artista, emprendedor e ingeniero, comparto contigo una mezcla de conocimiento y herramientas diseñadas para ayudarte a transformar tu forma de pensar y a ejercitar tus músculos creativos.

Durante esta misión explorarás cómo la creatividad e innovación influencian tu carrera, salud y relaciones interpersonales. Estos son pilares fundamentales de nuestras vidas y la manera en que procesamos información, cómo pensamos, les da forma en cada instante.

Esta comprensión profunda es la mitad del proceso. La otra mitad es pasar a la acción para fortalecer tus músculos creativos y equilibrar tus técnicas de pensamiento analítico y creativo.

Este es nuestro desafío, adecuado para todas las trayectorias, desde principiantes a expertos. He preparado una nave versátil, una que nos conducirá juntos hasta los misterios más profundos del pensamiento humano, el pensamiento creativo y la innovación.

El viaje que estamos a punto de comenzar te llevará desde los impulsos eléctricos de nuestras neuronas, en lo más profundo del cerebro, hasta las decisiones empresariales clave que dan forma a nuestro mundo y hasta el delicado equilibrio y paz que todos buscamos en nuestra existencia.

Para llegar hasta ese punto necesitamos caminar juntos hasta las raíces más profundas del pensamiento creativo. Es un camino que podría cambiar cómo te ves a ti mismo. Crucemos esa línea y no habrá marcha atrás.

"¡Adelante!".

## En búsqueda de una gran solución

Un ingeniero decide explorar en detalle una señal inesperada, un valor aparentemente insignificante que finalmente le ayuda a encontrar la causa de un importante accidente. Un corredor de bolsa predice con éxito un cambio largo e inesperado en los mercados al asociar dos eventos aparentemente no conectados. Un artista captura el interés de las audiencias aplicando un estilo inusual a sus fotografías, combinando diferentes disciplinas creativas aparentemente no relacionadas. Una pareja explora creativamente sus interacciones y encuentra la actividad que mejor les conecta durante sus crisis.

Todos estos eventos tienen algo en común: seres humanos afrontan o crean desafíos complejos, definen misiones en relación a objetivos específicos, eventos o comunidades. Acumulan datos e información desde múltiples ángulos. Y tras incubar esos datos, generan eventualmente ideas de calidad, soluciones originales nacidas de la combinación de una colección de ingredientes únicos. Estas soluciones se transforman entonces en algo tangible: la decisión de comprar o vender acciones, un informe sobre las causas de un accidente, una nueva serie fotográfica, o la decisión de compartir nuevas actividades o proyectos.

Estas soluciones pueden ser prototipos o productos completamente terminados, servicios, comportamientos o acciones. Las opiniones recibidas de los que reciben los resultados pueden reactivar el proceso completo, puliendo y pivotando esas soluciones hacia nuevas direcciones.

¿Verdad que es increíble cómo estos descubrimientos pueden transformar vidas enteras, comunidades y hasta el planeta completo en un espacio breve de tiempo? El mismo concepto puede ser aplicado a niveles más íntimos y cercanos, en nuestras relaciones y trabajos, en cualquier entorno complejo.

Algunos llaman a estos procesos innovación, otros lo definen simplemente como creatividad. Cómo de habilidosos seamos en estos procesos afecta de forma dramática nuestra vida profesional y también nuestra salud y bienestar general.

Te invito a viajar conmigo a las profundidades de la creatividad. Únete a esta misión y comienza a desvelar los misterios de la innovación y de una mente más equilibrada y saludable.

A menudo nos ayuda el encarar nuestro desafío como si fuera una misión. Demos un nombre a esta misión: "Operación libera tu mente".

Revisemos cuales son algunos de los objetivos de esta misión:

- Desbloquear y estimular tu pensamiento creativo.
- Comprender cómo tu pensamiento creativo puede fortalecer tu salud, carrera y bienestar.

- Proporcionarte herramientas y técnicas para ejercitar tu pensamiento creativo.

Y clarifiquemos qué significan carrera, salud y bienestar en el contexto de nuestra misión.

- **Carrera:** Adquiere los recursos que te permiten vivir con comodidad.
- **Salud:** Mantén tu cuerpo y mente frescos y activos.
- **Bienestar:** Alcanza una sensación de paz y satisfacción, una que te permita sentir tranquilidad y gozo incluso en la ausencia de apoyos externos, que a menudo vienen y van.

Sobre todo, esta es una misión sobre seres humanos, sobre la necesidad de movernos hacia un mejor equilibrio interno. Un equilibrio muy unido a la cooperación cercana y a la armonía entre nuestras poderosas y diversas formas de pensar.

Todo en esta misión está orientado hacia la mejora de las partes de tu vida que más importan. En este sentido, la creatividad se convierte en una forma de ser, una forma de vivir.

## En contexto: la edad de los innovadores

El contexto lo es todo. Si vamos a conquistar nuestro desafío con éxito, deberíamos comprender los tiempos en que vivimos.

Y vivimos en tiempos muy excitantes.

"¡A veces no puedo ni dormir!".

Así es, ¡las mentes creativas pueden verse abrumadas hoy en día!

"Supongo que no siempre fue así…".

Bueno, querida mente, a medida que la complejidad ha crecido en nuestras sociedades, en la forma en que interactuamos los unos con los otros, en cómo trabajamos y nos comunicamos, la importancia de la innovación y la creatividad como herramientas para lidiar con tal complejidad ha crecido gradualmente.

En una sociedad tan compleja, dinámica y cambiante, las viejas soluciones y estrategias pronto se vuelven irrelevantes y anticuadas.

"La innovación se convierte en una compañera clave".

Es la tremenda velocidad de cambio la que requiere nuevas formas de pensar y abordar el mundo.

Hoy, la gente se da cuenta de que aislarse del mundo no es eficiente. Las bases se desplazan velozmente, las opiniones pueden cambiar con gran rapidez, comunidades de seguidores aparecen y se desvanecen en apenas unos días; el trabajo hecho en aislamiento puede perder inesperadamente gran parte de su valor.

En respuesta a esto, los profesionales están aprendiendo el valor del prototipado rápido y la iteración, del desarrollo ágil y las metodologías *lean*, adaptándose a entornos que cambian a la velocidad del pensamiento.[1]

Es por ello que las empresas más exitosas son aquellas que buscan la innovación constante en respuesta a los entornos cambiantes. Se distinguen de los demás presentando, comunicando y mostrando lo que ofrecen en la forma más atractiva y original.

Los mejores innovadores son artistas de la vida, integrando soluciones emocionales, financieras, tecnológicas y mediáticas desde perspectivas locales y globales; artistas de la vida que comprenden los mercados y las audiencias que compartirán y se beneficiarán de sus productos, servicios e iniciativas.

En el núcleo de esta excitante transformación encontramos un potente motor: la tecnología.

## En la autopista tecnológica

Es fácil dar por sentado el tremendo motor de innovación en que se ha convertido la tecnología.

Hoy tenemos a nuestra disposición increíbles herramientas que aceleran la innovación y la productividad empresarial mientras contribuyen a la convergencia y a la integración de ambas. También

liberan nuestro tiempo para que podamos dedicar más de ello a nuestras familias y seres queridos.
[Web] **torchprinciple.com/arttech**

Piensa en esto: por una cantidad de dinero que está al alcance de la mayoría de las familias de clase media puedes registrar un negocio en horas o días y adquirir muchas de las herramientas creativas que necesitas para capturar el interés de audiencias a escala planetaria. Revisemos algunos ejemplos:

- Abrir un nuevo negocio es cada vez más fácil. Webs *online* te permiten registrar y realizar los procedimientos administrativos para crear una nueva empresa en pocos minutos o días.
  Ejemplos:
  [Web] **legalzoom.com**
  [Web] **clerky.com**

- Cuando creas un producto *online*, necesitas alojarlo en algún sitio para que se pueda acceder a él desde todo el mundo. Alojar tu página web o aplicación en la nube o en un servidor dedicado es cada vez más accesible y barato. Además, muchas plataformas en la nube te permiten escalar rápidamente y en tiempo real los recursos que utilizas, para así adaptarte a audiencias de todos los tamaños.
  Ejemplos:
  [Web] **ovh.com**
  [Web] **aws.amazon.com**

- Por precios asequibles puedes poseer una cámara de fotos o de vídeo con suficiente calidad para mostrar tu trabajo en la pantalla de un cine. Producciones audiovisuales de la más alta calidad son hoy en día posibles para empresas de todos los tamaños.
  Ejemplo:
  [Web] **blackmagicdesign.com**

- Puedes externalizar mucho trabajo a trabajadores autónomos por precios asequibles en plataformas *online* como Upwork, Guru, Amazon Mechanical Turk, Task Rabbit y otras.
Ejemplo:
[Web] **upwork.com**

- Las herramientas disponibles para comercializar tu producto y el tamaño de las audiencias *online* han crecido de forma exponencial.

- Las ganancias pasivas por internet a través de blogs, marketing de afiliación, libros electrónicos, aplicaciones tecnológicas y otros medios se están convirtiendo en una forma de vida para muchas personas alrededor del mundo.
Ejemplo:
[Web] **smartpassiveincome.com**

- Inversores y bancos no son ya la única forma de conseguir financiación. El *crowdfunding* se ha convertido en una forma normal de financiar negocios, proyectos y empresas. Las historias exitosas abundan, desde cantidades tan pequeñas como 2000 € hasta millones de euros para financiar películas de cine o proyectos empresariales.
Ejemplos:
[Web] **kickstarter.com**
[Web] **indiegogo.com**

Y la lista podría ser aún mucho más larga.

"¡Qué tiempos tan excitantes!".

Hoy, el éxito de nuestros proyectos depende más de la calidad de nuestras ideas, de nuestra productividad, perseverancia y habilidades así como de la evolución de los mercados, que de nuestro presupuesto.

"Innovar se ha hecho barato".

Ciertamente mucho más barato que antes. Ha habido muchas eras de innovación en el pasado, pero esta es diferente, esta es una era de innovación asequible, porque involucra a un porcentaje de la humanidad más grande que nunca antes en la historia.

A medida que la complejidad a nuestro alrededor continúa creciendo y las herramientas se hacen más baratas, innovar se vuelve una necesidad que más gente puede abordar.

"Las ideas adquieren un valor importante".

Nos estamos convirtiendo en una sociedad de ideas. Una sociedad en la que los presupuestos, mientras sean flexibles, pueden convertirse en preocupaciones secundarias. El énfasis se concentra sobre todo en los conceptos e ideas detrás de nuestros proyectos así como en su implementación.

"Pero aquí estás hablando de carreras y trabajos, ¿verdad? ¿Y qué hay sobre la salud y el bienestar?".

Lo que estamos considerando aquí se aplica a las tres áreas. La complejidad se ha incrementado enormemente en nuestra sociedad y esto afecta a todo lo que hacemos, no solo a nuestro trabajo pero también a cómo nos relacionamos y comunicamos con los demás, cómo tomamos decisiones, cómo vivimos nuestro día a día.

"Ya veo. Esto trata de cómo abordar desafíos complejos, los cuales nos rodean por todas partes."

Sí, nuestros desafíos no son solo los que encaramos en nuestros trabajos. Nuestros desafíos son también cómo enfrentarnos al estrés de tener que tomar decisiones y cómo abordar los matices de la comunicación en nuestras relaciones interpersonales. Y esto es solo el inicio. Resolver desafíos es parte del corazón de la creatividad y eso se aplica a todo lo que hacemos.

En un mundo tan cambiante y complejo como el nuestro, las ideas y soluciones para nuestros desafíos necesitan tener unas características únicas para tener posibilidades de luchar y ganar en esta sociedad tan competitiva.

En cuanto a nuestra carrera profesional:

- Nuestras ideas necesitan encajar con un mercado probado o demostrar que pueden abrir uno.

- Necesitan tener factores que los diferencien y las sitúen por encima de los competidores.
- Algunos de esos factores deberían ser lo suficientemente complejos para que se conviertan en barreras de entrada que dificulten que los competidores se acerquen demasiado rápido.

En cuanto a nuestro bienestar:

- Las ideas y soluciones necesitan resonar con tu contexto y circunstancias personales específicas.
- Necesitan motivarte y desafiarte lo suficiente, pero no demasiado como para que te desalienten, de forma que te mantengas comprometido y trabajando en todo ello.

En ambos casos, y sobre todo, necesitan ser tratadas como entidades dinámicas y vivas, capaces de evolucionar, mutar y pivotar en respuesta a los siempre cambiantes entornos en los que vivimos.

"¡Requerimientos nada fáciles!".

Sí, ¡y eso es solo el inicio! Las fases de implementación tienen sus propios desafíos.

"Deduzco que necesitaré un enfoque especial para abordar esta complejidad."

Así es, al abordar este desafío, trabajar solo con herramientas analíticas y lógicas pronto se vuelve lento e inflexible. Necesitamos un enfoque global.

Para adaptarnos a la complejidad de hoy en día, la gente y los negocios necesitan integrar todo el potencial humano en sus estrategias, uniendo el pensamiento analítico y el creativo para combinar lo mejor de la percepción específica, detallada y simultánea con las más potentes técnicas de abstracción conceptual.

"Integración y equilibrio."

Sí, diseño, arte, negocios, salud, bienestar. Esta es una edad de la convergencia. Por ello, los artistas de hoy son más emprendedores que nunca y viceversa.

Exploremos juntos lo que éste enfoque global significa, cuáles son estas diferentes estrategias de pensamiento y cómo el encontrar el equilibrio entre ellas nos puede beneficiar de formas increíbles en nuestras vidas personales y profesionales.

"¡Muéstrame el camino!".

## CAPÍTULO 2:
# La mente eléctrica

*"Curiosidad sobre la vida en todas sus manifestaciones, pienso, sigue siendo el secreto de los grandes creativos".*

**– Leo Burnett.**

Antes de que comencemos a explorar diferentes estrategias de pensamiento, tenemos que familiarizarnos un poco con el teatro de operaciones, la herramienta que lo hace todo posible.

"Esa increíble herramienta que descansa sobre nuestros hombros".

Sí, comprender tus herramientas antes de empezar a usarlas es de sentido común, ¿verdad?

"¡Así me parece!".

Si eres un pintor quieres comprender cómo funcionan tus pinceles, los diferentes tipos de materiales, sus propiedades. También tratas con mucho cuidado tus herramientas para que permanezcan en buenas condiciones mucho tiempo.

¿Por qué a menudo no hacemos lo mismo con la herramienta más importante que tenemos?

"La damos por supuesta".

Sí, pero no debería ser así.

En 2011 escribí y dirigí un cortometraje de ficción de 20 minutos que enfatiza la importancia de cuidar nuestra herramienta más importante. La película representa metafóricamente a nuestra mente como a un transformador de energía, tanto positiva como negativa. Puedes ver la película gratuitamente en este enlace:
[Web] **torchprinciple.com/lightmovie**

Es hora de revisar algunos puntos clave sobre nuestra mente antes de iniciar la misión para equilibrar sus estrategias de pensamiento. Reflexionaremos sobre lo que significa aprender desde la perspectiva de la biología así como sobre los desafíos que el PC encuentra en un cerebro adulto. Para llegar ahí necesitamos revisar algunas áreas de nuestra biología.

"¡Oh!".

No te apures, será breve y te hará apreciar aún más cómo cada uno de tus pensamientos está literalmente transformando tu cerebro momento a momento.

## Rompiendo el hábito

Cada acción, cada palabra, todo lo que decimos y hacemos deja una marca. Una marca en el entorno que nos rodea, una marca en nuestras mentes y cuerpos.

Estamos recibiendo constantemente información del mundo. Nos llega a través de los sentidos y es interpretada por nuestro cerebro.

"Eso es mucha información".

Sí, cada momento, cuando hablamos con otros, vemos una película, paseamos o contemplamos una puesta de sol, nuestros sentidos están siendo bañados en datos.

Cuando dices o haces algo, la bioquímica en el cerebro se altera. Los patrones de activación en nuestras redes neuronales reflejan nuestro comportamiento.

"Entonces las conexiones en nuestro cerebro son un espejo de nuestro comportamiento a lo largo del tiempo".

Imagina tu mente cuando eras un bebé como una superficie lisa y pulida que apenas tiene marcas. A medida que vivimos y tenemos experiencias, creamos surcos y marcas en esa superficie. Cuanto más dices o haces algo, más profundos se hacen esos surcos o marcas.

"Me parece que estás hablando sobre hábitos".

Así es. Continuando la metáfora, cuando tu mente necesita actuar, la actividad en tu cerebro tenderá a fluir a través de rutas que ya han sido recorridas y profundizadas con anterioridad, canales profundos, marcas profundas en tu cerebro que ya han sido transitadas cientos o miles de veces. Rutas que de esta manera son fácilmente localizadas y reactivadas.

Por una cuestión de eficiencia, aprender tiene el potencial efecto secundario de producir hábitos. Tiende a activar comportamientos y patrones que ya han sido usados con anterioridad.

"Tiene sentido".

Si tuviéramos que explorar las cosas en profundidad cada vez que interactuamos con el mundo la vida sería inaguantable, muy difícil de manejar.

"¿Existe alguna desventaja en este proceso de crear hábitos mentales?".

Un efecto secundario de este proceso de creación de hábitos es que a medida que acumulamos más conocimiento y experiencia, la innovación y la creatividad se convierten en un desafío.

"¿Quieres decir que abrir nuevas rutas en nuestra mente se hace más difícil porque es mucho más fácil reactivar hábitos y patrones de pensamiento existentes?".

Así es, si quieres vivir algo fresco y diferente, si quieres hacer cosas que difieran de la experiencia común, necesitas alentar a tu cerebro a que se distancie de sus patrones típicos de activación.

"Parece que esto requerirá esfuerzo y/o una estrategia de pensamiento diferente".

Necesitas invertir algo de esfuerzo para ayudar a tu mente a procesar información de una forma diferente. Flexionando tus músculos creativos abres nuevas rutas y canales de activación, en vez de caer en los típicos. Esto requiere perseverancia y esfuerzo, sobre todo al principio, porque nuestras estrategias mentales tradicionales son el resultado de la organización bioquímica del cerebro y la creatividad requiere desafiar esas estrategias de forma decidida.

"Y el truco para hacer eso es…".

El truco es, de hecho, engañar a la mente, dar la vuelta a la sartén transformando el problema en su propia solución.

El cerebro está constantemente creando y haciendo uso de hábitos. Nosotros podemos también hacer un hábito del ser creativo. Un hábito del buscar lo fresco e inesperado. Con el tiempo, desafiar constantemente nuestras perspectivas, comportamientos y respuestas se volverá algo natural que no requiere esfuerzo. Cuanto más ejercitamos nuestros músculos creativos más nos aproximamos a un equilibrio más saludable entre nuestras diferentes estrategias de pensamiento.

Puede parecer difícil al inicio. Ciertamente requiere valentía. Pero te sorprenderá la increíble capacidad de nuestra mente, cuando la motivación está presente, de transformar cualquier cosa, incluso la forma en que ha estado trabajando durante años.

## Encarando el otro lado

Continuemos nuestra exploración viajando a la fuente de todo, la energía.

Los cerebros humanos requieren grandes cantidades de energía para funcionar. Trabajan gracias a la glucosa y otros combustibles que llegan con nuestra comida.[2]

"¡Sin comida, no hay mente!".

Así es. Y como mencionaremos más tarde, los cerebros de un niño y de un adulto tienen diferentes prioridades.

La supervivencia de un niño depende del apoyo de sus padres. Su cerebro se centra sobre todo en aprender sobre el mundo: creatividad en su estado más puro. Se trata de explorar, conectar y aprender. La futura supervivencia del niño depende de cuánto aprendizaje de calidad tenga lugar a una edad temprana. Por lo tanto, el niño es por naturaleza espontáneo y creativo.

El cerebro adulto tiene otras prioridades y responsabilidades. Intenta ser tan eficiente como sea posible con la energía disponible.

Su prioridad es su propia supervivencia, mantenimiento y eficiencia, mucho antes de la creatividad.

Puede requerir bastante esfuerzo el convencer a un cerebro adulto de que aborde lo inesperado. Lidiar con lo inesperado o impredecible significa tener que gastar valiosa energía para interpretarlo, para encontrar el significado a algo nuevo.

"Esfuerzo e inversión extra de valiosa energía".

Darte cuenta de cuál es la mayor prioridad para los cerebros adultos puede ayudarte a tener el coraje de hacer frente a las reacciones de otras personas cuando te comportas de forma inusual y creativa. Los comportamientos fuera de lo convencional pueden parecer un desperdicio de energía y recursos al cerebro adulto típico.

"Ser creativo requiere coraje".

Coraje para desafiar las rutas más fáciles y cómodas, las que los típicos cerebros adultos prefieren recorrer.

"Esa es la forma de comportarse de la mayoría de las mentes que nos rodean diariamente".

Sí, luego cuando damos el paso de salirnos de lo convencional es muy posible que nos topemos con las expectativas de otras mentes sobre cómo deberíamos comportarnos y actuar.

Hacer frente a esas mentes es como hacer frente a nuestros propios hábitos mentales. Puedes hacer frente a los tuyos, pero ¿qué pasa con la gente que te rodea?

La mayoría de las mentes adultas se mantienen en su zona de comodidad, buscando y esperando patrones de información ya conocidos, fáciles de seguir y de interpretar. Cuando interactúan contigo esperan, y en gran medida desean encontrar, algo que puedan reconocer rápidamente.

"Luego, en general, dependiendo del contexto, no esperan escuchar o ver algo inusual y diferente".

Cualquier cosa fuera de lo normal requiere que su cerebro trabaje más para interpretarlo. Recuerda: a nuestro cerebro adulto le gusta la seguridad y la comodidad. Su mantra es la eficiencia. Estos cerebros buscan interpretar el entorno rápidamente, haciendo un uso tan eficiente como sea posible de la energía que recibimos de nuestra comida.

Por supuesto, la forma en que otros reaccionan a comportamientos creativos y fuera de lo usual depende mucho del contexto.

A veces la gente se encuentra en entornos donde el comportamiento creativo e innovador es la estrella, la principal atracción en ese contexto. En esos casos, las mentes están preparadas y deseosas de interpretar e interactuar con esos procesos creativos. Ejemplos son actuaciones artísticas (teatro, circo, ópera), sesiones de *brainstorming* empresarial y otros.

Es en otras situaciones, entornos donde el PA domina, en los que tienes que encontrar el coraje de afrontar las reacciones de cerebros que interpretan tu comportamiento a través del rígido e inflexible cristal analítico. Esto puede ocurrir, por ejemplo, en reuniones empresariales y entornos educativos tradicionales.

Por tanto, recuerda lo siguiente: los cerebros de la mayoría de las personas que te rodean no están interesados en la creatividad y la innovación. Están interesados en la eficiencia y la supervivencia.

"Lo cual se traduce en repetir patrones y comportamientos ya probados".

Cuando te das cuenta de la forma en que reaccionas a los comportamientos de los demás, cuánto te dejas influir por sus reacciones puede cambiar dramáticamente.

Recuérdate a ti mismo que el potencial creativo de los adultos permanece activo, y que, al encarar la complejidad del mundo de hoy, innovar se vuelve esencial para nuestra mente.

Innovar ante los desafíos que nos encontramos, no solo frente al peligro, la enfermedad o las catástrofes, sino en las situaciones problemáticas que surgen en el día a día cuando interactuamos con otros, tanto en el trabajo como en nuestras vidas personales.

"La creciente complejidad incrementa la importancia de la innovación y la creatividad".

En tiempos pasados, innovar era raramente una necesidad para la mayoría de la gente. El mundo evolucionaba lentamente. La mayoría vivían vidas predecibles. Tan solo un grupo reducido de individuos realizaban el esfuerzo mental necesario para ir más allá de lo predecible, contribuyendo a avanzar sus sociedades.

Gracias a ellos hoy vivimos en un mundo que cambia y se reinventa constantemente, donde nuestras vidas son cualquier cosa menos predecibles.

"Y este proceso parece estar acelerándose".

Las cosas han cambiado dramáticamente en las últimas décadas y a nuestra biología le cuesta mucho adaptarse a tal velocidad de cambio. Depende de nosotros el hacer el esfuerzo de adaptarnos al contexto actual.

Hoy, la creatividad no es una opción, es una forma de vida que encaja con este complejo mundo.

Exploremos ahora por qué la forma en que el cerebro aborda esa complejidad está en la raíz de los obstáculos que encontramos cuando nos enfrentamos a los desafíos de nuestros días.

## Ahorrando energía, simplificando la vida

Ser conscientes de toda la información que llega a nuestros sentidos nos abrumaría y paralizaría.

"Me imagino que la cantidad de información que inunda nuestros sentidos debe ser enorme".

Para ser más eficientes y ahorrar energía el cerebro intenta simplificar la complejidad del mundo que nos rodea.

"¿Y cómo hace eso?".

Abstrayendo, simplificando y filtrando esa complejidad.

La ventaja es la eficiencia, ser capaz de lidiar con el mundo de forma más rápida, gastando menos energía, reutilizando nuestro conocimiento actual, evitando desperdiciar nuestro tiempo en los detalles más finos.

"Espera, eso último que dijiste,...eso podría suponer una desventaja a veces, ¿verdad?".

Así es. Las desventajas se hacen obvias en conexión con las habilidades creativas e innovadoras que son tan esenciales hoy en día. Para innovar necesitamos ir más allá de esos filtros y abstracciones y entrar en contacto con los detalles y la complejidad del mundo. Y eso requiere de nuevas estrategias de pensamiento.

Sigamos explorando cómo funciona nuestro cerebro.

## A vista de pájaro

El cerebro, combinado con la médula espinal, compone el sistema nervioso central, que junto con el hormonal y el inmune, coordina todo nuestro funcionamiento.

Este es nuestro contexto de trabajo, esto somos nosotros.

Y este increíble cerebro es el controlador maestro que interpreta las entradas y produce las salidas, asegurándose de que las diferentes partes de nuestro cuerpo, desde los órganos a los sentidos, trabajen juntos y actúen como deben.

Nuestro órgano maestro está dividido en dos hemisferios que se comunican a través de una densa red de fibras neuronales llamada cuerpo calloso. La comunicación es una base fundamental de la vida, esencial hasta en lo más íntimo de nuestra propia biología.

## Profundizando

El cerebro está compuesto de dos tipos de células. Las primeras, las células gliales, son responsables de las faenas domésticas.

"¡Qué haríamos sin un buen servicio de limpieza!".

Las segundas, las más conocidas, las neuronas, son responsables del tremendo potencial de procesamiento que posee nuestro cerebro. ¡Y tenemos cien billones de ellas![3]

"¡Cien billones!".

Has oído bien. Cien billones sobre tus hombros.

## Las neuronas

Cada una de estas neuronas se puede interpretar como un pequeño árbol, con ramas llamadas dendritas, y un tronco, el axón.

El núcleo funcional de este árbol metafórico consiste en ráfagas de impulsos eléctricos que se mueven entre sus extremos.

"Es nuestra mente eléctrica".

Electricidad, así es. Las neuronas están agrupadas densamente y entran en contacto las unas con las otras en puntos llamados sinapsis. Es en esas sinapsis donde tienen lugar procesos clave de la magia del aprendizaje, la memoria y la formación de hábitos.

"Nos estamos acercando, lo presiento".

Espera un poquito. En general las neuronas envían impulsos a través de su único axón a las dendritas de otras neuronas (hay excepciones a esta regla, como por ejemplo neuronas que no tienen axón o conectan un axón con otro axón. La variedad y complejidad de nuestros cuerpos es asombrosa).

## El potencial en perspectiva

Ahora piensa en esto: cada una de estas neuronas puede recibir estimulación de hasta 20000 fuentes diferentes. En total podemos tener más de un millón de billones de conexiones solamente en las capas exteriores, en el córtex.

"Un millón de billones, a eso lo llamo complejidad".

Y la forma en que estas neuronas trabajan juntas no está necesariamente conectada a su cercanía física, sino a la funcional. Aún estamos aprendiendo sobre la complejidad de cómo y por qué conectan las unas con las otras.

Es hora de explorar qué influencia y por qué nuestros procesos de aprendizaje.

## El umbral, cómo aprendemos

Incrementos en la actividad eléctrica de una neurona aumentan las posibilidades de que las vecinas se activen más también.

"¿Y cuándo y cómo se activa una neurona?".

Este es un tema complejo y lo simplificaremos para que la comprensión sea más fácil: antes de que una neurona pueda activarse necesita recibir suficiente estimulación de un número de neuronas vecinas. Una vez que la estimulación alcanza un cierto umbral, puede entonces enviar nuevos impulsos a través de su axón y dendritas.

El punto clave viene aquí. Una vez que se alcanza, el umbral de activación disminuye, y ese efecto dura un cierto tiempo.

"Esto significa que la próxima vez necesitaremos menos esfuerzo para alcanzar ese umbral de nuevo".

Así es. Por lo tanto, requiere un esfuerzo el alcanzar ese umbral para activar una neurona, pero una vez que se alcanza, se hace más fácil el activarla de nuevo. Así es cómo aprendemos, cómo creamos hábitos. Esta es la razón por la que cuando haces algo suficientes veces se hace más fácil el repetirlo.

"Pero también explica el por qué es tan difícil cambiar y modificar hábitos y comportamientos".

Sí, la existencia de estos umbrales contribuye a la formación de patrones de activación neuronal y eventualmente a la formación de hábitos en nuestros comportamientos.

Todo esto está relacionado con el esfuerzo que conlleva el cambiar la forma en que pensamos o nos comportamos, así como con las estrategias que empleamos para evitar estos desafíos cuando lo necesitamos.

"Siento que algo excitante se acerca...".

## Dando forma a nuestra mente

Todo lo que haces, cada una de tus experiencias, modifica la comunicación eléctrica entre tus neuronas.

La manera de comportarse de tu cerebro varía constantemente según lo que haces momento a momento, pensamiento a pensamiento.

Con quién estás, las cosas que dices, lo que escuchas, lo que haces, dónde estás, adónde vas… todo ello está constantemente dando forma a tu mente.

Entornos ricos y estimulantes crean más conexiones y junglas más densas de neuronas en el cerebro y viceversa.

Así que, de la misma forma que eres lo que comes, también piensas de una manera u otra según cómo vivas.

## Tallando canales eléctricos en la mente

Por lo tanto, vemos que el aprendizaje y la experiencia se pueden relacionar directamente con la forma en que funcionan las neuronas. Analicemos más de cerca esos umbrales clave de los que hablamos.

En la raíz de las últimas investigaciones sobre el aprendizaje y el cerebro encontramos algo llamado potenciación a largo plazo (LTP).[4]

Recordemos que las neuronas interactúan en las llamadas sinapsis. Cuando se liberan neurotransmisores (moléculas que transmiten señales) en el canal sináptico que conecta una neurona activa con una inactiva, algunos de los poros en la membrana de la inactiva se abrirán fácilmente y dejarán pasar iones cargados. Pero otros, llamados receptores NMDA (N-metil-D-aspartato), son más estrictos y se abren solo si son estimulados durante el tiempo suficiente. Sin embargo, una vez que se abren es más fácil volver a activarlos las siguientes veces.

"¡Un proceso de aprendizaje está ocurriendo!".

Sí. Responderán a señales más débiles durante un cierto tiempo después de haber recibido una estimulación fuerte.

"Por un cierto tiempo dices. Así que, si no reforzamos nuestro aprendizaje, se podría desvanecer".

Suena familiar, ¿verdad? Para simplificar podríamos decir que cuando activamos una neurona intensamente y durante el tiempo suficiente, dispondremos de un margen de tiempo durante el cual necesitaremos menos esfuerzo para reactivarla de nuevo.

"Esto tiene enormes implicaciones en relación a procesos de aprendizaje y formación de hábitos".

Podemos comenzar a ver que a medida que acumulamos experiencias en la vida estamos creando lo que podemos llamar "caminos de mínima resistencia". Son patrones en nuestras redes neuronales a través de los cuales se desarrolla más actividad debido al efecto que acabamos de describir (potenciación a largo plazo).

El hecho es que, cuanto más fuertemente y por más tiempo ocurre algo en nuestro cerebro, más posible es que vuelva a suceder la próxima vez.

Esto tiene ventajas y desventajas:

La ventaja es que este mecanismo nos permite aprender, memorizar, crear hábitos e interiorizar conocimiento y comportamientos que podemos entonces reactivar más rápidamente.

La desventaja es que los hábitos dañinos que arraigan en nuestras mentes son difíciles de cambiar o eliminar.

"Dame un ejemplo sencillo".

Piensa en lo difícil que es dejar de cantar o silbar una canción que se te ha metido en la cabeza. O en qué difícil es dejar de pensar en una persona por la que sientes algo intenso.

"Cuando eso sucede tengo que forzarme a escuchar otras canciones o a encontrar otras personas, ¡e incluso así es difícil!".

Intentamos hacer lo posible para animar a nuestros impulsos cerebrales a que fluyan por canales diferentes.

"Conectemos eso con la innovación y la creatividad".

Abrir rutas de activación totalmente nuevas en el cerebro requiere esfuerzo porque la actividad cerebral tiende a fluir por canales ya probados y usados que son más sensibles a la estimulación.

Pero las buenas noticias son que, ahora que entendemos cómo funciona el cerebro, podemos desarrollar estrategias para preservar las ventajas y evitar las desventajas de los procesos que hemos descrito. Trabajaremos en ello a lo largo de este libro.

Esto nos permitirá lidiar con todo tipo de desafíos de forma mucho más eficiente y rápida, desde encontrar nuevas ideas para proyectos empresariales a abordar rupturas sentimentales u otras situaciones estresantes de la vida diaria.

## La ilusión de la vida

Estamos llegando al final de este capítulo. Hagamos un rápido resumen de camino a la próxima etapa.

La increíble habilidad del cerebro para simplificar y filtrar la información que constantemente bombardea nuestros sentidos es uno de los factores clave que hacen a nuestra especie tan avanzada. El cerebro interpreta esta información y encuentra la forma más eficiente de responder. Para ello, nuestra mente utiliza la abstracción, reduciendo la complejidad de esos datos a interpretaciones simbólicas que preservan la esencia de la información. Esto nos permite procesar, conectar y decidir de forma más eficiente y rápida. Pero comportándose de esta manera, el cerebro necesariamente se separa de la riqueza específica, los detalles y la variedad de la vida.

Por otro lado, la innovación y la creatividad necesitan ir más allá de esas simplificaciones, profundizando y accediendo a esos variados y específicos detalles de la complejidad que nos rodea.

"Luego, ¿cómo podemos resolver esta situación? ¿Cómo podemos preservar la eficiencia siendo aún capaces de acceder y trabajar con la complejidad del mundo cuando necesitamos hacerlo?".

Como veremos en breve, el cerebro es capaz de procesar información de formas diferentes. Llamaremos a esas diferentes formas modos o estrategias de pensamiento.

A menudo, en los adultos de nuestra sociedad uno de estos modos domina. Equilibrar nuestros modos de pensar nos permitirá preservar todo el potencial de la abstracción mientras mantenemos la capacidad de acercarnos a la complejidad de la realidad para alimentar nuestros procesos creativos y de innovación.

"¡Modos de pensamiento! ¡Dime más!".

CAPÍTULO 3:
# Dos poderosos amigos

*"Cuando el más débil de los dos cerebros (izquierdo y derecho) es estimulado y animado a trabajar en cooperación con el lado más fuerte, el resultado final es un enorme incremento en la habilidad global y..., a menudo, una eficiencia cinco o diez veces mayor".*

**–Profesor Robert Ornstein, Universidad de California.**

Es hora de explorar las dos formas principales y complementarias en las que nuestra mente puede procesar información y cómo cada una de ellas puede ayudarnos.

Todo lo que encaramos en la vida, los desafíos profesionales, nuestras interacciones con seres queridos, la música y el arte, todo ello se puede explicar en términos de información y el procesado de esa información. Todo está hecho de datos que nuestra mente tiene que interpretar y con los que tiene que trabajar.

"Demasiados datos a nuestro alrededor, ¿cómo nos las arreglamos?".

Más allá del instinto, que es automático, podemos explorar otras formas de tratar y procesar información. Algunas de estas tratan de simplificar la información entrante e interpretarla rápidamente y con el mínimo esfuerzo posible. Otras tratan del acercarse e interactuar profundamente con la información para captarla en toda su riqueza y complejidad.

"Simplifiquemos".

Sí, para simplificar nos centraremos en dos estrategias. Estas dos estrategias solían ser llamadas modos izquierdo y derecho, en conexión con el hemisferio izquierdo y el derecho del cerebro. Pronto se descubrió que estos modos de procesamiento no se corresponden exactamente con las localizaciones de los hemisferios.[5] Existe entre ellos una buena cantidad de superposición.

Por lo tanto, aunque cada uno de estos modos de pensamiento parece favorecer uno de los lados del cerebro más que el otro, preferimos centrarnos en lo que realmente importa: sus funcionalidades.

"Suena razonable. Démosles nombres".

Es complicado escoger un buen nombre para simbolizar estos dos modos de pensamiento. Son complejos y sus límites no están claramente definidos. Elegiremos dos de las palabras que mejor simbolizan su esencia. Al primero lo llamaremos el "modo analítico", porque el análisis es una de las características principales de este modo de pensar, muy relacionado con la lógica y el lenguaje. Al otro lo llamaremos el "modo creativo", porque es el modo que engloba características que son clave en el pensamiento creativo.

Como hemos explicado con anterioridad, nos referiremos al pensamiento analítico con la abreviación PA, y al pensamiento creativo con la abreviación PC.

"Fantástico, cuéntame algo sobre el PA".

El modo analítico está muy relacionado con el habla y el lenguaje, con el análisis y la lógica.

"Por lo tanto, con la abstracción también".

Sí, le gusta trabajar con simplificaciones, abstracciones y etiquetas que la mente crea para trabajar rápida y eficientemente con la información.

"Imagino que está muy activo en la comunicación también".

Está implicado en hablar, leer, contar, interpretar el lenguaje, etc. Es un modo de procesado de información clave que nos es muy útil, ayudándonos a expresarnos y a traducir las revelaciones y percepciones producidas por el modo creativo. También nos ayuda a acumular información, comunicar y planear acciones, así como a llevar a cabo tareas cuya complejidad es lo suficientemente baja para ser comandadas por la lógica y el análisis.

"Ya veo. Todo ello trata sobre disminuir la complejidad que nos rodea y encontrar soluciones rápidamente".

Así es. Este modo simplifica la complejidad de la vida, ayudándonos a gestionar nuestra existencia de forma más eficiente. Filtra la información que llega a nuestros sentidos, manipulando tamaños, colores, formas, etc., para facilitar su rápida interpretación y los procesos de decisión.

"Hace nuestra vida más fácil".

En muchos sentidos así es. Sin embargo, a veces quieres ir más allá de estas simplificaciones y acceder a la riqueza de lo que está ahí fuera.

"Te entiendo. Eso nos llevará hasta el PC. Pero todo este tema del PA me hace preguntarme cuán alejados estamos normalmente de la riqueza real que nos rodea".

Nos gusta pensar que somos conscientes de la realidad, pero la realidad es literalmente una ilusión constantemente manipulada por nuestras mentes.

Nuestra visión ofrece muchos ejemplos de esto: tamaños, distancias, todo lo que ves a tu alrededor, llega como información bruta a tu sentidos y a tu subconsciente. La información es simplificada y filtrada por el cerebro, entregando una versión diferente a tu conciencia.

"¡Eso explicaría por qué el análisis consciente durante los procesos creativos puede realmente liar las cosas!".

Claro. Vemos esto en muchas áreas. Por eso aprender a dibujar requiere evitar estos filtros para así acceder a las versiones no filtradas que nos esperan más allá de estas manipulaciones.

"Así que el PA quiere hacer las cosas más simples y fáciles. ¿Por qué es esto importante para nuestras mentes?".

## Resolución. Cuanto más pronto, mejor

Para la mayoría de la gente, una pronta resolución de los desafíos es una forma de vida. Queremos respuestas y las queremos ahora. No queremos gastar más esfuerzo o energía que la necesaria en alcanzar nuestros objetivos, ya sea en nuestros trabajos o en nuestra interacción con los demás.

"Cuanta urgencia, ¿por qué sucede esto?".

Es por la eficiencia. Nuestra energía es limitada. El cerebro adulto intenta hacer uso de las experiencias y recuerdos pasados para interpretar la información nueva tan rápido como sea posible. Llegar a respuestas definitivas y a interpretaciones razonadas es una prioridad para los procesos PA.

"Entonces el PA asume que podemos encontrar soluciones a nuestros desafíos a través del conocimiento pasado".

En gran medida sí, y asume que podemos hacer eso mientras trabajamos con representaciones simplificadas, simbólicas y abstractas de nuestras experiencias y de ese conocimiento.

"Suena como una buena estrategia para escenarios predecibles".

Efectivamente. Esta manera de pensar nos ayuda a lidiar con nuestras vidas y rutinas diarias de forma eficiente. Pero ¿qué sucede cuando necesitamos nuevas ideas, soluciones originales a problemas complejos?

"Me parece que eso precisará que equilibremos nuestro PA con una forma diferente, y en cierto modo opuesta, de pensar".

Sí, necesitamos abordar con profundidad la complejidad de la vida mientras alentamos un libre flujo de información. A través de la incubación de la información acumulada, producimos nuevas conexiones e ideas. Este proceso tiene que desarrollarse fuera de la tiránica presión del tiempo. Es lo que llamamos el modo creativo.

"Ya me siento entusiasmada".

Esta forma de procesar información es muy perceptual. Manipula información de muchas formas, a veces espacialmente, otras a través de procesos visuales. Es no linear y simultánea en vez de secuencial. Le gusta deambular y explorar, prospera en la incertidumbre y los contextos borrosos, disfrutando lo ambiguo, impreciso e inesperado en vez de lo preciso y predecible.

"Suena audaz y atrevido".

El PC ve la confusión, lo absurdo y los detalles aparentemente no útiles como oportunidades, disfruta los contextos incontrolados de una forma lúdica.

"Parece una actitud muy anti-estrés".

Buen punto. Los procesos creativos dan la bienvenida a la incertidumbre y nos acercan a la realidad de una manera que disuelve el ego, nuestra red de comparaciones y preocupaciones. Entramos en un estado relajado, pero alerta, como si fuéramos gatos. El tiempo pierde su significado y el aburrimiento desaparece.

"¡Suena saludable!".

El PC también está involucrado en procesar y reconocer patrones, aprendiendo no en base a reglas sino por ósmosis, siendo expuesto a una gran variedad de patrones.

"Buscando la armonía...".

Einstein percibía belleza y armonía en las mejores fórmulas matemáticas.[6] El PC busca percibir esa armonía en patrones de todo tipo así como comprender simultáneamente tanto su totalidad como sus detalles.

"La armonía oculta en la complejidad. Qué misión tan bonita...".

Sí, el PC nos ayuda a identificar la armonía y la belleza que nos rodea, ya sea en la complejidad de las estrategias empresariales, en el diseño de una nueva vacuna, en el comportamiento de nuestros seres queridos o en la combinación de vídeo, audio, iluminación y actuación de un trabajo artístico.

"El PC es casi un sensor de belleza. ¡Lo quiero!".

Y para percibir y explorar, tiene que escuchar y observar. Por ello, el PC es un modo receptivo, especializado en observar en vez de explicar. Le gusta ser específico y concreto en vez de abstracto y simbólico. Es, por lo tanto, más exploratorio que dirigido a encontrar respuestas, y disfruta explorando sin necesitar una rápida resolución o alcanzar una meta específica.

"Un gran equilibrio para nuestro PA".

Sí, es un gran complemento para nuestro PA, suministrando paciente imaginación, intuición, observación y percepción, mejorando nuestra habilidad para detectar esas burbujas mágicas, las sutiles revelaciones que aparecen y rápidamente se desvanecen en el impredecible, borroso y complejo mundo en que vivimos.

"Un modo paciente que disfruta explorando. Parece que el PC estará cómodo retrasando resoluciones y respuestas…".

## ¿Antes o después?

Asentarnos pronto en resoluciones y respuestas o dejar que el proceso se cocine a fuego lento por sí mismo puede tener una gran influencia en la profundidad de nuestras experiencias.

Experimentos han mostrado que interactuar con contextos complejos sin intentar alcanzar respuestas puede producir una calidad de comprensión que va mucho más allá del análisis y la lógica.[7]

"Luego cuanto más esperamos…".

Confusión e incertidumbre preceden a menudo a los grandes descubrimientos. Es como si necesitáramos marinar nuestros cerebros en la complejidad de la vida para activar un proceso evolutivo de conexiones y combinaciones que eventualmente pueden terminar en una idea fenomenal.

"Los grandes platos no se cocinan en un minuto…".

## Maestros del pensamiento creativo

Los niños son maestros naturales del pensamiento creativo. Los procesos de pensamiento analítico aún no se han desarrollado completamente en sus cerebros. Aprenden interactuando profundamente con la complejidad de cada actividad, a través de ensayos y pruebas, aprendiendo lenguajes, movimientos y otras habilidades de forma orgánica y gradual, casi como por ósmosis.

"Qué afortunados, sus impulsos creativos fluyen tan libremente…".

Piensa en el proceso de aprendizaje de un nuevo idioma. Los niños aprenden más rápido y más fácilmente que los adultos. Parte de la razón es biológica, pero parte está relacionada con cómo pensamos y procesamos información.

"¿Quieres decir que incluso como adultos podríamos cambiar nuestra forma de aprender un idioma?".

Como adultos a menudo intentamos aprender un nuevo idioma usando la fuerza bruta de nuestro PA. Por supuesto, eso no suele funcionar muy bien.

"Deber haber otras formas, incluso como adultos".

Cuando como adultos viajamos a un nuevo país y nos sumergimos en su cultura, aprendiendo sobre la marcha, dejándonos llenar como los niños por el vocabulario y las frases que nos rodean cada día, algo extraordinario sucede. No es el aprendizaje gradual lo que te va a sorprender. Es el sentimiento de integración, de mezcla gradual con el idioma y la cultura, sentir cómo tu cerebro va cambiando para adaptarse a este nuevo contexto que le estás invitando a explorar.

"Necesito viajar más".

Recuerda, cada uno de tus pensamientos está dando forma a tu mente constantemente, seas niño o adulto. Existe una oportunidad tras cada esquina, tras cada pensamiento, para continuar transformando tu mente en la dirección que elijas.

He vivido esto mismo en muchos lugares en los últimos años. Es una forma de descubrir que como adulto no solo preservas la habilidad de aprender y crecer, sino que, además, mezclando ambos modos de pensar tus capacidades son mayores de lo que te imaginas.

"Cada uno de mis pensamientos me está dando forma…".

Para terminar con una nota divertida, comparto este vídeo en el que practico el saludo en coreano con cada persona que me encuen-

tro al pasear por el hermoso parque natural de Seoraksan en el norte de Corea del Sur.
**[Web] torchprinciple.com/koreanhello**

"¡Qué locura!".

## Integrando

Ambos modos de pensamiento son esenciales y la falta de cualquiera de ellos puede desencadenar una variedad de problemas.

"Me imagino, dame un ejemplo".

Piensa en la música por un momento. La música es un gran ejemplo de una actividad que cuando se ejecuta o se contempla con equilibrio mental produce resultados extraordinarios. Pero ¿qué sucede cuando no existe ese equilibrio?

"Quieres decir cuando hay demasiado PA o demasiado PC, ¿verdad?".

Cuando un músico utiliza demasiado uno de estos modos, los resultados pueden sufrir. Actuaciones que son sobre todo analíticas sufren de falta de expresividad, emoción y originalidad. Actuaciones que son demasiado espontáneas podrían sufrir de técnica inadecuada, problemas de sincronización y de otros parámetros analíticos.

"Entonces necesitamos los dos, necesitamos un equilibrio".

Sí. Intelecto frente a emociones, análisis lógico frente a metáforas, pensamiento racional frente a poético, abstracto frente a concreto y científico frente a imaginativo. Ambas estrategias de pensamiento son poderosas y necesarias. Por desgracia, este equilibrio es difícil de alcanzar.

## En los extremos, el reinado de la razón

En tiempos pasados, grandes sabios (como Homero, Platón, Descartes…) asociaron la grandeza del ser humano con la razón, el análisis, la conciencia y el control. En ese intento de enfatizar el incuestionable mérito del pensamiento analítico y la lógica, muchos fueron demasiado lejos, tan lejos como para aplastar otros modos de pensamiento que equilibran y complementan el anterior.

Biológicamente, el cerebro adulto favorece el desarrollo de fuertes habilidades de pensamiento analítico, las cuales apoyan estupendamente a nuestro cerebro desde el punto de vista de su gasto de energía y su eficiencia. Nuestra sociedad, tradicionalmente, también ha favorecido al pensamiento analítico sobre el creativo en programas educativos y escuelas.

"Entonces hoy en día el equilibrio entre estos modos está claramente inclinado hacia el lado analítico".

En las escuelas, los exámenes se han basado tradicionalmente en la habilidad de analizar y trabajar con datos bajo la presión del tiempo. La contemplación y los procesos atemporales, típicos en el PC, se han considerado inferiores.

Además, en el pasado, la complejidad y la competitividad no eran tan altas como hoy en día. Hoy, innovar es clave para superar a los competidores y el PC es esencial para abordar la complejidad.

Asimismo, nuestro bienestar personal se beneficia enormemente de encontrar un mejor equilibrio entre el PA y el PC. En el capítulo sobre la salud lo comentaremos con más detalle.

La falta del mencionado equilibrio puede impedirnos el ejercitar todo nuestro potencial, el comprender en profundidad la complejidad que nos rodea y el disfrutar al máximo de nuestras vidas.

"¿Hay esperanza? ¿Puede esto cambiar?".

Afortunadamente, tanto en la educación como en los negocios, la gente comienza a reconocer las limitaciones de una vida centrada principalmente en el pensamiento analítico. Hoy, la creatividad es la habilidad más buscada por directivos alrededor del mundo.[8] Y programas educativos como Montessori ofrecen programas más equilibrados en relación a cómo usamos la mente.[9]

"¡Las cosas están finalmente cambiando!".

Sí, lo están. La creciente complejidad y competitividad, junto al aumento de enfermedades mentales relacionadas con la falta de equilibrio mencionado, está impulsando un renacido interés en cambiar la forma en que pensamos.

Nuestra misión es ayudar a que el pensamiento creativo brille como se merece, complementando nuestras poderosas habilidades analíticas. Esto nos pondrá en el camino hacia el equilibrio y el éxito en nuestros esfuerzos personales y profesionales.

"Puedo sentir la importancia de este equilibrio".

A nuestro PA le cuesta mucho abordar la alta complejidad. Apenas puede etiquetar y comprender con limitaciones los complejos patrones de información que nos rodean.

"La lógica puede limitarnos".

Y estresarnos. Cuando el PA se torna demasiado dominante, puede generar ansiedad y estrés. Enfoques estrechos y resoluciones prematuras pueden llevarnos a malas decisiones y estrategias equivocadas.

"Precipitarnos hacia una resolución prematura se puede convertir en un obstáculo".

El PA, estando tan centrado en encontrar respuestas, es un amigo muy impaciente. Se molesta si las respuestas no aparecen rápidamente. Tiende a aferrarse a interpretaciones pasadas que a menudo van mal encaminadas.

Tratar con complejidad precisa de tiempo. La mayoría de los grandes descubrimientos tienen que pasar primero a través de etapas confusas, impredecibles y borrosas antes de llegar a esas únicas conexiones e ideas.

"Echo de menos al PC, puedo ver por qué es tan necesario".

La mayoría de los escenarios de la vida real, en los negocios y en nuestras relaciones interpersonales, están compuestos por datos imprecisos. En tales contextos necesitamos el tipo de atención opuesto, una conciencia amplia y difusa que está abierta y alerta a todas las potenciales conexiones y rutas de pensamiento.

"Puedo ver cómo un enfoque estrecho podría hacernos perder grandes oportunidades y conexiones".

Piensa en esas situaciones en las que intentas recordar una palabra. Si insistes en encontrarla, intensa y conscientemente estrechando tu enfoque, te encontraras más y más lejos de tu objetivo. Es como si estuvieras usando un rayo de luz muy fino para buscar la palabra en medio de un enorme océano de oscuridad.

El enfoque de nuestro PA es demasiado estrecho. La complejidad del contexto es demasiado larga para ser abordada solo con herramientas analíticas en un corto espacio de tiempo.

Aun así, la capacidad de abstracción de nuestro PA puede a veces proporcionar atajos que aceleran nuestras búsquedas. Pero cuando estos fallan es mucho mejor dejar el desafío a nuestros procesos de pensamiento creativo. En general, el análisis está muy relacionado con el lenguaje y los símbolos. Por ello, el PA es adecuado para tareas que pueden ser divididas en partes discretas y trabajadas de forma secuencial y linear.

"Veo que usar solo el PA no nos va a llevar muy rápido a esa palabra olvidada".

La palabra que estás buscando llega a menudo cuando dejas de buscarla tan intensamente, cuando creas espacio en tu mente, activando ese otro modo de pensar más amplio y relajado, cambiando ese diminuto haz de luz por otro más difuso y amplio, una luz mucho más amplia y profunda que nos lleva a la meta más rápido.

Luego, uno de los mayores problemas del PA y del razonamiento lógico es que es difícil dar grandes saltos, expandir el enfoque para crear conexiones inesperadas. A menudo la resolución de un razonamiento es ya parte misma de la premisa.

El PC, por otro lado, se relaciona con la activación de lo inesperado, creando asociaciones remotas y combinaciones que evolucionan impredeciblemente y de formas no lineares.

"Entiendo. Y con el PA tampoco es difícil caer en un exceso de análisis, ¿verdad?".

Cierto. El exceso de análisis es otro desafío para nuestro PA. El pensamiento analítico tiende a ignorar los *inputs* no verbales, sensoriales o emocionales y sobreestimar los lógicos y cognitivos.

"Luego, nos centramos demasiado en ciertas pistas e ignoramos muchas otras".

Cuanto más analizamos una situación, trabajando con modelos abstractos y simplificados, más fácil es encontrar razones que encajen con todas las posibilidades. El exceso de análisis a menudo termina en estancamientos que nos pueden impulsar a tomar decisiones incorrectas.

"Eso me suena, pensar en algo una y otra vez, sintiendo gran ansiedad sobre la decisión a tomar. Es difícil dejarlo ir y dejar de comparar una y otra vez las diferentes posibilidades".

Así es. El PA puede ser muy testarudo, prefiriendo buscar aún más datos o prolongar el análisis, en vez de dar una oportunidad a los procesos de pensamiento creativo.

"¡El testarudo PA puede tomar el control de nuestra mente! ¡Reconozco esa sensación!".

Una mente que analiza en exceso, constantemente envuelta en actividades verbales y comparaciones, dificulta que nuestra conciencia advierta la existencia de nuevas ideas. Esas ideas nacen de la complejidad orgánica de la realidad, que no puede ser alcanzada por las simplificaciones abstractas del PA.

"Y por otro lado, ¿qué sucede cuando el PC domina demasiado?".

## Desafíos con el pensamiento creativo

Cuando los procesos de pensamiento creativo dominan demasiado se producen diferentes problemas: ineficiencia en la vida diaria, problemas para planear, organizar y comunicar con efectividad. Surgen dificultades para traducir percepciones útiles en palabras y abstracciones. Y necesitamos esas palabras para comunicarnos con los demás.

El PC puede también a veces entrar en procesos de prueba y ensayo que se pueden acelerar o evitar con la ayuda de la lógica y el análisis. De la misma forma que podemos analizar en exceso ("pensar demasiado"), también podemos pecar de falta de rigor y análisis en nuestros procesos creativos ("pensar demasiado poco").

"Ya veo, todos los extremos son peligrosos".

El mayor desafío para el PC se encuentra en su rasgo más poderoso. Estando tan cercano a la complejidad de la vida, el pensamiento creativo es altamente específico.

"¿Significa eso que el conocimiento adquirido es más difícil de transferir a otras áreas?".

Sí, no es imposible pero sí más difícil. Por eso necesitamos el apoyo del pensamiento analítico. El PA puede permitirnos traducir el saber hacer del pensamiento creativo a símbolos, palabras y explicaciones, las cuales podemos entonces transferir y aplicar en otras áreas de la vida.

"Luego el PC tiene límites".

Por supuesto. El PC destaca en situaciones que son inciertas o altamente complejas, en cualquier área y disciplina. Aun así, no está libre de cometer errores. Por ello, el pensamiento analítico y lógico puede ayudar supervisando, evaluando y validando los descubrimientos de nuestros procesos de pensamiento creativo.

"Trabajando juntos producen los mejores resultados".

Sí, para innovar y abordar la complejidad del mundo de hoy, sus mercados y relaciones, necesitamos:

- El análisis lógico, pero también las metáforas del pensamiento creativo, porque las metáforas pueden conectarnos a percepciones inesperadas más rápidamente que el análisis lógico.
- Un intelecto y pensamiento racional fuertes, pero también las emociones, porque las emociones mueven a las comunidades y a los clientes de nuestros productos y servicios, creando fuertes uniones en todo tipo de relaciones.

- Incrementar la eficiencia simplificando y abstrayendo la realidad, pero también ser específico y detallado cuando necesitamos sumergirnos en la complejidad de la vida.
- Ser realista y basarnos en los hechos en nuestros análisis, como hacen los científicos, pero también usar nuestra imaginación para provocar largos saltos de comprensión.
- Trabajar metódica, lineal y secuencialmente cuando sea necesario, pero también emplear el poder del procesamiento simultáneo, no lineal y global para comprender rápidamente patrones complejos.
- Comunicar percepciones y conceptos a través del lenguaje, pero también visualizar en su conjunto los sutiles patrones que nacen de la complejidad que nos rodea.
- Gestionar el tiempo para encajar los requerimientos temporales tanto de los procesos analíticos como de los procesos creativos, más meditativos y atemporales.

"Luego necesitamos ambos, pero ¿pueden acaso coincidir?".

## Amigos incompatibles

Llegamos a una paradoja interesante. Estos modos necesitan ser buenos amigos, cooperar y trabajar juntos para el beneficio de nuestra mente. Y, sin embargo, no pueden estar totalmente activos al mismo tiempo.

"¡Sus requerimientos difieren tanto!".

Un ejemplo típico es el uso del lenguaje. El lenguaje activa procesos PA. Cuando estamos hablando o procesando lenguaje, es difícil activar el pensamiento creativo.[10] Los procesos analíticos interfieren fuertemente con él.

"Luego necesitamos ambos, pero no necesariamente al mismo tiempo".

Sí. Otra área en la que estos modos muestran claras diferencias es en el tipo de enfoque y nivel de conciencia que requieren. El PA tiene un enfoque más estrecho y convergente mientras que el PC es más difuso, divergente y amplio. Ambos tipos de atención son importantes y útiles. Sin embargo, pueden interferir el uno con el otro.

"Entonces, ¿cómo pueden complementarse si es difícil que se activen al mismo tiempo?".

Lo que necesitamos es entrenar la habilidad de ir y venir entre ellos. Como veremos más tarde, los procesos creativos usan una combinación de estos dos modos a través de diferentes etapas. Y la clave es ser capaz de cambiar la activación e intensidad de ambos fácilmente.

"¿Sin ninguna superposición?".

No queremos decir que cuando un modo está activo el otro está totalmente apagado. La superposición es posible y típica. Uno de los modos domina la escena, y el otro está aún ahí aunque retrocede en el escenario hasta que le toca volver a dominar la escena.

Reflexionemos un poco más sobre esto desde la perspectiva de nuestra biología.

## Creatividad en las ondas

En el capítulo anterior exploramos la biología de nuestro cerebro. Ahora que hemos presentado estos dos modos de procesar información en la mente, retornemos a él por un momento. ¿Qué sucede en nuestro cerebro cuando nos involucramos en procesos creativos?

Cuando la gente está más despierta y alerta, detectamos ondas de alta frecuencia en el cerebro, y la dinámica de estas ondas es bastante aleatoria.[11]

"Parece un entorno ruidoso".

A medida que la gente se relaja mientras siguen despiertos, las ondas cerebrales se enlentecen y se hacen más sincronizadas. Es lo que llamamos ondas Alfa y Theta.

Cuando el PC está activo, en las fases de iluminar nuevas ideas, la gente se encuentra en un estado más relajado, que se transforma en uno más alerta durante las fases de implementación de las ideas (más centradas en el PA).

Por lo tanto, los procesos creativos requieren ser capaz de moverse y cambiar entre el preciso pensamiento analítico y un estado de conciencia más relajado y amplio: el pensamiento creativo.

"¡Un baile de ondas cerebrales!".

Cierto. Un baile de ondas con el que hoy en día *startups* tecnológicas están comenzando a trabajar. Algunas de estas *startups* están trabajando en proporcionar monitoreo biológico en tiempo real (*biofeedback*) que nos ayudará a comprender y a optimizar mejor la forma en que pensamos. Un ejemplo es *Interaxon*, *startup* dirigida por Ariel Garten.[12] Su producto, *Muse*, tiene el potencial de reducir el estrés a medida que el usuario monitoriza sus propias ondas cerebrales de diferentes maneras.

Es hora de hablar sobre cómo alcanzar un mejor equilibrio entre estos modos de procesar información en nuestras mentes.

Un exceso de una de estas estrategias puede ser perjudicial para nuestra salud. Algunos de los genios creativos que pasaron la mayoría de su tiempo en las profundidades de sus exploraciones creativas terminaron teniendo enfermedades mentales, apartados del mundo, incapaces de adaptarse e interactuar con las obligaciones diarias de la sociedad y de sus compañeros. Lo mismo sucede en el caso contrario.

"Necesitamos ambas formas de mirar el mundo".

Sí, necesitamos el PA para vivir eficientemente, y necesitamos el PC para ir más allá de las simplificaciones del PA y acceder a toda la riqueza y el detalle cuando lo necesitamos.

Por ello, nos gusta enfatizar la necesidad de encontrar el equilibrio.

"Aunque ponemos más énfasis en el PC".

Sí, porque nuestra sociedad y nuestra biología adulta tienden a favorecer a nuestro PA y necesitamos compensar esa tendencia. Para innovar más allá de las soluciones típicas, el PC es esencial.

"Profundizar requiere esfuerzo pero al final merece la pena".

La innovación en cualquier campo está a menudo relacionada con la habilidad de explorar una materia en profundidad y de una forma sostenida.

Pero es demasiado fácil permanecer en las orillas de la abstracción. Es lo que recomienda nuestra hiperactiva mente analítica por razones de eficiencia. Cuando profundizamos en algo, sigue siendo fácil el hacerlo solo un momento, volviendo rápidamente a nuestro comportamiento habitual.

Para comprender realmente la complejidad de cualquier materia necesitamos descender a las profundidades de sus detalles y permanecer ahí el tiempo suficiente. Y eso requiere coraje en una sociedad que premia la eficiencia y los altos niveles de abstracción.

Cuando eres capaz de profundizar el tiempo necesario, tienes acceso a una fenomenal riqueza de detalles y datos, el trampolín de la innovación. Es por ello que talentosos artistas, ingenieros, científicos y creativos de todo tipo se están volviendo más y más valiosos en una sociedad donde la complejidad no para de crecer.

## La misión

Estos modos de pensar representan perspectivas diferentes, ambas esenciales para nuestra productividad y bienestar general. El PA y el PC son dos formas de mirar el mundo. Verbal frente a visual, analítica frente a perceptual. Idealmente, ambas deberían coexistir en armonía pero alcanzar un equilibrio entre ellas no es fácil, y es natural que algunos de nosotros seamos más analíticos y verbales y otros más perceptuales, intuitivos y visuales.

"El equilibrio perfecto nunca se alcanza".

Establecer una comparación entre el lenguaje y la percepción visual puede ayudarnos a entender mejor el contraste existente entre estas dos estrategias.

- Palabras (lenguaje) frente a bordes (percepción).

- Contexto (lenguaje) frente a espacios negativos (percepción).
- Gramática y sintaxis (lenguaje) frente a relaciones y proporciones (percepción).

## La genialidad está en el equilibrio

Alcanzar este delicado equilibrio es también, en general, el camino a la excelencia.

Por ejemplo, los mejores músicos son los que perfeccionan el lado metódico y analítico de la música mientras que al mismo tiempo son capaces de confiar en sus veloces procesos subconscientes. De esta manera pueden alcanzar altos niveles de expresividad y originalidad que se levantan sobre unas bases estables y firmes. Internalizan lo mejor del conocimiento y experiencia acumulada por los mejores profesionales de la música a lo largo de la historia, y una vez que ese conocimiento ha alcanzado las capas más profundas de sus mentes, se dejan ir, confiando en sus procesos combinatorios subconscientes hasta que nuevas percepciones e ideas emergen, las cuales son entonces incorporadas a su infraestructura mental, reiniciando el proceso de nuevo.

Por desgracia, en la mayoría de la gente uno de estos modos domina mucho más que el otro. Por razones explicadas anteriormente, el pensar de la mayoría se inclina hacia el lado analítico. Es comprensible. El desarrollo de las habilidades verbales en el ser humano fue una de las revoluciones que llevó a la inteligencia humana a un nivel más avanzado, permitiéndonos comunicar y organizar la sociedad de forma muy eficiente.

Para alcanzar tal eficiencia, el lenguaje y el análisis trabajan con símbolos abstractos, separados de la complejidad específica de la vida.

"La palabra flor no nos dice nada concreto sobre una flor real específica".

Así es. Representa de forma abstracta todas las posibles flores que podríamos encontrarnos. Esto es eficiente y poderoso en muchos sentidos, pero limitado en otros. Porque a veces necesitamos información detallada sobre una flor concreta para absorber, mezclar y combinar datos sobre ella, datos que eventualmente pueden llevarnos a nuevas percepciones e ideas.

Pero nuestras mentes tienden a estar dominadas por procesos analíticos, que interfieren con otras formas de pensar.

"Puedo ver cómo esto dificulta el acceder a nuestros procesos de PC".

El PA es como un amigo demasiado generoso y atento que a veces va demasiado lejos y del que nos cuesta mucho deshacernos. Intenta simplificar las cosas, apresurándose a interpretar todo aquello que le llega, buscando encajes rápidos en categorías y etiquetas que ya conoce para que no tengamos que perder el tiempo con los detalles más finos. Es un amigo que disfruta lo conceptual, abstrayendo, simplificando, etiquetando y manteniéndose alejado de los detalles más intrincados y profundos de la vida.

Pero, como sucede a menudo, lo bueno puede llegar a ser demasiado bueno.

"Puede convertirse en una restrictiva prisión".

Sí. La creatividad consiste en resolver desafíos de otras maneras. Se trata de dejar las estrategias convencionales, explorando sin límites, combinando ingredientes inusuales para producir algo nuevo.

Encontrar los ingredientes y materiales adecuados para activar ese proceso requiere el ser capaz de percibir la complejidad del mundo con más profundidad.

"Lo cual puede parecer ineficiente a nuestro PA".

A corto plazo, los procesos creativos pueden parecer una pérdida de tiempo, y perder el tiempo no es una opción válida para nuestro pensamiento analítico. Una gestión eficiente de la comida que ingerimos y el aire que respiramos, así como de la energía que gastamos, es obligatoria. Luego, para nuestro amigo analítico, la creatividad es en cierto modo ¡un desperdicio de recursos!

¿Exploración incierta? ¿Una cantidad infinita de detalles a percibir? "¡De ninguna manera!", dice este amigo analítico.

Y aquí llega, listo a sabotear cualquier intento de ejercitar nuestros músculos creativos. Podríamos estar intentando contemplar y bucear profundamente en la armonía de un momento único y en esas nos topamos con sus impacientes reproches.

"Eso es simplemente una cara, venga, una cara, sí, ¡una cara! Eso es, déjalo ya, muévete a otra cosa, ¡solo es una cara!".

¿Qué podemos hacer con tales interferencias? Hay formas de domar a este amigo para saltar sus filtros y acceder a la complejidad de nuestro mundo. Solo entonces podemos destacar entre la multitud, innovando y produciendo algo diferente.

Ante todo, necesitamos entrenar nuestra mente para recuperar el equilibrio entre ambas formas de pensar. Y tenemos que poner más énfasis en el PC precisamente porque la mayoría de las mentes tienden a fortalecer el lado analítico.

Ser más creativo en el mundo de hoy requiere un espíritu de exploración y el fortalecer esa otra parte de la mente que hemos descuidado durante tanto tiempo.

## El esfuerzo esencial

Para combinar lo mejor de ambos mundos, tenemos que hacer un esfuerzo especial por abrir nuevas rutas de pensamiento de forma proactiva, dejando de depender tanto de patrones ya probados y usados con anterioridad.

Pasar demasiado tiempo en el reino del pensamiento consciente y analítico interfiere y desactiva los más relajados, pacientes y silenciosos procesos de pensamiento creativo.

"Puedo sentir cómo esto podría decrecer nuestra creatividad e inteligencia general".

La solución está en alcanzar un buen equilibrio entre el modo analítico, más centrado en la eficiencia, y el creativo, juguetón y paciente.

Henri Poincaré, matemático francés, físico teórico e ingeniero, lo dijo de forma estupenda: "Demostramos a través de la ciencia, pero descubrimos a través de la intuición".[13]

"Esa es una forma hermosa de expresar la cooperación y el equilibrio clave que buscamos".

El PA sin el PC es demasiado lento para poder trabajar de forma eficiente con la complejidad y la incertidumbre de la vida. El PC sin el análisis y la lógica es incapaz de demostrar, evaluar y comunicar nuevas percepciones e ideas.

"¿Cómo pueden entonces trabajar juntos estos dos modos?".

## Una cooperación a distancia

Hemos hablado anteriormente sobre las interferencias que pueden suceder entre estos modos.

"¿Por qué suceden?".

Investigaciones indican que el cerebro solo puede estar activo en cada momento en un cierto número de áreas, no en todas.[14] Esto explica en parte por qué es difícil hacer uso de procesos analíticos y creativos al mismo tiempo, ya que activan centros diferentes del cerebro (con una cierta cantidad de superposición, por supuesto).

## Modos diferentes para diferentes tareas

Imagina un equipo de profesionales de un programa de televisión. Ana es una bailarina. Pedro, un presentador. En algunos momentos del programa Pedro habla a la audiencia. Otras veces Ana danza en el escenario.

Cuando Ana baila, Pedro no irrumpe en el escenario y comienza a hablar al mismo tiempo. Cuando Pedro transmite información a la audiencia, Ana no aparece bailando por detrás, distrayendo a los espectadores. Eso sería cómico, ¿verdad? Tal programa de televisión probablemente no duraría mucho en antena.

"Entonces hablamos de cooperación sin demasiada superposición".

El pensamiento analítico y el creativo son como dos trabajadores de la misma empresa que necesitan ser educados el uno con el otro. Como Ana y Pedro, están especializados en diferentes tipos de tareas. No podemos pretender usar el análisis para resolver tareas que requieren de nuestra intuición, visualización y paciencia, tareas que tienen lugar en contextos inciertos y confusos. Ni usar el pensamiento creativo para lidiar con tareas que requieren un enfoque estrecho y mucha comunicación y debate.

Por ejemplo, no es fácil dibujar cuando escuchamos hablar a la gente a nuestro alrededor. La interpretación de patrones visuales y las habilidades verbales requieren diferentes formas de procesar información en nuestra mente.

Por ello, estos modos necesitan ser educados compañeros de trabajo, pasándose el centro de atención del uno al otro en función del trabajo requerido.

## Cooperación armónica

Cuando conseguimos equilibrar ambas formas de procesar información, somos capaces de ir y venir entre un enfoque amplio, relajado y difuso y otro preciso y concentrado.

"Puedo ver cómo cada uno de estos tiene su momento y lugar".

Somos capaces de absorber pacientemente el mundo, contemplándolo sin juzgarlo. Y somos capaces también de analizar eficientemente y de alcanzar conclusiones lógicas a niveles altos de abstracción cuando es necesario, lo cual nos permite transferir información a otros dominios y áreas.

"Capaz de esperar, capaz de perseguir. Capaz de ser silencioso, capaz de verbalizar. Capaz de visualizar, capaz de articular. Capaz de ser científico, capaz de ser poético".

Como el día y la noche. Como los extremos que aumentan el contraste y la polaridad. Como las dualidades que están en la base de nuestra existencia. Como las partículas y las anti-partículas que mantienen en equilibrio el mundo cuántico. Como el pensamiento analítico y el creativo.

# CAPÍTULO 4:
# Carrera por la supervivencia

*"Todo niño es un artista, lo difícil es seguir siendo artista cuando creces".*

**- Pablo Picasso.**

Ahora que hemos visto estas dos formas clave de procesar información en nuestras mentes, echemos un vistazo a cómo el equilibrio entre ellas cambia de la infancia a la edad adulta.

Y para ello, comencemos con el impulso clave de la vida, la supervivencia, y continuemos después con el tema de los hábitos y el cómo romperlos.

## Una historia de supervivencia

En circunstancias normales, la prioridad número uno de cualquier entidad viva es la supervivencia.

De las formas de vida más simples a las más complejas, todas tienen en común este poderoso factor: el impulso de permanecer vivo.

## De los genes a las ideas

La supervivencia puede ser interpretada desde la perspectiva de la información codificada en nuestros genes. Esto está también relacionado con la reproducción humana.

Supervivencia se puede referir asimismo a nuestras ideas, cultura, conceptos, enseñanzas y otras contribuciones a la sociedad.

Muchos seres humanos quieren dejar tras ellos una huella, una impresión, algo que ayude o influya en las generaciones futuras. Algunos llaman a esto evolución cultural.

El PC, ayudado por nuestros procesos de pensamiento analítico, es una herramienta clave para crear algo nuevo que pueda contribuir de forma positiva, ya sea en los negocios o a nivel personal, al presente y/o futuro de la humanidad.

## Del niño al adulto

Retornemos al instinto de supervivencia. Este fuerte impulso se expresa de forma diferente dependiendo de la etapa de desarrollo en la que nos encontramos.

"Es diferente para un niño que para un adulto".

El cerebro de un niño es como un lienzo en blanco. Vacío de conocimiento, el niño es vulnerable, está rodeado de muchos posibles peligros. El cerebro del niño contiene pocas habilidades a las que puede recurrir. Su supervivencia está completamente relacionada con el proceso de aprendizaje sobre el mundo y sus peligros.

Para sobrevivir, el niño depende principalmente de su familia. Pero eso no es suficiente. El niño necesita explorar proactivamente, aprender de su entorno y a través de procesos de ensayo y error descubrir las habilidades y herramientas necesarias para florecer no solo en su entorno más próximo, sino también en la dinámica sociedad que le espera a la vuelta de la esquina. Esta es la forma más rápida de crecer y enriquecer el cerebro para hacerse independiente y capaz de encarar los desafíos y peligros de nuestro incierto mundo.

Luego, cada niño es de forma natural un ser creativo, innovador y explorador de la vida. Está siempre listo para reorganizar lo conocido y de esa manera descubrir lo desconocido. El PC domina en su cerebro. La supervivencia es la principal motivación; la curiosidad y la confianza son las armas.

A medida que el niño crece, el cerebro madura y sus habilidades analíticas y de pensamiento lógico se hacen más fuertes y dominantes.

Cuando el niño se ha hecho un adulto, el conocimiento y las habilidades acumuladas posibilitan una navegación cómoda a través de la sociedad en que vivimos, tanto a nivel social como profesional. Al mismo tiempo, tanto en las relaciones como en el trabajo, el adulto tiene que lidiar con muchas responsabilidades que ha de gestionar eficientemente.

Los recursos para encarar estas responsabilidades son limitados. Dinero, comida y otros recursos esenciales requieren tiempo y esfuerzo. Invertimos nuestra infancia en acumular conocimiento y habilidades y cuando nos hacemos adultos, queremos proteger esa inversión de forma natural y hacer el uso más eficiente posible de ella.

Las prioridades cambian. Explorar y descubrir no son ya tan importantes para nuestra supervivencia. La supervivencia está ahora más unida al uso eficiente de nuestro conocimiento acumulado. Simplificar y abstraer la complejidad del mundo se vuelve importante. Se trata de no desperdiciar valiosos recursos.

"Gestión de recursos".

Cada interacción con el mundo fuerza a nuestro cerebro a gastar algo de su valioso combustible y energía para interpretarlo. Simplificar y abstraer la tremenda complejidad de la información que llega a nuestros sentidos se vuelve una necesidad para el eficiente cerebro adulto.

Con esa meta, el cerebro filtra *inputs* y *outputs*. Intenta interpretar los *inputs* que recibe relacionándolos con abstracciones simbólicas ya conocidas. E intenta ajustar los *outputs* a patrones de activación fáciles de recordar y usados con anterioridad, para así minimizar el gasto energético.

Esta perspectiva anti-creativa tiene mucho sentido. Tener que hacer un esfuerzo extra cada vez que interactuamos con el mundo haría nuestra vida diaria imposible. Si nuestro cerebro tuviera que alertarnos de cada elemento de información que llega a nuestros sentidos, estaríamos literalmente saturados de datos y seríamos incapaces de funcionar.

Por razones de eficiencia solo somos conscientes de algunos de estos *inputs*. El cerebro nos alerta sobre lo que considera esencial. El resto, sin embargo, no desaparece. Es absorbido por nuestros cuerpos y mentes y pasa a formar parte de esa misteriosa olla interna que a menudo llamamos el subconsciente. Es ahí, en la profundidad del subconsciente, donde la complejidad del mundo con el que interactuamos se combina y mezcla. Es desde ese lugar tan especial que todo tipo de percepciones, revelaciones e ideas pueden emerger.

La pregunta es: ¿cómo podemos acceder al subconsciente? ¿Cómo nos podemos beneficiar al máximo de todo el potencial que acumula? En los próximos capítulos profundizaremos en todo ello.

Retornemos ahora al tira y afloja permanente entre el procesamiento genérico, abstracto y superficial, frente al específico, personalizado y profundo. Esta es una batalla que normalmente gana el primer contendiente, porque en el mundo adulto el uso eficiente de nuestra energía se considera una prioridad clave y nuestro suministro energético es limitado.

Piensa en lo que sucede en muchas áreas de la sociedad. En medicina, tratar a todos los pacientes con drogas genéricas es más barato. Tratar a todos los pacientes de forma personalizada, teniendo en cuenta patrones biológicos y de comportamiento específicos funciona mejor, pero es mucho más caro.

"¿Y qué hay sobre la educación?".

Evaluar a todos los estudiantes con los mismos parámetros y criterios es más rápido y barato, pero, por supuesto, no solo es injusto, sino también en muchos sentidos realmente absurdo. Evaluar y trabajar con cada estudiante de forma diferente, dependiendo de las habilidades e impulsos específicos de ese ser humano es la forma más justa y la más eficiente a largo plazo, pero es también más caro e ineficiente desde las típicas perspectivas analíticas centradas en el corto plazo.

"La creatividad puede parecer una pérdida de tiempo desde la perspectiva del PA".

Pero ¿es realmente así?

Si pensamos en los ejemplos mencionados, podríamos comenzar a darnos cuenta de que lo que parece ineficiente a corto plazo se puede transformar en la solución más eficiente a largo plazo.

Tratar a todos los pacientes con soluciones genéricas podría producir beneficios en algunos de ellos. Pero esas medicinas no funcionarán o incluso dañarán a un porcentaje considerable de pacientes, lo cual incrementará enormemente los costes a largo plazo.

Los sistemas educativos que son rígidos e inflexibles producirán seres humanos defectuosos que costarán mucho más a la sociedad a largo plazo que lo que se ahorra en esos primeros años.

El PC no es como el azúcar. No se trata de producir un rápido y breve subidón o una ganancia que rápidamente se desvanece. El PC es nutrición saludable para tu mente. Permanece y produce cambios metabólicos beneficiosos que transforman positivamente tu forma de pensar.[15] Es una solución a largo plazo, igual que la medicina y los sistemas educativos más personalizados.

El PC es también la mejor estrategia para ir más allá de lo conocido y llegar a lo desconocido. Es la herramienta ideal tan pronto como necesitamos salir de nuestra burbuja abstracta y encarar la complejidad real del mundo.

Por desgracia, la mayoría de los adultos tienen muchas dificultades en activar su PC debido a la predominancia de los procesos PA en sus mentes. Estos a menudo interfieren, bloquean y previenen los procesos de PC. Por ello, la gente a menudo toma decisiones basadas en abstracciones analíticas.

"Las cuales están muy distantes de la realidad más inmediata, compleja y profunda".

Sí. Y esto tiene profundas consecuencias sobre nuestras relaciones, negocios, salud y bienestar.

En un mundo ideal equilibraríamos la eficiencia analítica con las habilidades creativas, que pueden enriquecer y añadir significado y valor a nuestras vidas. En la práctica, animados por una sociedad que premia el pensamiento metódico y lógico y la planificación cuidadosa sobre las exploraciones inciertas y borrosas, los centros analíticos del cerebro pronto dominan sobre los esfuerzos mentales de los adultos y lentamente apartan al pensamiento creativo al banquillo de la mente.

El PA y las simplificaciones de la lógica proporcionan un útil espejismo de permanencia y eficiencia. Las cosas se hacen de forma metódica. La lógica justifica las acciones. Los días proceden de forma ordenada.

Sin embargo, a medida que las semanas, meses y años pasan, comienzan a surgir problemas: Aunque el adulto gestiona los recursos correctamente y los bienes materiales están siempre disponibles, falta algo. Un cierto vacío llena los espacios entre el ruido y las distracciones de la vida. Y, sin embargo, no podemos comprender qué es lo que echamos de menos.

A veces, cuando el adulto interactúa con niños, momentos de gozo llenan esos espacios vacíos, y pensamos en la infancia. Reconectar con nuestro niño interior puede producir inmensos beneficios. Pero, por supuesto, pensamos que eso es cosa de niños, no de adultos…

Mantener el espíritu abierto y el contacto fluido con la vida que los niños tienen puede parecer arriesgado e ineficiente. Pero el problema es que lo verdaderamente arriesgado es vivir permanentemente en el mundo del PA. Agota nuestra energía. Nos derrumbamos bajo el peso del estrés y la ansiedad. Y, además, no accedemos a todos los beneficios que una mente equilibrada puede disfrutar.

El PC es una experiencia positiva que nos nutre e impulsa. El PA llevado al extremo a menudo nos afecta emocionalmente hasta impactar nuestros niveles de energía y bienestar.

La transición de la infancia a la edad adulta no debería ser un proceso de reemplazo cerebral. Esto es un punto clave a recordar.

"No significa que reemplazamos PC con PA".

La transición es una fase de crecimiento. Nuestras capacidades de PC son aumentadas y complementadas con otras nuevas. Estas mejoran nuestras habilidades en áreas como el análisis, la lógica y la planificación.

"Estamos creciendo, no reemplazando".

Idealmente, a medida que crecemos integramos nuevas capacidades en nuestro sistema y encontramos un equilibrio armonioso entre todas ellas. Un equilibrio que permite que todas nuestras habilidades se complementen para el beneficio general de nuestra mente y nuestro organismo.

"Y aun así nuestra sociedad anima a que el PA domine".

Es como si atáramos uno de nuestros brazos a la espalda. El otro brazo podría ser muy habilidoso, pero pronto comenzará a sentirse cansado y ansioso. Necesitarás compensar la pérdida ejercitando el otro brazo más allá de sus posibilidades.

Esto es lo que hacemos a menudo con nuestro pensamiento lógico y analítico: intentamos usarlo para todos los propósitos, abordando situaciones cuya complejidad está más allá de sus posibilidades. Y, ya sea en el contexto de nuestro trabajo o en el de nuestras relaciones interpersonales, podemos sentirlo. Lo intuimos. Nos sentimos ansiosos, nerviosos, deprimidos. Nos cuesta tomar decisiones porque estamos usando la herramienta incorrecta para procesar la complejidad del contexto. Hemos olvidado que tenemos otras habilidades y herramientas. Habilidades empujadas al banquillo de nuestras mentes. Tomamos decisiones basadas en la perspectiva estrecha y abstracta del lenguaje y la lógica. Sea cual sea el resultado, nuestra mente es la perdedora. Acumula estrés, cansancio y ansiedad, teniendo que hacer su trabajo con un solo brazo mientas el otro permanece incapaz de actuar.

Con el tiempo, nuestro PA, como cualquier músculo ejercitado constantemente, se hace poderoso y fuerte. Pero también, al ser usado a menudo para tareas que no le corresponden, se vuelve tenso y sobrecargado. Por otro lado, nuestros olvidados músculos creativos se debilitan, arriesgando una atrofia.

Aun así, hay esperanza. De la misma manera que podemos rehabilitar lentamente nuestros músculos corporales tras una operación o largos periodos de inmovilización, podemos hacer lo mismo con nuestro pensamiento creativo para así avanzar hacia un mejor equilibrio mental.

Un equilibrio que haga un mejor uso de nuestras capacidades mentales, y al equilibrar nuestros procesos de pensamiento, equilibre también nuestra salud y bienestar.

"Este equilibrio también nos hace más profundos".

Ser creativo significa interactuar más profundamente con el mundo, ir más allá de las interpretaciones simplificadas de la mente analítica y penetrar en la riqueza y la complejidad concreta de la vida.

El proceso de equilibrar nuestros modos de pensar puede comenzar ahora. Por supuesto, esto requiere arriesgarse desde el punto de vista de la gestión de nuestra energía y de la eficiencia.

"Entiendo. El PC requiere un mayor esfuerzo en los adultos".

Sí, la mente intentará resistirse y volver a sus cómodas rutinas. Pero no olvidemos que el PC era algo natural cuando éramos niños. Al crecer, adquirimos hábitos que interfieren con ese impulso natural. Cambiar hábitos es siempre duro, pero se puede hacer.

Lo que podría parecerle al cerebro una innecesaria inversión de energía, se convierte con el tiempo, si se hacen las cosas bien, en una inversión con un gran retorno. Un retorno en forma de una mejor salud mental, mejores perspectivas profesionales, así como una mejor gestión de las relaciones interpersonales y, en general, una mejora de nuestro bienestar.

"No puede ser fácil escapar del hábito de depender principalmente de los procesos PA".

Así es. En cierto sentido, es como entrenar cualquier músculo débil del cuerpo. Los comienzos son duros, pero después de un tiempo el entrenamiento en sí mismo se convierte en un hábito.

"¿Un hábito?".

Sí, ejercitar nuestras habilidades de pensamiento creativo se convierte en un hábito y se va haciendo cada vez más fácil. Nuestras habilidades perceptivas y el rendimiento de nuestro cerebro se agudizan.

De hecho, equilibrar nuestro pensar mejorará nuestro rendimiento en todas las áreas de nuestras vidas porque estamos reforzando nuestros cimientos con una base más sólida, fuerte y profunda.

## Lo mejor de ambos mundos

En resumen, la creatividad de un niño es intuitiva, nacida de la necesidad. La creatividad de un adulto ha de ser cultivada y requiere más esfuerzo. Al mismo tiempo, el cerebro adulto está lleno de experiencias y conexiones, mientras que el del niño es un lienzo mucho más vacío.

Queremos lo mejor de ambos mundos: la actitud de un niño, fresca y lista para explorar, y el apoyo y cimientos proporcionados por toda la experiencia y las conexiones que hemos desarrollado como adultos.

## Una estrategia

Para equilibrar nuestras mentes y usar todo nuestro potencial, para revertir la tendencia exagerada hacia el pensamiento analítico e innovar en nuestros trabajos y vidas, necesitamos hacer dos cosas:

Primeramente, necesitamos domar nuestro pensamiento analítico y ruido consciente. Necesitamos calmar nuestras mentes y crear espacio donde nuestro pensamiento creativo pueda florecer. Esto requiere el aprendizaje de formas de priorizar modos diferentes de pensamiento mientras evitamos los filtros y trucos analíticos. El capítulo de la salud tratará mucho sobre este tema.

En segundo lugar, necesitamos entrenar y ejercitar nuestros músculos de pensamiento creativo, abriendo nuevas avenidas en nuestras mentes, en una misión encaminada a reordenar lo conocido para encontrar nuevas percepciones, ideas y soluciones a los desafíos que encaramos. Los dos capítulos siguientes nos enseñarán cómo.

## CAPÍTULO 5:
# El principio de la antorcha

*"No hay duda de que la creatividad es el recurso humano más importante de todos. Sin la creatividad no habría progreso, y estaríamos repitiendo para siempre los mismos patrones".*

**– Edward de Bono.**

Ahora que comprendemos lo que son el PA y el PC, exploremos cómo combinarlos para encontrar soluciones innovadoras a cualquier desafío que tengamos que abordar personal o profesionalmente.

Tras este capítulo llegaremos a los ejercicios prácticos para entrenar nuestros músculos creativos. No corres una maratón sin antes entrenar apropiadamente. De la misma manera, no innovas como un maestro sin antes ejercitar regularmente tus músculos creativos.

En este capítulo y el siguiente obtendrás una comprensión profunda sobre cómo encontrar buenas soluciones a tus desafíos y sobre cómo entrenar tus músculos creativos para mejorar en la implementación de tus procesos de ideación.

Comencemos con una metáfora que cristaliza lo que hemos cubierto hasta ahora y enfatiza la importancia del PC como factor clave cuando deseamos producir soluciones innovadoras para nuestros desafíos: ¡Bienvenido al principio de la antorcha!

# El principio de la antorcha

Cuando nos enfrentamos a un reto y necesitamos encontrar una solución innovadora, lo que no conocemos es siempre más que lo que conocemos. Así que podemos imaginarnos que al inicio estamos rodeados por un inmenso océano de oscuridad mental. Este océano contiene infinitas soluciones a infinitos desafíos.
[Web] **torchprinciple.com/torchprinciple**

"Ojala tuviera conmigo algo de luz".
La tienes. En alguna parte de ese océano de oscuridad mental nos encontramos sosteniendo una pequeña antorcha. Esa antorcha puede arrojar algo de luz sobre nuestro desafío. La antorcha representa la información, el conocimiento que actualmente poseemos sobre el desafío.
"Algo es algo".
A nuestro alrededor, en ese océano de oscuridad mental, hay soluciones a nuestro desafío. Algunas de esas soluciones son más típicas y predecibles, y están por lo tanto, más cerca de nuestra posición. Otras soluciones son más innovadoras y originales y se encuentran más lejos de nuestros patrones mentales actuales.
Nuestro objetivo es encontrar esas soluciones más innovadoras que se esconden en la oscuridad.
"No será tarea fácil".
No lo es. Una posibilidad para alcanzar el objetivo sería usar principalmente estrategias analíticas y sistemáticas. Sería como si cogiéramos nuestra antorcha y comenzáramos a caminar alrededor de nuestra posición inicial, paso a paso, esperando de alguna manera toparnos con una de esas soluciones innovadoras.
"Va a llevar tiempo…".
Sí, y el tiempo que tenemos es limitado. Así que es probable que terminemos encontrando una de las soluciones más típicas y predecibles, las que están situadas más cerca de donde empezamos. O puede que incluso caminemos en círculos y terminemos donde

iniciamos el camino. Esto es típico en negociaciones políticas o financieras que utilizan en exceso el análisis y la lógica.

"Debe haber otra forma…".

Un enfoque mejor y diferente consiste en combinar el análisis con las estrategias de pensamiento creativo. En este nuevo enfoque, primero divergimos antes de converger.

"Divergir antes de converger. Suena potente".

Damos grandes saltos en vez de pequeños pasos. Acumulamos antorchas y las plantamos en diferentes partes de este inmenso océano de oscuridad mental.

"¿Qué son estas nuevas antorchas?".

Son información, a veces aparentemente no relacionada con el desafío y en otras ocasiones más obviamente relacionada. Al principio nos centramos en divergir, así que a menudo arrojaremos antorchas en áreas que aparentemente no tienen nada que ver con el desafío.

"Y entonces, ¿cómo interconectamos esas antorchas?".

Necesitamos algo de pegamento. Ese pegamento es nuestro cerebro.

"¡El gran conector!".

¡Sí! Nuestro cerebro está diseñado para conectar e interpretar cualquier patrón de información que le presentemos, bajo las circunstancias adecuadas.

"¿Qué quiere decir con bajo las circunstancias adecuadas?".

Nuestra mente requiere cuatro factores clave para funcionar como ese gran conector que sabemos que es. Lo llamo PITE (DITS en inglés): profundidad, ingredientes, tiempo y espacio.

"¡Soy todo oídos!".

1. **Primero: los ascensores de profundidad**

    Necesitamos trabajar a la profundidad adecuada. La información que hemos proporcionado a nuestro subconsciente no debería ser ni demasiado superficial ni tampoco lo contrario. Has de tomar el ascensor de profundidad al nivel de complejidad que sea similar al nivel de la solución que buscas. No existe una profundidad correcta o incorrecta. Tienes que decidir cuál debería ser tu profundidad en cada proceso.

2. **Segundo: ingredientes**
Esas antorchas, esas luces, necesitan tener la calidad y profundidad adecuadas. Y no pueden ser ni muy pocas ni demasiadas (sobre todo cuando su conexión con el desafío es muy obvia). Piensa en una olla de cocina que está demasiado vacía (se puede quemar) o demasiado llena (los ingredientes no se pueden mover y, por lo tanto, no se combinan bien).
"Demasiadas antorchas terminarán por cegarnos, saturarnos o empujarnos a un cierre y conclusión prematura. Muy pocas no proporcionarán suficiente luz para ayudarnos a encontrar una de esas soluciones innovadoras".

3. **Tercero: tiempo**
Necesitamos el tiempo suficiente para que estas luces se combinen entre ellas, para que nuevas conexiones puedan suceder.
"No podemos precipitar el proceso, la mente necesita tiempo para incubar estos nuevos ingredientes".

4. **Cuarto: espacio**
Necesitamos tener la actitud correcta, la sensibilidad adecuada para notar los momentos en que este proceso genera algo especial.
"Nuestra mente no puede estar constantemente llena de ruido y parloteo. Necesita espacio".

## El contexto de incubación

La mente combinará y recombinará toda esa nueva luz, todos esos ingredientes que arrojamos a nuestro subconsciente. Es lo que llamamos incubación. Eventualmente, algunas de esas combinaciones llamarán a la puerta de nuestra mente consciente. Para que notemos esas delicadas burbujas reveladoras, necesitamos tener suficiente espacio en la mente. Una mente constantemente dominada por ruido, parloteo, ansiedad y estrés no estará lista para recibir estas llamadas.

"Luego, bajo las circunstancias correctas podríamos escuchar estas llamadas".

Sí, es lo que llamamos una iluminación, un salto de comprensión y claridad. De repente sentimos la solución.

"¿Qué está realmente sucediendo entre bastidores?".

La luz acumulada y proporcionada por todas las antorchas que hemos plantado, información recogida a la profundidad adecuada, en combinación con las habilidades conectoras de nuestro cerebro, es incubada durante el tiempo necesario. Todo ello, en el contexto de una mente que tiene suficiente espacio y sensibilidad, nos permite eventualmente encontrar una de las soluciones innovadoras situadas en ese vasto océano de oscuridad mental. Podemos entonces evaluar esa solución, expresarla conscientemente, verbalizarla e implementarla.

Para tener éxito, por lo tanto, necesitamos la cantidad y el tipo correcto de antorchas, información acumulada y recogida a la profundidad adecuada. Entonces permitimos que esas luces se combinen y se interconecten durante el tiempo necesario. El resultado de este proceso llama a la puerta de nuestra mente consciente, la cual necesita tener la sensibilidad adecuada y el espacio suficiente para percibir esas llamadas.

"Profundidad, ingredientes, tiempo y espacio: PITE (DITS)".

## Divergir antes de converger

La parte más importante del principio de la antorcha se puede encapsular en esta frase.

"Divergir antes de converger".

Esta es realmente la piedra angular de la creatividad y la innovación. Divergir antes de converger. Imaginar antes de analizar. Expandir antes de contraer.

Aléjate del cierre prematuro y de las soluciones típicas yendo primeramente a explorar lejos, antes de que más tarde converjas a soluciones específicas. Estas tienen más posibilidades de ser innovadoras y diferentes si has viajado a lugares remotos antes de asentarte en algo más definitivo.

Divergir antes de converger es como un fractal. Es un proceso que aparece constantemente en diferentes escalas a nuestro alrededor. Lo vemos en cómo funciona la selección natural en biología y en procesos presentes en las incubadoras de *startups*. Es parte de las estrategias que los inversores usan para tomar decisiones. Está, en resumen, presente en muchos escenarios y contextos.

"Pero es difícil de implementar".

Lo es. Porque estamos condicionados a querer resultados y respuestas ya. Queremos conclusiones ahora. Queremos converger inmediatamente. Nos cuesta mucho darnos la posibilidad de divergir antes de converger. Pero ahí reside el secreto de las grandes innovaciones y de una mente con músculos sanos y en forma que de esta manera equilibran nuestras habilidades PA. En este capítulo y en el próximo te daré estrategias, ejercicios y consejos para mejorar tu habilidad de divergir de forma inteligente antes de converger.

## El modelo

Movámonos ahora de la metáfora a un modelo más formal del proceso creativo. En el último siglo se han creado muchos modelos para describir procesos creativos y de innovación. Procesos que pueden durar un instante o toda una vida.

Algunos de estos procesos tienen 4 etapas, otros 5, 7 o incluso 9.

Como cualquier modelo, uno que explique la innovación o la creatividad no puede proporcionar una descripción precisa de un proceso tan increíblemente complicado. Sin embargo, es un ejercicio útil el explorar uno de estos modelos. Nos ayudará a comprender mejor dónde necesitamos mejorar y en que necesitamos centrarnos.

"¡Adelante!".

La mayoría de los modelos que explican el proceso creativo están de acuerdo en presentar un número de etapas clave. Las llamaremos con nuestros propios nombres: semilla, nutrición, incubación, iluminación, implementación e iteración.

[Web] **torchprinciple.com/creativitymodel**

## Etapa uno: Semilla

Un desafío es identificado. Este desafío está a menudo asociado con una comunidad o grupo específico de gente, una audiencia-objetivo específica. La comprensión profunda de esa comunidad es a menudo un antecedente antes de que el desafío sea definido. De esta etapa crece el resto del árbol creativo. Comprender la comunidad, la audiencia y la gente relacionada con el desafío es parte clave de esta fase y de la siguiente.

"En el principio de la antorcha, esta es la parte donde fijamos nuestra posición inicial en ese vasto océano de oscuridad mental. ¿Dónde comenzamos? ¿Qué conocemos sobre nuestro desafío al principio?".

## Etapa dos: Nutrición

Un proceso de acumular y recoger datos e información sobre el desafío y a menudo la comunidad relacionada tiene lugar. El objetivo es recoger ingredientes de calidad. Metafóricamente, piensa en un niño subconsciente recibiendo juguetes o en un cocinero subconsciente recibiendo ingredientes de calidad con los que cocinar. Es un paso esencial si queremos que nuestra semilla crezca y se desarrolle.

"En el principio de la antorcha esta es la parte en la que plantamos más antorchas y luces a nuestro alrededor".

## Etapa tres: Incubación

Nos dejamos ir, damos tiempo a que nuestra semilla crezca. El tiempo es necesario para absorber y procesar la información que hemos recogido y para que nuestro subconsciente juegue con los ingredientes de calidad que hemos juntado. La incubación es el momento de que nuestros ingredientes se combinen para potencialmente generar nuevas revelaciones e ideas.

"En el principio de la antorcha, esta etapa sucede cuando damos tiempo a nuestra mente a que combine y mezcle las nuevas luces que hemos plantado".

## Etapa cuatro: Iluminación

La incubación eventualmente produce interesantes combinaciones, delicadas y fugaces revelaciones e ideas que pueden alcanzar nuestra conciencia y ser percibidas si nuestra atención es lo suficientemente amplia y sensible. Es el momento clave en el que una nueva claridad y comprensión emerge en nuestra mente consciente.

"En el principio de la antorcha, esta etapa sucede cuando la luz acumulada por las nuevas antorchas se combina, bajo las circunstancias correctas, para iluminar una de las soluciones innovadoras que nos rodea".

## Etapa cinco: Implementación

Una nueva idea necesita ser evaluada, probada, y si se demuestra útil, transformada en un producto, servicio, mensaje o acción. Esta nueva claridad y comprensión se transforma, por lo tanto, en un tronco tangible y estable con sólidas ramas.

"Según el principio de la antorcha, cuando nuestra mente tiene suficiente espacio y sensibilidad, tomamos conciencia de una nueva solución iluminada por nuestras antorchas. Podemos entonces proceder a evaluarla e implementarla".

Punto clave. La etapa de implementación no es el final. El proceso creativo es iterativo y a menudo no lineal.

## Etapa seis: Iteración

Podemos continuar nutriendo nuestra semilla con nuevos ingredientes, incubándolos, evaluando nuevas ideas e implementándolas. El nombre de esta etapa expresa la importancia del flujo dinámico que mantiene nuestras soluciones en constante evolución, mutando o pivotando en cualquier momento.

**Semilla, nutrición, incubación, iluminación, implementación e iteración** son maneras de representar etapas clave que identificamos en procesos típicos de innovación.

Podríamos llamarlas de muchas otras formas. Podríamos subdividir algunas de ellas en más etapas. Pero la esencia del modelo permanece. Identificar desafíos, recoger información sobre ellos, permitir que esa información se combine y mezcle con nuestro conocimiento previo hasta que nuevas ideas emergen, las cuales son entonces evaluadas e implementadas.

"¿Cuánto se superponen estas etapas?".

Es clave comprender que la forma en que estas etapas se relacionan entre ellas es muy flexible. La nutrición puede ser sustituida por el alimento proporcionado por nuestro conocimiento previo. Podemos redefinir el desafío, nuestra semilla, múltiples veces a través de una nutrición prolongada. Los procesos de incubación pueden durar milisegundos, como cuando un pianista improvisa, o años en el caso de la escritura de una novela. Múltiples etapas de iluminación pueden retroalimentar etapas semilla y etapas de nutrición en una mezcla dinámica que evoluciona con el tiempo, dando forma a nuestras ideas a medida que descartamos algunas de estas soluciones y estimulamos otras en un proceso que podría recordarnos a la selección natural en biología.

"Luego el modelo es totalmente flexible, es una herramienta, no una pauta rígida".

Sí, comprender estas etapas ejemplo e imaginar otras nuevas nos ayudará a crear estrategias para fortalecer nuestro pensamiento creativo aún más.

"Hablaste sobre un cocinero, me gusta esa analogía".

Las metáforas nos pueden ayudar mucho a describir procesos tan complejos como la creatividad. Una de las metáforas con las que me gusta trabajar es la del cocinero creativo. ¡Ese somos nosotros, por cierto!

"¡Estamos en camino a una metáfora deliciosa!".

El cocinero creativo, nosotros, decide qué plato cocinar, se prepara y comienza a recoger y acumular ingredientes de calidad dentro de una extraordinaria olla que llamaremos nuestra olla subconsciente.

[Web] **torchprinciple.com/subconsciouspot**

Recordemos que llamaré subconsciente a aquellos procesos de cuya existencia no somos conscientes. Procesos que suceden más allá de nuestro radar consciente, más allá o por debajo de nuestra conciencia. Son, por lo tanto, subconscientes. Cuál es exactamente la naturaleza de nuestro subconsciente es algo que los expertos continúan debatiendo. Para los propósitos de este libro, todo lo que nos importa es saber que hay un umbral borroso que separa estos dos dominios: consciente y subconsciente.

## El reino del subconsciente

Podríamos, de hecho, hablar de dos umbrales. El primer umbral, y el más importante, es el que separa lo que se hace consciente en nuestra mente de aquello que absorbemos pero no alcanza nuestra conciencia. Un segundo umbral separaría la información que ni siquiera es capturada por nuestros sentidos de aquella que sí lo es. Entre esos dos umbrales se encuentra esta misteriosa olla subconsciente.

La olla subconsciente es una forma de representar la vasta cantidad de información que es absorbida en nuestro sistema, pero no necesariamente llevada a la atención de nuestra conciencia.

Es un punto clave a tener en cuenta. La vasta mayoría de la información que absorbemos en cualquier momento existe en esa olla subconsciente. Solo una pequeña cantidad, una cucharadita aquí y allá, es llevada a la atención de nuestro cocinero consciente cuando es necesario.

## ¡Toda la mente es un escenario!

Piensa en el escenario de un teatro. Los actores entran y salen. Entre bastidores hay un mundo oculto de ensayos y debates en el que las interpretaciones y actuaciones son mucho más fluidas y dinámicas que aquellas que finalmente aparecen con los trajes definitivos frente a la audiencia.

"Un oculto mundo subconsciente".

La representación final en el escenario es la punta del iceberg de toda esa otra realidad formada por ensayos flexibles, dinámicos y abiertos que combinan y mezclan cada parámetro de la historia y sus intérpretes para producir un fantástico espectáculo.

La vasta olla frente a la cucharadita. Subconsciente y consciente.

## Sabiduría subconsciente

"¿Quién es realmente más sabio, la mente consciente o el subconsciente?".

¿Es acaso el rol principal de la mente consciente ser el mensajero que comunica las valiosas revelaciones e ideas elaboradas en nuestro misterioso subconsciente?

Lo que sabemos es que algunos de los más grandes genios, como Einstein, disfrutaban el potencial y la sabiduría de sus procesos PC subconscientes durante la mayor parte de su trabajo, haciendo uso de procesos PA en momentos específicos, por ejemplo al final de sus proyectos.[16]

"Somos mucho más que nuestra conciencia".

Cuando admiramos a los grandes genios creativos, al margen de sus personalidades y creaciones, estamos admirando la riqueza de ese fascinante mundo más allá de sus conciencias. Estamos admirando toda una vida de procesar y manipular la rica y compleja información que recogieron y acumularon en sus ollas subconscientes.

## El oso eficiente, almacenar para el invierno

Si lleváramos a la atención de nuestra mente consciente toda la información que llega a nuestros sentidos, saturaríamos rápidamente nuestros recursos mentales.

"¡Y eso sin mencionar la cantidad de energía que gastaríamos en interpretar y actuar en respuesta a esa información!".

Así que el cerebro solo nos alerta sobre lo que considera esencial. El resto es absorbido e integrado en nuestro sistema, pasando a formar parte de nuestra olla subconsciente.

Como haría un oso eficiente, almacenamos valiosa información que podría sernos útil más tarde.

"¡Me encanta mi olla subconsciente!".

Deberías decorarla con hermosos ingredientes. Y ahora, ¡entremos en la cocina subconsciente!

## La cocina subconsciente

La cocina es toda tuya.

"¡Fantástico! Tengo que elegir el plato que quiero cocinar".

¿Qué te parece el desafío de crear un nuevo producto de limpieza que proporcione ventajas clave sobre los competidores? Debería ser delicioso. Comencemos recogiendo ingredientes de calidad.

Dar a luz un nuevo plato puede recordarnos al nacimiento de un ser humano. Nuestra olla subconsciente puede interpretarse como si fuera un útero mental. Un útero que tenemos que cuidar y alimentar con los mejores ingredientes para así estimular y alentar el nacimiento de algo extraordinario.

"Información sobre procesos de limpieza, otros productos de limpieza…".

Sí, pero también otros ingredientes aparentemente no relacionados. Recuerda que al inicio queremos divergir lo más posible. Eso implica el recoger ingredientes que sean muy diversos y que no estén necesariamente conectados con el desafío.

"¡Genial! Bueno, recojamos también un baño aquí, una tortuga allá, un bonito y colorido kayak, algo de hielo también, una alarma podría ser útil… Entorno… ¡me gusta ese concepto! Sigamos: algo de agua…".

Continúa. Diverge antes de converger. Y ahora lo mezclamos todo. Parece que fluye con facilidad. Tenemos suficientes ingredientes, pero no demasiados que estén obviamente conectados con el desafío. Demasiados ingredientes directamente relacionados con el desafío podrían en ocasiones restringir las recombinaciones y empujarnos a un cierre prematuro.

"Anda, mira, ¡algo está subiendo desde la olla! ¿Es acaso una de las burbujas reveladoras?".

Bravo. Veo que esta mente tiene el suficiente espacio y sensibilidad. Nuestros ingredientes se han combinado y han producido algo especial. Un aroma único y frágil emerge de la olla. Si somos lo suficientemente sensibles, nuestra mente consciente identifica ese aroma como algo hermoso, armonioso, único y útil.

"¿Cómo podemos promover la generación de más de estas únicas burbujas? ¿Y cómo podemos domar nuestros procesos PA y nuestro ruido consciente para así tener suficiente espacio mental de forma que seamos más sensibles a ellas?".

Daremos respuesta a todo ello en este capítulo y en el siguiente. La cocina subconsciente nunca descansa. La información, los ingredientes, continúan fluyendo a través de nuestros sentidos y hacia nuestra olla. La calidad de esos ingredientes depende, por supuesto, de a qué estímulos y contextos expongamos nuestros sentidos.

"¡El cómo vivimos da forma a nuestra olla subconsciente!".

Por ello, el pensamiento creativo está unido a todo lo que haces: a cada interacción, a cada acción. Estás alimentando tu olla subconsciente a todas horas. Y esta es una criatura compleja. Todo aquello que echas en ella tiene consecuencias.

"Tenemos que tratarla con la delicadeza y con el respeto con el que trataríamos a nuestro mejor amigo".

¿Puedes olerlo? ¡El plato está listo!

"¡Un producto de limpieza que es pequeño, portátil y no requiere agua para ser usado!".

Estupenda idea inicial, ¡sabe bien!

Tu idea ha alcanzado la mente consciente y ha sobrevivido, entrando en un proceso competitivo y de supervivencia contra otros pensamientos.

## La evolución de las ideas

"¿Podemos hablar de un proceso de selección natural con las ideas?".

Te estás refiriendo a ideas que compiten entre ellas en nuestras mentes, algunas desvaneciéndose mientras otras se propagan a otras mentes. El etólogo y profesor Richard Dawkins propuso el concepto del meme, una idea que se propaga entre mentes. Los memes se consideran análogos culturales de los genes, capaces de mutar y responder ante presiones selectivas del entorno. Si estás interesado en saber más sobre memes, puedes leer su libro "El gen egoísta".[17]

También encontrarás un pequeño capítulo sobre el tema al final de este libro.

## En resumen, una gran colaboración

Nuestra capacidad de colaborar y empatizar con otros es una rasgo humano positivo. Uno que también necesitamos en nuestras mentes. El PA y el PC son en cierto modo opuestos y, sin embargo, tienen que colaborar y trabajar juntos por el bien del objetivo común, encontrar una gran idea innovadora para nuestro desafío.

En resumen, la creatividad es un esfuerzo colaborativo entre diferentes formas de procesar información. Todas estas etapas combinan procesos PA y PC, pero algunas de ellas favorecen más a uno que al otro. Necesitamos el PA para evaluar y traducir nuestras percepciones en lenguaje, así como para acumular y recoger información. Necesitamos el PC para manipular esa información en formas más rápidas y profundas.

La nutrición y la implementación son etapas muy conscientes conducidas principalmente por el PA. La incubación, iluminación y la etapa semilla ponen más énfasis en el PC.

Los grandes genios creativos son capaces de alternar cómodamente entre el PC y el PA, entre un enfoque amplio, difuso y abierto y otro estrecho y concentrado. Necesitamos ambos en este delicado baile que nos lleva de la semilla inicial a la gran idea al final del puente creativo.

"Y supongo que cada una de estas etapas también impactará e influenciará la forma en que trabajamos".

Entornos libres de presión, lenguaje y análisis favorecen una mente con el espacio necesario para ser sensible a sus procesos intuitivos y subconscientes. Algunos creativos pasan periodos de aislamiento para alentar la aparición de valiosas semillas e ideas.

Más tarde, cuando llega el momento de evaluar, comunicar y analizar estas semillas iniciales, el trabajo en equipo y los procesos de *brainstorming* en grupo pueden ser muy útiles.

No deberíamos ver ambas formas de trabajar como si fueran incompatibles, ni como procesos claramente separados. Se retroalimentan entre ellas todo el tiempo. En mi trabajo alterno rápidamente entre ellas. Por ejemplo, puedo salir solo de casa y caminar durante horas incubando ingredientes hasta que una semilla inicial aparece en mi mente y entonces inmediatamente comunicar esa idea a través del lenguaje a otras personas, evaluándola y analizándola. Eso a su vez podría estimular otra etapa de pensamiento creativo, en la cual podría trabajar en solitario en el estudio o fuera de casa, hasta que llega de nuevo el momento de hacer un *brainstorming* en grupo. Entraremos en detalle sobre esto más tarde.

## En detalle

Revisemos ahora cada una de estas etapas. Un viaje fascinante desde el afilado y estrecho enfoque del análisis consciente al amplio, borroso y flexible mundo del pensamiento creativo.

"¡Estoy lista para un viaje excitante!".

# Semilla

### ¿Adónde iremos hoy?

La mayoría de los procesos creativos comienzan con la etapa semilla.

Einstein dijo una vez que el proceso de formular y definir un desafío es a menudo más importante que su solución.[18]

En la etapa semilla establecemos una dirección, el desafío en el que queremos trabajar, el problema que pretendemos resolver. La semilla es una interesante analogía, porque cuando establecemos por primera vez la intención de encontrar una solución al desafío es como si literalmente plantáramos esa semilla en algún lugar de nuestras mentes. Desde ese momento, la semilla puede comenzar a brotar, extenderse, interactuar con otras partes de nuestro ser y transformarse con el tiempo en un árbol robusto, extendiendo sus ramas más y más lejos.

También estamos encontrando nuestra posición inicial en ese vasto espacio mental del que habla el principio de la antorcha.

En la etapa semilla participan los dos tipos de procesos que hemos estudiado: los analíticos conscientes que involucran al lenguaje, y los más fluidos e imprecisos procesos de pensamiento creativo que involucran más a nuestra olla subconsciente.

A veces la dirección inicial podría surgir de una emoción fugaz, una delicada burbuja pasajera que se eleva desde nuestro subconsciente. Una corazonada inicial que es difícil de traducir en palabras. Otras veces estos impulsos iniciales son transformados rápidamente en palabras y en lenguaje, verificados y elaborados a niveles más conscientes.

En resumen, necesitamos una semilla que establezca la base de todo el proceso, la dirección hacia la que queremos movernos y en la que queremos trabajar.

Reconectemos con nuestra metáfora cocinera. Primeramente necesitas decidir qué es lo que quieres cocinar. Necesitas dar una dirección a tu olla subconsciente.

Si no establecemos una dirección, nuestra burbujeante olla seguirá mezclando y recombinando nuestros ingredientes de forma aleatoria, sin una intención específica.

"¿Podemos llegar a alguna parte sin una dirección?".

¿Llegas a alguna parte si tomas el coche y comienzas a conducir de forma aleatoria? Probablemente. Sin una dirección, nuevas y valiosas ideas pueden surgir de los movimientos aleatorios de nuestro subconsciente. Es simplemente un proceso más impredecible y a menudo más difícil.

Si te embarcas en una nave en Sevilla y decides navegar aleatoriamente los océanos, podrías llegar a destinos sugestivos y útiles. Pero tu viaje probablemente será más duro, más incierto y por supuesto, no hay garantías de ningún tipo de que vayas a encontrar algún lugar interesante durante el viaje.

Establecer una dirección inicial ayuda. Hace el proceso más fácil.

Luego, ¿cuál es tu dirección? ¿Qué complejidad tiene el plato que estás intentando crear? ¿Se trata de resolver el hambre en el mundo? ¿Mejorar el transporte público en las ciudades? ¿Documentar el sufrimiento de los niños durante la guerra? ¿Explorar los robots del futuro en una película?

En esta dirección puedes encontrar una lista de temas que te pueden ayudar a crear tu próxima semilla.

[Web] **torchprinciple.com/themes**

"Y, ¿cómo de detallada debería ser esta semilla?".

La semilla puede ser muy precisa o más genérica. Podría comenzar como un tema, un horizonte pintado a grandes rasgos que se hace más preciso y enfocado con el tiempo a medida que el proceso creativo avanza.

Por ejemplo, podríamos decir que queremos crear una pintura sobre pescadores, y dejarlo ahí para comenzar.

"A grandes rasgos".

O escribir una historia sobre dos ladrones que deciden robar un banco para ayudar a sus familias.

"Esto es un poco más detallado".

O queremos producir una película sobre la traición en las relaciones.

"Amplio y abierto".

O planeamos crear una empresa *online* que ayude a la gente a reconectar con amigos de la infancia con los que han perdido todo el contacto desde hace años.

"Más detallado".

Más detalle puede acelerar el proceso y llevarnos más rápido a una solución. Pero también puede impedirnos descubrir las soluciones más originales, que serán difíciles de localizar si estrechamos demasiado nuestro enfoque y dirección inicial.

Recuerda nuestro mantra: divergir antes de converger. Estrechar demasiado nuestra dirección inicial puede restringir nuestro potencial creativo. Todo es cuestión de equilibrio. Establece una dirección con suficiente detalle, pero no demasiado.

A veces quieres averiguar y establecer rápidamente cuál es tu objetivo. Otras veces no estás seguro o prefieres trabajar de manera más incierta y exploratoria. Existen ejercicios de ideación que te pueden ayudar a generar semillas iniciales originales y únicas. Hablaremos sobre ellos más tarde.

"Esto es realmente excitante. ¿Qué actitud contribuye a obtener los mejores resultados en la etapa semilla?".

Para generar semillas iniciales más rápida y fácilmente, estate alerta a aquellas cosas que excitan y estimulan tu curiosidad, a aquello que genera preguntas en tu mente, a lo que te desafía, a aquello que parece necesitar una solución, especialmente cuando sientes que el encontrarla es importante para ti.

Una vez que capturas una de esas delicadas semillas, agárrala rápido y con fuerza, toma nota de ella. Estas semillas son delicadas, sutiles y frágiles, y pronto se desvanecen de tu conciencia si no las anotas de alguna manera. Usa cualquier método que te sea cómodo: escribirla en una agenda, grabar una nota de voz en tu teléfono, etc.

Es clave que no te detengas a la primera corazonada. Genera tantas semillas como puedas. Más tarde puedes evaluarlas y asentarte en tus favoritas.

A medida que este proceso avanza y una semilla se afianza firmemente, la próxima etapa ya está comenzando. Es el momento de definir y explorar la esencia de la semilla, de descomponerla y comprenderla en detalle. Así que prepárate para comenzar a crecer esa semilla, manteniéndola viva con ingredientes de calidad. Antes de pasar a ello, reflexionemos un poco más sobre la psicología de esta etapa inicial.

## El todo en la nada

Los comienzos son duros. Sentirse frente al vacío asusta: contemplar la página en blanco, el lienzo desnudo o esa huérfana pantalla digital. Pero ¿es esa "nada" realmente nada?

Investigaciones recientes en mecánica cuántica concluyen que lo que se conoce como vacío no responde verdaderamente a su nombre.[19] Lo que parece vacío está en realidad lleno de partículas que constantemente surgen y desaparecen. Es una nada que en cierto modo contiene infinitas posibilidades.

"Un potencial infinito".

Contemplar la nada es como saltar a un océano aparentemente salvaje y vacío. Al inicio sentimos miedo. Pero gradualmente las cosas cambian. Primero te das cuenta de que flotas. No te hundes, aún estás ahí. Te puedes mover, puedes explorar. Entonces, los detalles comienzan a surgir: el océano no estaba tan vacío como parecía. De hecho, está lleno de actividad. Comienzas a encontrar troncos a los que agarrarte, pequeñas islas, botes y otros animales.

"La valentía parece ser clave...".

Exacto. El PC y la etapa semilla requieren el coraje de saltar a ese aparente vacío. A veces encuentras rápidamente tu dirección inicial. Otras veces no deseas que ese momento llegue tan pronto, prefieres bucear en ese océano y dejar que las aguas te lleven donde ellas quieran.

"La falta de dirección contiene todas las posibles direcciones".

Sí, y por supuesto, como hemos explicado con anterioridad con la analogía del marinero, tal exploración conlleva el riesgo de no llegar a ninguna parte. Pero para un ávido explorador, incluso ninguna parte es un lugar.

Servirá como ejemplo una de mis películas experimentales cuya producción comencé sin una dirección definida.

Pero, antes, clarifiquemos que la dirección, aunque puede ser más o menos detallada, debe incluir al menos algo de precisión. La intención de crear un negocio, una historia para una película, escribir un libro o ayudar al mundo son intenciones, no direcciones. Luego, no consideraremos estas intenciones base como direcciones, sino como motivaciones para comenzar un proceso creativo.

En el proyecto de película del que quiero hablaros, primero decidí bucear en un océano musical, usando una amplia colección de piezas musicales aleatorias.

"Un océano musical…".

Simplemente escuché música aleatoria, sin buscar nada específico. Dejé que la música se mezclara con el contenido de mi olla subconsciente y esperé. Y seguí esperando.

Después de un rato, una pieza musical comenzó a sonar. A medida que la música sonaba, comencé a visualizar claramente un personaje. Gradualmente fui viendo más detalles. El personaje estaba vestido de una cierta manera. Se encontraba de pie en una hermosa plaza. Podía sentir sus emociones. Mientras la música seguía sonando, el personaje y la historia, esa semilla, comenzaron a crecer. Más detalles iban apareciendo. Era un proceso fascinante que transmitía belleza y armonía.

"¿Qué estaba sucediendo realmente?".

Al entrar en un estado de conciencia relajado, contemplativo, abierto y difuso, un estado vacío de lenguaje y análisis, estaba permitiendo que mi atención se hiciera tan amplia y flexible como fuera posible.

"Expandiendo nuestro radar mental, por decirlo de alguna manera".

Estaba absorbiendo y bañando mi conciencia en la vasta complejidad de la información codificada en la música, mezclándola con la que ya residía en mi mente.

"El análisis no interfería".

Exacto, no estaba intentando descifrar nada específico en la música, no la estaba juzgando de ninguna manera. Llegar a una conclusión no era un objetivo. Estaba dejando todas las opciones abiertas, permitiendo que las cosas se asentaran por sí mismas.

"Divergiendo antes de converger".

A través de este proceso, una masiva colección de ingredientes de calidad estaba interactuando con mi repositorio existente de información.

De la combinación de todos esos ingredientes surgen potenciales revelaciones e ideas, algunas de las cuales son percibidas conscientemente cuando nuestra mente tiene una actitud abierta, relajada, expansiva y sensible. Es un estado de suave alerta en una mente que no está dominada por el ruido consciente.

"Cuando somos sensibles a esas sutiles burbujas que emergen de nuestra olla subconsciente".

Esto es pensamiento creativo en bruto, en su mejor versión. Nadando con confianza en la incertidumbre y la confusión, relajado pero alerta, como un gato, amplio y difuso, pero también vigilante. Tal estado es el que a menudo precede el descubrimiento de una gran idea.

Volvamos al proceso y sus etapas. La semilla está plantada. ¡Es hora de hacerla crecer!

# Nutrición
## Fortaleciendo nuestra semilla

Para nutrir nuestra semilla, primero tenemos que comprenderla. Nuestro objetivo clave es, metafóricamente hablando, convertirnos en la semilla. Comprenderla realmente en profundidad. Expandirla. Enriquecerla divergiendo antes de converger.

Einstein solía visualizarse siendo parte de sus desafíos.[20] Imaginando que perseguía un rayo de luz, y a través de otras visualizaciones, eventualmente llegó a su teoría de la relatividad. Como Einstein, nosotros también deberíamos intentar literalmente mezclarnos con la semilla.

"Hacernos uno con la semilla, ¡fascinante!".

Cuanto mejor comprendemos nuestra semilla y cuanto más la enriquecemos, más crece. Toda semilla necesita sustento para sobrevivir, como todo plato necesita ingredientes para ser cocinado y salir adelante.

Sin sustento, sin ingredientes, sin información, las semillas mueren y eventualmente desaparecen.

"¡Tenemos que alimentar esa semilla!".

La alimentas con información. Einstein nos dijo que la energía no se crea ni se destruye, solamente se transforma. En los procesos creativos todo lo que estamos haciendo es reconfigurar y recombinar información existente para crear nuevas configuraciones que a veces identificamos como revelaciones e ideas.

## Datos resonantes

La información está en la base de todo en la vida, desde el ADN de nuestras células a cómo interactuamos los unos con los otros. En la raíz de todo proceso creativo se encuentra la combinación de dos fuentes de información.

La primera fuente es la nueva información que recogemos en conexión con nuestro desafío. La segunda fuente es la información que ya estaba codificada en nuestras mentes.

Cuando estas dos fuentes de información se juntan en los vastos aposentos de nuestras mentes, cuando permitimos que resuenen, combinándose y recombinándose, se genera nueva información. Si esta nueva información es interpretada como útil, podría ser percibida como una revelación o idea.

"¿Y cuanta información necesitamos recoger durante esta etapa de nutrición?".

Hay un delicado equilibrio. Demasiada información cercana al desafío puede minimizar la divergencia y el movimiento, restringiendo nuestras etapas de incubación. Pero la escasez de información puede llevarnos a ideas superficiales, inútiles o erróneas.

Esta fascinante tensión entre las etapas de nutrición e incubación de los procesos creativos, entre la necesidad de cuidar nuestra semilla y la necesidad de darle espacio para que respire y se expanda, es uno de los aspectos más interesantes de nuestro viaje.

Podemos acudir a diferentes analogías. Demasiado amor o muy poco amor en cualquier relación es a menudo un indicador de futuros problemas. Muy pocos ingredientes en una olla pueden quemarla. Demasiados ingredientes pueden saturarla e impedir que los ingredientes se combinen y mezclen bien.

"¡Qué proceso tan delicado!".

La etapa de la nutrición requiere paciencia, confianza y coraje. Una vez que has decidido la dirección, el plato a cocinar, la semilla que quieres cultivar, comienzas a investigar y recoger tanta información como sea posible en relación a tu desafío. También recoges otra información aparentemente no relacionada, con el objetivo de divergir. Todos estos ingredientes pasan a formar parte de tu olla subconsciente, donde tiene lugar un continuo proceso de mezcla.

Y el proceso de recoger información tiene que comenzar con la gente, la comunidad conectada a ese desafío.

## ¿Para quién es?

Es fácil olvidar que nuestros desafíos están casi siempre conectados con una comunidad específica de seres humanos. Estás conectado por un enlace invisible a esa comunidad que recibirá tu producto, servicio, película o libro electrónico.

Esa comunidad vive dentro de un contexto socioeconómico, tecnológico, etc. que cambia constantemente. Un flujo que influye en cómo responde a tu trabajo esa comunidad.

Es por ello que comprender a tu audiencia, ser consciente de sus últimas tendencias, es tan importante. Es como si estuvieras descargándote la última versión del sistema operativo de tu olla subconsciente. Estás actualizando tu contexto mental.

¿Planearías un complicado viaje por carretera con un mapa anticuado?

"De ninguna manera, ¡eso es peligroso!".

Las señales habrán cambiado, las desviaciones también, podrían surgir obstáculos inesperados.

De la misma manera que podemos perdernos si conducimos con un mapa antiguo, también podemos llegar a soluciones irrelevantes si nuestro trabajo está basado en contextos anticuados. Contextos que no reflejan la realidad de la comunidad conectada a tu desafío.

"¡Actualizaré mi contexto!".

Revisemos algunas estrategias que puedes implementar para asegurarte de que tu contexto está actualizado.

- Visita y lee las últimas noticias en blogs relacionados con tu desafío. También, buscando los beneficios del divergir, actualízate en otras áreas no relacionadas con tu desafío como en tecnología, economía, política, etc. Esto te ayudará a divergir de forma amplia y actualizada.

- Este es también el momento de charlar con amigos que sean expertos en tu área de interés. Para alentar la divergencia, y si el tiempo lo permite, habla con expertos en otras áreas que te interesen pero que no estén necesariamente conectadas con el desafío.

- Charla con gente que aparentemente no tiene nada que ver con tu desafío. Explícales de qué trata el proceso. Sé receptivo a su reacción y a lo que piensan. A veces estas personas proponen y sugieren los ingredientes más útiles.

"Interactuar con otras personas, conectadas o no con el desafío, nos ayuda a divergir y encontrar ingredientes interesantes".

Una vez que comprendes bien a tu comunidad, continúas nutriendo tu semilla, recogiendo más información relevante sobre el desafío.

"Y, ¿quién está más activo en esta etapa, el PA o el PC?".

Nutrir tu semilla requiere que ambas estrategias colaboren. Es un proceso principalmente consciente, pero a menudo guiado por el PC. El PC nos ayuda a evitar los filtros analíticos para acceder a la complejidad subyacente de tu desafío.

"¿Quieres decir que el PC nos permite profundizar más y de forma más divergente mientras recogemos información?".

El propósito final es acumular y recoger una buena cantidad de ingredientes de calidad. Y cuanto más diversos sean los ingredientes, mejor.

"Divergir antes de converger".

Algunos podrían ser verbales, otros visuales, acústicos y de otros tipos. Es clave que enriquezcamos nuestra olla subconsciente con variedad y buen gusto. Y como dijimos antes, los ingredientes que recogemos podrían estar muy relacionados con nuestra semilla o podrían aparentemente no estar conectados. Necesitamos ambos debido a la importancia de divergir antes de converger.

"¿Y cuántos ingredientes de calidad necesitamos y durante cuánto tiempo deberíamos realizar este proceso de nutrición?".

Difícil pregunta. Tenemos que considerar varias cosas. Primero, hay ocasiones, debido a las restricciones temporales, en que esta etapa ha de nutrirse principalmente de nuestra experiencia y conocimiento ya existentes así como del contexto inmediato.

"¡No tenemos tiempo para un largo proceso de nutrición!".

Por ejemplo, cuando un músico improvisa al piano, el pianista está alimentando la olla subconsciente principalmente con experiencia e ingredientes previamente almacenados. No debemos, sin embargo, ignorar la influencia del momento presente. El contexto y el entorno en el que el pianista improvisa tienen una gran influencia en el proceso creativo. Esa información fresca es absorbida por la olla subconsciente donde se combina con el conocimiento almacenado, contribuyendo a la aparición de nuevas revelaciones e ideas.

Improvisar con el piano en casa o en un auditorio, rodeado de amigos o de extraños, en Nueva York o en Tanzania. El contexto en el que se desarrolla un acto creativo proporciona en sí mismo una masiva cantidad de información que puede cambiar el resultado de forma dramática. Podríamos, por lo tanto, decir que en estos casos la semilla está siendo nutrida por el contexto además de por la información previamente almacenada.

Más a menudo, sin embargo, el proceso es más largo, más lento y más metódico. Si queremos resolver el desafío de cómo proporcionar energía limpia a viviendas aisladas en zonas rurales de Chile, tenemos que comenzar un largo proceso nutricional de investigación y recogida de información e ingredientes relacionados con ese desafío.

La duración óptima de este proceso está relacionada con cuánto sabemos ya sobre el desafío, así como con cuánto queremos divergir alrededor de todo ello. Sin embargo, no deberíamos olvidar el peligro que mencionamos antes.

"¡Oh! ¿Qué era eso?".

Saber demasiado poco priva de alimento a nuestra olla subconsciente y decrece nuestras posibilidades de éxito. Pero si estás buscando soluciones verdaderamente diferentes e innovadoras, saber demasiado podría ser igual de malo, daña nuestras posibilidades de otra manera: La saturación podría restringir el flujo, el movimiento y las combinaciones, conduciéndote más rápido a un cierre prematuro, a resultados predecibles. Si saturas una olla con demasiadas cosas similares o interrelacionadas, nada se mueve, nada se mezcla.

"¡Simplemente hay un exceso de ingredientes!".

Esto sucede especialmente cuando la mayoría de los ingredientes están demasiado conectados con el desafío. Llena una olla con muchas patatas y nada más, ¿qué obtienes al final?

"¡Patatas! Más de lo mismo".

Así que existe un delicado equilibrio que necesitas alcanzar durante la etapa de la nutrición. Acumular y recoger suficientes ingredientes de calidad para enriquecer tu subconsciente, mientras mantienes una actitud fresca y abierta en relación a fuentes de información fuera del dominio y área que estás estudiando.

El proceso de nutrición debería ser flexible y dinámico, no rígido y fijo.

## Nutriendo desde el primer día

Otra perspectiva de esta etapa es el considerar que la nutrición de cualquier semilla comienza desde el inicio de nuestras vidas. Ya en la infancia, comenzamos a recoger ingredientes e información, patrones que se graban en nuestras mentes.

"La suma de lo que somos influencia nuestros actuales procesos de incubación".

Todo lo que vives tiene un impacto, todo ello termina en alguna parte de tu olla subconsciente.

Cuando en cualquier etapa de nuestras vidas plantamos una nueva semilla, nuestra olla subconsciente ya contiene una colección de ingredientes base. Otro conjunto de ingredientes llega constantemente desde tu contexto presente y a través de tus sentidos.

A menudo, esos dos conjuntos de ingredientes no son suficientes para mantener el crecimiento. Cuando una semilla trata sobre un desafío particularmente complejo, necesitamos ingredientes aún más específicos y ricos. Es entonces cuando se ha de desarrollar un proceso metódico de recogida de nuevos datos.

Si nuestra semilla es, por ejemplo, el desafío de escribir una gran historia sobre dos ladrones de bancos…

"Queremos crear una historia genial con elementos sorprendentes, giros, suspense…".

Vamos a tener que profundizar mucho en el tema para poder generar una idea muy diferente, original e única.

Formular nuestra semilla ya proporcionó una dirección a nuestra olla subconsciente, donde ingredientes ya existentes que resuenan con esa dirección, comienzan a combinarse y recombinarse entre ellos. Pero necesitamos más. Primeramente, ingredientes específicos conectados con el desafío. Necesitamos comprender más sobre cómo se comportan los ladrones, su psicología, la forma en que los bancos trabajan, etc.

Pero eso no es suficiente, porque no quieres crear cualquier historia sobre ladrones. Quieres crear una historia realmente única e innovadora. Por ello, necesitas combinar lo anterior con otros tipos de información que aparentemente no están conectados con el desafío, información que te ayudará a divergir, que te alejará del punto de partida, expandiendo tus horizontes.

Recuerda el principio de la antorcha. Arroja muchas antorchas bien lejos y luego incuba toda esa nueva luz y conéctala con tu desafío. En el próximo capítulo ejercitaremos nuestros músculos creativos para divergir nuestras antorchas de muchas formas diferentes.

## Más que palabras

Acercarnos y profundizar en la semilla, así como divergir todo lo posible al inicio, implica estudiar esa semilla desde múltiples perspectivas. Para ello tenemos que transcender la camisa de fuerza en que se puede convertir el lenguaje, que como abstracción y simplificación de la realidad tiene sus límites.

"¡Vamos a ser multidisciplinares!".

Quieres explorar tu desafío verbalmente, visualmente, acústicamente y a través de otros canales sensoriales. Esto enriquece tu olla subconsciente de forma increíble, incrementando las posibilidades de generar ideas únicas y originales más tarde.

Y sobre todo, ¡mantente fresco!

## Fresco por favor

¿Cocinarías tu plato favorito con los mismos ingredientes que usaste la semana pasada?

Como cocineros creativos que somos, podríamos usar algunos viejos ingredientes, pero ciertamente no queremos depender solo de ellos.

De la misma manera, es mejor si no encaramos nuestros desafíos basándonos en demasiadas experiencias o informaciones pasadas. El mundo se ha movido y cambiado. Tú también.

Si quieres encontrar soluciones innovadoras, encara tus desafíos como si fuera la primera vez que los contemplas. Apóyate en tus experiencias pasadas pero desde ahí diverge fuertemente para evitar los cierres prematuros que te pueden conducir a soluciones típicas y predecibles.

"Puedo ver que la experiencia pasada tiene ventajas, pero también desafíos".

Depender solo de la experiencia y del conocimiento previo nos conduce rápidamente a enfoques estrechos y conclusiones prematuras. Estos son algunos de los mayores enemigos de la creatividad.

Imagina que conduces un coche buscando un destino único. Tu copiloto te da consejos sin parar sobre dónde torcer y qué hacer. Tal exceso de información reduce tus posibilidades y puede llevarte a conclusiones prematuras. Un viaje que depende solamente de información pasada se está de alguna forma encaminando hacia un rango predefinido de posibles respuestas o destinos.

El conocimiento previo es valioso y necesario. La magia sucede cuando combinas perspectivas nuevas y actuales con las antiguas. Combinando lo fresco y lo conocido, lo incierto y lo probado, tu olla subconsciente se fortalece, incrementando las posibilidades de crear nuevas y originales conexiones y descubrimientos.

Conducir tus pensamientos con una mente abierta y un enfoque amplio mantiene todas las posibilidades intactas, y te puede llevar a lugares completamente inesperados.

El impacto de sintonizar tu perspectiva hacia el momento presente no deber ser menospreciado. La actitud correcta puede significar la diferencia entre requerir momentos o años para encontrar una gran solución a tu desafío.

Luego la innovación se ve favorecida por una mente calmada que contiene suficiente conocimiento, pero no demasiado. Una que está bien informada pero no restringida y abrumada por un exceso de información sobre el desafío.

"¡Demasiado puede literalmente convertirse en demasiado poco!".

Exacto. Queremos abrir nuevas rutas y avenidas en nuestro pensar, no hacer aún más profundos los acantilados de nuestros hábitos mentales existentes. Eso interferiría con el movimiento fluido que necesitamos en nuestra olla subconsciente.

Alentar las combinaciones y mezclas entre nuestros ingredientes es tan importante, o incluso más importante, que el proceso de recogida de esos ingredientes.

"Así que la prioridad es una mezcla de profunda comprensión y divergencia".

Sí, demasiados datos podrían saturarnos e impedir nuestros movimientos. Aquí reside la importancia de la metáfora del ascensor de profundidad que describiremos luego con más detalle. Profundizar en nuestra comprensión es un proceso natural orgánico que nace del contemplar nuestro desafío desde múltiples perspectivas. Esto asegura tanto la profundidad de nuestra comprensión como el movimiento fluido provocado por la variedad y diversidad de fuentes que alimentan nuestra olla subconsciente.

"De nuevo el equilibrio es clave...".

Los innovadores necesitan buscar una proactividad calmada. Necesitan ser capaces de nutrir y dejar crecer la semilla sin sofocarla, de proporcionar estimulación minimizando el incesante parloteo o ruido mental, de recoger suficientes ingredientes de calidad para su olla subconsciente sin saturarla tanto que se detenga el movimiento. La semilla debe ser cuidada mientras uno se mantiene abierto a la aparición de mutaciones inesperadas y nuevas perspectivas.

Es un proceso que requiere la recogida sistemática de información, pero debe ser complementado por la reflexión relajada, abierta y fluida de todo lo relacionado con el desafío y los ingredientes acumulados.

Gestionar este proceso con cuidado, manteniéndolo vivo durante el tiempo suficiente, es clave para generar eventualmente ideas y revelaciones nuevas y originales.

Retornemos a la importancia de un enfoque multidisciplinar en relación al proceso de enriquecer nuestro subconsciente.

## Navega más allá de tierra palabra

Einstein dijo: "La imaginación es más importante que el conocimiento".[21]

Él comprendía la importancia de divergir usando nuestra imaginación e intuición, antes de converger a través del lenguaje.

El lenguaje es eficiente, abstracto, simple, fácil de manipular y aplicar en diferentes escenarios. Pero también es restrictivo, inflexible y separado de la complejidad bruta de la vida.

La imaginación puede rellenar los huecos entre las palabras y ayudarnos a plantar esas nuevas antorchas, divergiendo y expandiendo nuestros horizontes.

Luego, queremos aprovechar el conocimiento que ya tenemos, pero también estimular nuestra imaginación e intuición a través de la combinación de nuestro conocimiento existente con otros estímulos más inusuales, sorprendentes y a veces aleatorios, los cuales pueden encender nuestra mente de maneras inesperadas. Es por ello que algunos de los más grandes pensadores de la historia disfrutaron tanto usando su imaginario mental en vez de las palabras cuando manipulaban ideas en sus mentes.[22] El mundo de la percepción puede ayudarnos a acercarnos más a la complejidad de nuestros desafíos.

Así que, enriquece tu subconsciente no solo con palabras, sino a través de todos tus sentidos. Los ejercicios del próximo capítulo te ayudarán con esto.

"¿Y qué son esos profundos acantilados que veo a mi alrededor?".

## Los acantilados de cierre, peligros en el camino

Buena pregunta. A medida que exploras tu desafío buscando ingredientes de calidad, tendrás que lidiar con el delicado tema del cierre o conclusión prematura. Los procesos PA están constantemente interpretando, encajando lo que vivimos en patrones mentales previamente experimentados. Puedes imaginarlos como si fueran profundos acantilados, patrones mentales que han sido atravesados una y otra vez y por ello son ahora más fáciles de activar. Esos profundos canales pueden impedirte divergir y podrían conducirte rápidamente a soluciones típicas y predecibles. Para evitarlo, esfuérzate en divergir y explorar tu semilla combinando estrategias que incluyan las no verbales.

"Eso nos ayudará a evitar el caer demasiado pronto en la trampa del cierre prematuro".

Algunos se preguntan si es tan importante ir más allá de las palabras. Las palabras y el lenguaje son útiles para el *brainstorming* grupal, para evaluar y comunicar ideas y para muchas otras cosas. Pero tienen límites. Una palabra es una abstracción, una simplificación. Las palabras nos pueden empujar hacia una conclusión prematura más rápidamente que otras formas más orgánicas de representar información.

"¡Todo ello me recuerda a un equilibrista intentando mantenerse en la cuerda floja!".

## ¡No mires hacia abajo!

Buena analogía. ¡Qué delicado es el equilibrio que estamos buscando! Como el equilibrista en la cuerda floja, necesitamos seguir mirando a nuestro alrededor, interactuando con amigos y audiencias, absorbiendo detalles de nuestro entorno, y al mismo tiempo asegurándonos de permanecer en la cuerda.

"No cayendo demasiado pronto en los acantilados de cierre… ¡Qué miedo!".

Por fortuna, el proceso creativo es algo menos arriesgado que el caminar en la cuerda floja. Aun así, ten en cuenta que el estrés mental puede ser tan malo como romperte una pierna.

Con todo ello, lo que quieres es mantener el proceso vivo por el tiempo suficiente para llegar al otro lado de la cuerda creativa donde puedes recoger las felicitaciones de tu mente consciente.

"¡Quién sabe las estupendas ideas que nos estarán esperando al otro lado!".

"¿Y quiénes son mis amigos, los aliados que pueden ayudarme durante este proceso de nutrición?".

## Conoce a tus aliados

Para mantenerte alejado de los acantilados de cierre necesitas unos buenos aliados. Buenos aliados son aquellos que te ayudan a divergir y te mantienen alejado de las rutas predecibles. Entre ellos se incluyen la aleatoriedad, la fantasía y el juego. Son también los grandes aliados de algunos de los mayores genios de la historia. Da la bienvenida a estos compañeros y harán tu camino más fácil y más excitante. En el próximo capítulo trabajaremos con varios de ellos.

"¿Y es el proceso de recoger ingredientes uno al que debería acercarme con cautela?".

## Para comenzar, ¡enloquece!

Al contrario. A veces, para acercarte lo más posible necesitas irte primero bien lejos. Diverge antes de converger, y da rienda suelta a tu lado más espontáneo, salvaje y flexible al principio. Si comienzas con cautela estarás caminando demasiado cerca de los acantilados de cierre y te será más difícil el aproximarte a soluciones realmente diferentes. Lo mejor es comenzar tan suelto y divergente como sea posible para alejarte rápidamente de esos peligrosos acantilados. Más tarde puedes moverte hacia posibilidades más prácticas y realistas. Comenzando lejos de los acantilados incrementas las posibilidades de que tus soluciones finales sean más innovadoras.

"¡Diverge antes de converger!".

También puedes cambiar el nivel de abstracción a medida que exploras, y la estrategia multidisciplinar que previamente comentamos te ayudará con ello. Usar no solo palabras, sino también visualizaciones, movimiento, sonidos y otros canales creativos te permite explorar el desafío a diferentes niveles de abstracción.

"Navegando los ascensores de profundidad".

La clave es combinar estrategias para evitar llegar a conclusiones demasiado pronto.

Siéntete libre de explorar las posibilidades más inusuales y absurdas que te puedas imaginar al inicio. Y para ello recomiendo que visites a nuestra amiga, la aleatoriedad.

## Aleatoriedad

En algunos de los ejercicios del libro trabajaremos con la aleatoriedad para estimular la imaginación, ayudando a nuestra mente a conectar nuestro desafío con lo que aparentemente no tiene ninguna relación.

La aleatoriedad te fuerza a divergir de forma radical y es la forma más potente de ejercitar tus músculos creativos.

Ingredientes aparentemente no relacionados te alejan rápidamente de los acantilados de cierre y te acercan a soluciones innovadoras cuando trabajas a la profundidad correcta y a través del proceso adecuado.

"¿Luego, soñar viene primero y lo práctico después?".

Sí, pon tu sombrero de soñador para comenzar y más tarde muévete a perspectivas más realistas y prácticas.

"Soñador primero, realista después".

No te detengas ahí. Después llegará el momento del crítico. Será la hora de ser activamente crítico sobre cómo está saliendo tu receta, en relación a tu futura audiencia, los mercados y otros elementos.

"¡Luego, soñadores primero, críticos al final!".

Veamos más consejos sobre cómo divergir intensamente al principio del proceso de nutrición.

## Lo opuesto es lo más divergente

Imagina que te dan el desafío de cocinar algo increíble con dos ingredientes totalmente incompatibles cuyas características son casi opuestas. Por ejemplo, un plátano y un pepino.

"¡Plátano y pepino!".

Sí, complicado. Pero conectándolos tendrás la posibilidad de generar algo único.

Una de las formas más fáciles de divergir es presentando a tu mente elementos opuestos o que parecen incompatibles con tu desafío.

"¡Divergencia total!".

Presentar a tu mente elementos aparentemente incompatibles y opuestos estimula las capacidades conectivas y asociativas de tu cerebro. Recuerda, tu cerebro está diseñado para conectar e interpretar patrones de información. Dale tiempo y encontrará una conexión entre cualquier cosa que le presentes, incluso entre los compañeros más inusuales.

"¿Es este un ejemplo de que los opuestos se atraen?".

Considera los colores complementarios, que están posicionados frente a frente en la tradicional rueda de color. Se refuerzan entre ellos cuando se encuentran juntos (por ejemplo azul y amarillo). Sostener en tu conciencia elementos opuestos simultáneamente, extiende tus músculos creativos, alentando a tu mente a que conecte lo que al principio parecía imposible de unir.

Imagina que quieres trabajar en una *startup* que quiere reducir el hambre en una comunidad. Bien, pues en vez de eso, considera un negocio que quiere incrementar el hambre.

"¡Eso es una locura!".

Cierto, pero reflexionar sobre un negocio que pretende hacer lo opuesto puede ayudarte a comprender más rápidamente puntos clave sobre lo que deberías hacer con tu desafío.

"¿Por ejemplo?".

Un negocio que quiere aumentar el hambre podría intentar incrementar el precio de la comida y alentar la producción de comida que contenga deficiencias nutricionales.

"Veo por donde vas...".

Esto rápidamente nos inspira a considerar que para resolver el problema del hambre podríamos investigar sobre nuevas formas de crear paquetes de alimentos que refuercen la presencia de nutrientes valiosos sobre otros parámetros.

"¡Siento cómo se estiran mis músculos creativos!".

¡Celebra los opuestos, diverge, suéltate!

"Esto es divertido, ¡dame más!".

## Salta las vallas

Otra forma de alejarte de los acantilados de cierre es saltando tus vallas, tus fronteras, e invadiendo otras áreas.

"¡Allá vamos!".

¿Qué sucede cuando cambias el fondo detrás de un modelo durante una sesión de fotos? El significado de la producción varía. Ese simple cambio puede generar un flujo totalmente diferente de asociaciones e ideas.

"Estás hablando de cambiar el contexto alrededor de tu desafío, ¿verdad?".

Sí, juega con el contexto de tu desafío. Reflexiona sobre él en conexión con áreas y campos totalmente diferentes. Te alejaras aún más de los acantilados de cierre, divergiendo y acercándote a ideas innovadoras.

"¡Me gusta!".

¡Salta esas vallas! ¡Prueba la hierba que te espera al otro lado!

"Estoy comenzando a sentir auténtica ternura por nuestro juguetón amigo subconsciente. ¡Es como dar juguetes a un niño!".

## Mima a tu niño

A medida que nutres tu semilla, piensa en tu subconsciente como si fuera tu niño. Estamos recogiendo juguetes para que nuestro niño juegue.

"Nuestro subconsciente es realmente un niño juguetón".

A este niño juguetón le encanta jugar con bonitos ingredientes, bloques de tantas formas y colores.

"¡Cuánto más diversos, mejor!".

Al niño le gusta intentar conectar todas esas piezas para crear nuevas formas y posibilidades. Cuanto más diversas y originales sean las piezas que damos a nuestro niño subconsciente, más posibilidades tiene nuestro niño de crear resultados innovadores.

"¿Requiere este niño mucho mantenimiento?".

De ninguna manera. Una vez que le llevamos sus juguetes, podemos relajarnos y dejarle que juegue. Nos mantendremos al tanto de cómo está, pero no es nuestro trabajo el conectar las piezas. Nuestro trabajo era recoger y acumular los mejores materiales. Tan coloridos, originales, diferentes, diversos y frescos como fuera posible. Es entonces nuestro niño subconsciente el que toma el mando a medida que entramos en la etapa de incubación creativa.

"¿Y cómo sabemos cuándo es el momento de dejar solo a nuestro niño subconsciente para que juegue con los ingredientes?".

Eventualmente sentiremos que hemos dado a nuestro niño subconsciente suficientes materiales y juguetes. Todos sabemos qué sucede cuando mimamos demasiado a un niño…

"¡Caos y confusión!".

Sí. Tenemos que dejar que el niño descubra nuevas cosas por sí mismo.

"Entiendo. Dame más estrategias para enriquecer mi proceso de nutrición, por favor".

## Un charco metafórico

Hemos mencionado a algunos amigos que nos pueden ayudar a divergir y a mantenernos alejados de los acantilados de cierre. El principio de la antorcha es otro ejemplo de uno de esos amigos, la metáfora.

En su descripción más sencilla, una metáfora significa describir tu desafío de forma que conecte con un tema diferente y no relacionado. Encuentras algo en común entre ambos elementos no relacionados y describes uno de ellos en conexión con el otro.

En el principio de la antorcha describimos el proceso de buscar una idea innovadora en conexión con el proceso de explorar un espacio oscuro usando antorchas. El vasto espacio representa nuestro espacio mental. La antorcha es nuestro conocimiento sobre el desafío, y así podríamos seguir describiendo la conexión.

Una metáfora activa un área aparentemente no relacionada y no conectada con el tema original y establece una conexión entre ese tema original y la nueva área.

Nos ayuda a alejarnos de los acantilados de cierre y a divergir hacia nuevas rutas. Ensancha nuestro pensar, estimula nuestra imaginación y enriquece nuestra olla subconsciente con ingredientes inusuales, incrementando nuestro potencial para incubar buenas ideas.

"¿Y cómo encontramos metáforas?".

La vida es una fuente infinita de ellas. Mira a tu alrededor a los objetos, personas, eventos, etc. Toma elementos aparentemente no relacionados e intenta explicar tu desafío en relación a ellos.

"Dame un ejemplo, por favor".

Imagina que tu semilla trata de cómo mejorar el transporte en ciudades que sufren enormes atascos de tráfico.

"Eso es todo un desafío".

Podrías lanzar una nueva antorcha desde el tema del transporte al tema de la salud y decir que intentar mejorar los atascos en las calles es como intentar aliviar la congestión nasal en la nariz de una persona resfriada.

"¡Brillante!".

El sistema inmune debe primero identificar a los virus. Después usa la fiebre, el estornudo y otras estrategias para eliminar los gérmenes del cuerpo. ¿Y si hubiera una forma de etiquetar y hacer visibles aquellos coches que son los principales culpables de los atascos de tráfico? Un cuerpo especial de policía podría entonces multarlos y llevárselos.

"¡Veo el potencial de la metáfora!".

Ilumina más tu desafío encendiendo antorchas metafóricas por toda tu mente.

"La mente es realmente un gran conector y también un viajero veloz…".

## Viaja en clase ejecutiva, ¡gratis!

Otra forma de iluminar más tu desafío es realizando viajes mentales imaginarios a contextos relacionados o no con el desafío. A través de ellos estarás alerta a cualquier idea o conexión que puede nacer de la experiencia.

Estos viajes imaginarios pueden ser una enorme fuente de inspiración y fueron usados a menudo por genios como Einstein.[23] De hecho, podrías imaginar que tu viaje sucede al lado de una de tus personalidades históricas preferidas.

"Soy una gran fan de Leonardo Da Vinci".

¡Estupendo! Busca un entorno tranquilo donde te sientas relajado. Para muchos, la noche, antes de dormir, puede ser el mejor momento de comenzar este proceso.

Ahora imagina que visitas a Da Vinci en su casa de Florencia, Italia, y que pasas una gran tarde caminando y charlando con él. Háblale de tu desafío. Sé tan detallado como puedas al visualizar los detalles de tu paseo. Visualiza las texturas de las casas, los ruidos en las calles, los aromas, el contacto de tus pies con el suelo, la voz de Leonardo. Déjate guiar por su sabiduría, te sorprenderá el potencial de este ejercicio.

"¡Qué ganas de probarlo!".

Este ejercicio te ayuda a divergir, transportándote a un contexto completamente diferente, un área remota dentro de ese vasto océano de oscuridad mental donde se encuentran las ideas innovadoras que estás buscando.

"Divergir va mucho de salir de nuestra zona de confort, ¿verdad?".

## Sal de tu zona de confort

Sí, y estimular nuestra imaginación nos ayuda en esa tarea. Como sabemos, es más fácil activar patrones habituales de pensamiento que otros más inusuales.

Tendemos a caminar las calles que ya conocemos, cantar las canciones que ya hemos escuchado, repetir las palabras que hemos usado recientemente. El PA ama la comodidad, la rapidez y la eficiencia.

"Pero eso interfiere con la innovación, por supuesto".

Sí, para innovar necesitas hacer un esfuerzo por alejarte de esa comodidad. Piensa en los cineastas. Cuando usan sus cámaras a menudo evitan los ángulos típicos. Saben que todos vemos el mundo a través de nuestros ojos desde un cierto rango de alturas, con una cierta profundidad y perspectiva. Así que constantemente intentan innovar y divergir buscando ángulos diferentes para sorprender y capturar el interés de la audiencia.

"Buscar nuevos ángulos…".

Sí, agita tus ángulos. Mientras sopesas tu desafío, imagina ser una mujer en vez de un hombre o viceversa. ¿Cuál es tu nueva perspectiva?

"Genial, ¡cómo interpreto mi desafío si mi género es el opuesto!".

Imagina ser uno de los elementos involucrado en el desafío. Imagina ser el desafío mismo o parte de él. Actúa tu desafío. Trabajaremos con esto en la sección práctica del libro.

Involucra tantas formas de expresar tu desafío como puedas. Lenguaje, artes visuales, sonidos, etc. Úsalos para expresar tu desafío a diferentes niveles de abstracción, desde los más detallados y orgánicos a otros más abstractos y simbólicos. Trabajaremos sobre esto más tarde.

"¡Qué ganas de jugar!".

Suéltate. Reescribe tu semilla en formas que desafíen a tu mente. Incluso diminutos cambios en la forma en que expresas el desafío pueden llevarte a inesperadas asociaciones. Intenta describir tu proyecto en tan pocas palabras como puedas. Intenta expresarlo desde la perspectiva de un fan, y luego de un crítico.

En resumen, cuantos más ángulos y perspectivas añades, más diverges y más profunda se hace tu comprensión del desafío.

Einstein y Da Vinci buscaban constantemente nuevas perspectivas. Einstein solía imaginarse siendo parte del desafío. Da Vinci estudiaba a sus sujetos y desafíos bajo condiciones extremas.[24]

"Condiciones extremas... el contraste y los opuestos...".

Estudiar perspectivas extremas nos ayuda a divergir y a profundizar en formas muy poderosas.

Cuando Da Vinci estudiaba la anatomía humana, buscaba las personas más feas y las más guapas de la ciudad y las estudiaba. A través de estos ejemplos extremos llegaba a revelaciones claves sobre la naturaleza humana.

"¡Tantas posibilidades para recoger ingredientes útiles! Supongo que será muy importante tomar notas durante este proceso".

## Nota a nota

Los nuevos ingredientes que recogemos para nuestra olla subconsciente se pueden evaporar rápidamente antes de que puedan combinarse con otros.

Para evitarlo, es importante tomar notas de todos los ingredientes y revelaciones que generas durante el proceso de nutrición. Y cuantos más idiomas creativos usas para tomar notas, más fuerte y arraigada será la presencia de esos ingredientes en tu subconsciente. Puedes escribirlos, dibujarlos o incluso cantarlos. Lo que el tiempo te permita.

Anotar tus ingredientes, revelaciones e ideas de múltiples formas los graba más profundamente en tu mente, generando asociaciones que facilitan y aceleran los procesos de incubación.

Estate, por lo tanto, alerta a todo lo interesante que surja en tu mente. No lo cuestiones, no lo juzgues, anótalo rápidamente antes de que se desvanezca. Son nuevos ingredientes, valiosos y preciosos, y los debes preservar.

## Te toca jugar

Un día tú también fuiste niño, capaz de interactuar de formas increíbles con el mundo. Los niños usan todos sus sentidos mientras exploran.

Al crecer, a medida que nuestra mente desarrolla formas poderosas de abstraer y simplificar la complejidad de la vida, nuestra cercanía a la complejidad bruta de la vida decrece. Creamos abstracciones, distancia entre nosotros y esa complejidad.

Recupera tu capacidad de alcanzar esa cercanía. Involucra tus sentidos de la vista, tacto, olfato, gusto y audición. Relaciona sus *inputs* con tu desafío.

Déjate inspirar por los niños. Observa cómo actúan. Hablan y se comunican sin inhibiciones ni filtros. Es fácil observar esto en sus dibujos. La espontaneidad es algo natural para ellos.

Reconecta con tu niño interior y recupera esa estrecha e intensa cercanía con el mundo.

"Combinando lo mejor del adulto con la frescura de la infancia".

Ejercitaremos esto activamente en el módulo práctico.

"A los niños les encanta hacer preguntas".

## Las preguntas vienen primero

Hacer buenas preguntas es otra forma de mantenernos alejados de los acantilados de cierre. Correr en busca de respuestas te precipita hacia ellos.

Las preguntas son como teletransportadores en el vasto océano de tu mente. Una buena pregunta te puede llevar lejos, abriendo nuevas rutas en tu mente que te alejan de las avenidas típicas.

Es paradójico que cuando la respuesta está lejana, la forma más rápida de llegar a ella podría ser cambiar la pregunta. A medida que enriquecemos y expandimos nuestras preguntas, somos como marineros en ese vasto y nublado océano, lanzando luces a los cielos para intentar iluminar nuevas áreas que contengan potenciales respuestas y soluciones.

Sí, las preguntas vienen primero. Piensa en tu desafío creativo como si fuera un coche compitiendo en una carrera por llegar a la mejor idea.

¿Cuál es la mejor estrategia para ganar? ¿Intentar corregir los problemas que surjan cuando ya estamos en la carretera? ¿O preparar nuestra máquina, nuestro desafío, haciendo las preguntas correctas desde el inicio cuando aún te encuentras en el garaje mental?

Si tienes alguna duda, pregúntale a un piloto de fórmula uno.

"¿Y si siento que me estoy atascando o acercando mucho o demasiado pronto hacia una conclusión?".

# Si tu plato se hace aburrido, ¡añádele un poco de aleatoriedad!

Si tu proceso de nutrición comienza a parecer predecible, si sientes que te estás acercando demasiado pronto a los acantilados de cierre, y si tus antorchas mentales iluminan un terreno que es demasiado familiar, podrías necesitar condimentar algo más tu plato.

Un poco de sal puede hacer bien a muchos platos y todo desafío se puede beneficiar de un poco de aleatoriedad.

"La aleatoriedad es nuestra sal mágica".

Al igual que no se debe abusar de la sal, tampoco deberías abusar de la aleatoriedad. Pero la cantidad adecuada te puede llevar lejos.

"La aleatoriedad alienta la divergencia y la apertura de nuevas rutas mentales".

Esas nuevas rutas son difíciles de abrir con estrategias convencionales porque nuestro pensar tiende a seguir caminos de mínima resistencia.

En la sección práctica del libro, fortaleceremos nuestras fases de nutrición con ingredientes aleatorios producidos con una variedad de herramientas.

"¿Cómo de pronto debería evaluar la utilidad de estos ingredientes aleatorios?".

Entraremos en detalle sobre eso durante el próximo capítulo. Encara cada ingrediente aleatorio con una mente abierta. Los juicios prematuros extinguen tus antorchas mentales.

Absorbe la nueva información y espera a que tus músculos creativos reaccionen y combinen los nuevos datos con el resto de tu olla subconsciente.

"¿Cómo sabré qué ingredientes aleatorios son los más útiles?".

Toma nota de aquellos ingredientes aleatorios que cumplan uno de estos dos requisitos:

1. Estimulan tu curiosidad incluso si no sugieren una conexión inmediata con tu desafío.

2. Inmediatamente sugieren una conexión interesante con tu desafío.

Deja que el resto se desvanezca de tu conciencia.

"Estupendo. Y, recuérdame, ¿por qué son tan importantes estos ingredientes aleatorios?".

Para comprender la importancia de la aleatoriedad piensa en las mutaciones en el campo de la biología. Si nuestro DNA se clonara a la perfección, no habría evolución. No existiríamos. Copias idénticas se perpetuarían hasta el infinito.

Las mutaciones aleatorias son "errores" y podríamos llamarlos los más hermosos errores en el universo.

"Son necesarias para que haya variación".

Esa variación puede introducir a veces beneficios para el organismo o ingredientes de calidad en nuestra olla subconsciente. Otras veces, las mutaciones y la aleatoriedad no nos llevan a ninguna parte, ni en biología ni en nuestros procesos creativos.

"Pero el esfuerzo merece la pena porque los potenciales beneficios son enormes".

Aparte de eso, nuestras mentes trabajan de forma más flexible que los mecanismos de selección natural. Mientras que la selección natural es un proceso lento y bastante inflexible, nuestra mente puede aprender rápidamente de las variaciones útiles, pero también de aquellas que aparentemente no nos llevan a ninguna parte.

"Puedo ver que lo que nos ofrece la aleatoriedad es difícil de alcanzar a corto plazo de otras maneras".

La aleatoriedad multiplica nuestro alcance y potencial. Llevar luz con nuestras antorchas a áreas alejadas de forma rápida sería mucho más difícil o incluso imposible sin usarla.

"Pero para encontrar algunos ingredientes aleatorios útiles supongo que hay que probar durante un cierto tiempo".

Esta es otra razón por la que es tan importante la productividad.

Algunos de los más grandes genios de la historia fueron enormemente productivos.

La aleatoriedad, las pruebas y las mutaciones. Todas ellas son esenciales para transcender los hábitos de nuestra mente. Y, para lanzar nuestras antorchas hacia áreas útiles de ese vasto océano de posibilidades, a menudo necesitamos múltiples intentos hasta que alcanzamos el lugar adecuado en el momento adecuado.

"Luego, la fase de nutrición debería ser productiva".

## Creatividad es productividad

Los más exitosos innovadores, inventores y creativos suelen ser extremadamente productivos. Producen múltiples versiones de cada idea, exploran cientos de perspectivas y experimentan con todo tipo de ángulos. La importancia de cada intento no reside tanto en si funciona o no. Cada intento es solo otro paso en un proceso evolutivo de refinar soluciones a sus desafíos.

"¿Qué es más importante entonces, la habilidad o la productividad?".

Ambas. Muchos piensan que la habilidad es la clave. Pero si estás buscando soluciones realmente innovadoras, la productividad y el atrevimiento son igual de importantes, sino más.

"1% de inspiración, 99% de transpiración".[25]

Las habilidades naturales, las entrenadas y los genes, importan, pero solo son la primera página de una larga historia. El otro 99% está lleno de productividad, investigación y experimentación. Todas ellas generan ingredientes de calidad para tu subconsciente.

"La productividad debe requerir mucha persistencia".

Si abandonas demasiado pronto tu búsqueda, te perderás los momentos en los que las mejores ideas suelen surgir.

"La paciencia es necesaria".

Cuando encaras un nuevo desafío estás entrando en territorio inexplorado, buscando los ingredientes que encajen de forma única con el rompecabezas de tu actual contexto mental. Es natural que tengas que pasar por muchos ciclos e intentos hasta que logres recoger los ingredientes adecuados.

"Cualquier cosa podría ser potencialmente útil".

Mantén la mente abierta. Son a menudo los intentos que muchos clasificarían como fallidos los que pueden combinarse de formas inesperadas con el sustrato de tu mente. Proporcionan material fértil donde revelaciones clave pueden surgir.

Así que hazte productivo, da la bienvenida a esos "fallos" y continúa arando el sustrato de tu mente.

"¿Y cómo puedo incrementar mi productividad?".

## Involucra todos tus sentidos

La productividad es más fácil cuando involucras todos tus sentidos. La vista, el olfato, el gusto, el tacto y la audición. No te cortes, ¡tu niño subconsciente necesita alimento!

También puedes recoger ingredientes de calidad con rapidez mediante la interacción con otras personas. Diez ollas subconscientes son más poderosas que una.

"Enriquecer nuestra recetas mentales a través de los demás".

En general, para ser más productivo durante la fase de nutrición, deberías estudiar tu desafío desde diferentes ángulos y niveles de abstracción.

## Los ascensores de profundidad

El ascensor de profundidad es una metáfora. Representa la importancia de estudiar nuestros desafíos desde muchos ángulos y niveles de abstracción.

[Web] **torchprinciple.com/depthelevator**

"Podemos estudiar algo desde ángulos más superficiales o abstractos, o entrar más en detalle, acercarnos más a la complejidad bruta".

Cuanto más bajamos en los ascensores de profundidad, más nos acercamos a las raíces que unen a nuestro desafío con otras áreas. Conectar nuestro tema con otras áreas al fondo de los ascensores de profundidad fortalece nuestros procesos de ideación.

"Podemos entonces comprender lo que nuestro tema tiene en común con otros campos".

Un viaje en el ascensor de profundidad es un viaje hacia la esencia y las raíces de nuestro desafío.

"Y, ¿cómo descendemos en este ascensor de profundidad?".

Cuantas más perspectivas estudias sobre tu tema, más desciendes en el ascensor de profundidad hacia las raíces y la complejidad que esperan abajo.

"Y una vez que llegas ahí…".

Al fondo del ascensor de profundidad puedes conectar con otros contextos, escenarios y desafíos a través de las raíces comunes que comparten. Esto te ayuda a divergir y a enriquecer tu olla subconsciente aún más.

En vez de eso, cuando estudias un desafío desde una sola perspectiva, permaneces arriba en la superficie, lejos de las profundas raíces que sostienen ese desafío, incapaz de conectar con otros escenarios que comparten raíces comunes con tu tema.

En resumen, descendiendo en el ascensor ganamos comprensión profunda y enriquecemos nuestro subconsciente al divergir a través de otras áreas que comparten raíces comunes con nuestro desafío.

"Muchos desafíos que parecen diferentes en la superficie, tocan suelo común en sus profundidades".

Es como pensar en el ritmo de la música, el ritmo en la danza y el ritmo en las pinceladas de un artista.

"¡Todo ello sigue siendo ritmo!".

Igualmente sucede con el contraste, que puede servir para reforzar y resaltar información, ya sea en las artes visuales o en *marke-*

*ting*, negocios o diseño de ropa. Piensa en la ley de contraste simultáneo. Los opuestos se refuerzan. Estos pueden ser colores opuestos en la rueda de color pero también nos podemos referir al ritmo y la quietud, la luz y la sombra, la armonía y la disonancia, curvas y líneas, un personaje de una película y su opuesto, o cómo algo es presentado en diferentes momentos.

Alcanzar y comprender estas raíces a través de nuestros ascensores de profundidad y subir entonces de nuevo en ellos a la superficie para conectar con temas completamente diferentes que comparten similares raíces, puede proporcionar tremendos niveles de estimulación creativa a nuestra olla subconsciente.

"¡Vaya viaje!".

Cierto. El ascensor de profundidad te lleva desde la superficie de tu desafío a los finos detalles, a medida que desciendes hacia una comprensión más profunda.

"Comienzo a ver más…".

Mientras bajas en el ascensor de profundidad detalles que eran imposibles de ver desde la superficie comienzan a hacerse más visibles. La textura y riqueza de cada diminuta parte de tu desafío se hace más clara y nítida.

"¿Puedes darme un ejemplo?".

Si tu desafío es encontrar nuevas formas de interpretar y comprender las reacciones emocionales de tus clientes, puedes tomar el ascensor de profundidad hasta las raíces de la emoción humana.

"Investigamos y comprendemos ese principio, la emoción humana".

Aceleramos ese proceso al absorber múltiples perspectivas sobre ese principio. Una vez que te has asentado en esa raíz, es decir, que has entendido en profundidad las emociones humanas, puedes coger otros ascensores diferentes.

Esos otros ascensores te llevan de vuelta a la superficie de áreas diferentes, las cuales están también fuertemente conectadas con esa raíz, la emoción humana.

"Esas serán áreas en las cuales la emoción humana tiene también un papel esencial, ¿verdad?".

Sí. Ejemplos serían la interpretación teatral, las relaciones románticas e infinitas otras.

"Luego, este proceso me ayuda a entender mejor mi desafío y a divergir de nuevo, enriqueciendo aún más mi subconsciente".

Sí, retornar a la superficie de una colección diversa de áreas conectadas con esas raíces comunes, junto a la comprensión profunda que has desarrollado, puede ayudarte a generar potentes ingredientes e ideas.

"Genial. Otro ejemplo, por favor".

Si tu desafío es uno musical relacionado con el ritmo, tomarás el ascensor de profundidad para entender la esencia y las raíces del ritmo.

Esto te puede llevar más tarde a otros ascensores que te pueden conectar con, por ejemplo, la pintura o la danza. Tu comprensión de las raíces del ritmo, junto a estos otros contextos, realimenta tu desafío, proporcionando nuevas perspectivas que enriquecen tu olla subconsciente.

"Así que la danza y la pintura me dan perspectivas completamente diferentes sobre el significado del ritmo, y eso genera nuevos ingredientes para mi subconsciente".

Y esto funciona en ambas direcciones. Comprender el ritmo en un contexto musical te ayuda a comprenderlo en un contexto literario o en el contexto de hablar en público.

"Esto es potente, ¡resumamos!".

Allá vamos: estudia tu desafío desde múltiples ángulos y perspectivas para descender en tus ascensores de profundidad. Y desde ahí conecta tu comprensión profunda con áreas y disciplinas diferentes para divergir y estimular el nacimiento de nuevas ideas y valiosos ingredientes.

Lo mismo que decimos sobre los desafíos lo podemos aplicar a las habilidades. Pero antes de llegar a las habilidades, date cuenta de que la clave de la creatividad se encuentra en la comprensión de los principios que las sustentan, por ejemplo en la comprensión de cómo funciona el contraste y cómo nos puede servir para capturar a las audiencias. Una vez que comprendemos estos principios es más fácil aplicarlos a través de cualquier canal y habilidad que elijamos…

Estos principios se pueden encontrar en la mayoría de áreas de la vida. Aquellos que viven experiencias extremas, las cuales están llenas de contraste, pueden salir fortalecidos y ser más profundos si las superan. Aquellos que tienen una experiencia vital más convencional y limitada son a veces más superficiales y débiles. El contraste simultáneo es universal.

"Luego, hablar sobre creatividad es hablar sobre las raíces profundas y universales de la existencia humana".

Así es. Es ir mucho más allá del cómo tocar un instrumento o cómo dibujar. El mérito no está tanto en implementar varias habilidades, sino en la comprensión de los principios profundos que las sostienen y se encuentran en su base. Puedes, entonces, ver poesía en una danza y danza en la poesía, melodía en cómo nos comunicamos con las palabras y ritmo en las fluctuaciones acústicas de la voz. Puedes ver luces y sombras en las emociones humanas y emociones proyectadas en la forma en que los brillos y las sombras se persiguen.

La comprensión viene primero y más tarde llegan la variedad de técnicas y habilidades que expresan esa comprensión. Ejercitando numerosos lenguajes creativos podemos llegar a una comprensión más profunda de estas raíces y principios clave que son la base de todo.

"Quiero descender en estos ascensores de profundidad tan rápido como sea posible. ¿Cómo puedo hacerlo?".

## Sé como el agua, sé como la madera

Si quiero comprender la madera, necesito (metafóricamente) convertirme en madera. Acercarme tanto a su complejidad que literalmente sienta que puedo comprender su propia perspectiva, como si yo mismo fuera la madera.

Ese es el fondo y el final del ascensor de profundidad. Cuando has alcanzado las raíces profundas de tu comprensión de ese desafío.

"¿Necesito algún talento especial para ser capaz de profundizar tanto?".

Todo el mundo puede innovar combinando una serie de estrategias con una profunda comprensión. Alcanzar esa comprensión requiere trabajo.

Algunos pueden llegar más rápido que otros. Lo mismo sucede en relación a cómo sintetizamos información y cómo la comprendemos en sus varios niveles de abstracción.

En cualquier caso, nuestra capacidad de comprender y profundizar puede ser entrenada. La predisposición genética no nos llevará muy lejos sin productividad y trabajo duro, la característica clave de los grandes innovadores.

"Luego, si mi desafío está relacionado con la madera, tengo que comprender a la madera en sí misma".

Sí, imagina que quieres dibujar o pintar una superficie hecha de madera, o quizás representar la madera con una escultura, o fotografiarla, filmarla o escribir sobre ella. La mayoría de la gente se concentrará en la técnica y habilidad necesaria para producir el dibujo, la fotografía, etc. Pero eso es el final del proceso creativo, la implementación, la punta del iceberg.

"Todo eso es secundario con respecto a la comprensión profunda de nuestro tema, la madera".

Exacto, comenzar por el final del proceso, la implementación, te mantiene en la superficie, donde puedes permanecer durante años, lejos de las soluciones realmente innovadoras.

"Porque no hemos explorado en profundidad nuestro tema".

La innovación comienza con una comprensión profunda.

"En la base, descendiendo en los ascensores de profundidad. En este caso el ascensor de la madera".

**[Web] torchprinciple.com/woodelevator**

Necesitamos ir más allá de la simplificación simbólica – madera – que nuestra mente ha generado para hacernos las cosas fáciles. Necesitamos comprender la madera en relación a sus características únicas. La forma en que la luz interactúa con ella, su tono y croma, cómo cambia con el tiempo, cómo se siente al tacto, cómo suena.

"Mirando, escuchando, tocando…".

Volviéndonos ella. Haciéndonos madera.

La madera es tu semilla. Cuida y nutre esa semilla, hazte como la semilla, compréndela.

"Y una vez que haga eso…".

Entonces puedes expresarla a través de cualquier lenguaje o canal creativo que elijas para transmitir tu interpretación de ese desafío a una audiencia. Hacer un negocio a su alrededor. Dibujarla, pintarla, fotografiarla, escribir sobre ella, componer música basada en ella, etc.

Esta profunda comprensión se aplica no solo a un desafío material o empresarial, sino también a la gente, a nuestros seres queridos, a nuestras relaciones interpersonales.

"La comprensión viene primero, la implementación más tarde".

Sí, la implementación sigue siendo esencial para mantener en forma nuestros músculos creativos, practicando una variedad de técnicas. Pero si nos centrásemos solo o principalmente en las técnicas, nos perderíamos la parte más importante del proceso creativo: los ascensores de profundidad, la comprensión profunda.

"Y, ¿qué nos puede separar de estos ascensores de profundidad?".

## Luchando contra la inercia

Subir a los ascensores de profundidad no es tan fácil. El ejército lógico y analítico de la mente te empuja constantemente hacia arriba, alejándote de la complejidad que espera en las raíces más profundas de tu desafío. Prefieren que permanezcas en el mundo de los símbolos, abstracciones y simplificaciones.

"¡De nuevo el cierre prematuro!".

Sí, intentas subirte al ascensor, pero la mente quiere una conclusión y la quiere rápido, lo cual te devuelve a la superficie.

"¿Cómo podemos evitar a este ejército?".

Solo distrayendo o domando nuestras fuerzas analíticas podemos subirnos al ascensor y descender a las profundidades de la complejidad y del detalle, donde podemos acceder a un nivel de riqueza y comprensión completamente diferente.

"¡Muéstrame cómo llegar ahí!".

## Un transformador y conector

Posees un cerebro. Un fenomenal transformador y conector que se encuentra sobre tus hombros. Una genial herramienta que ama interpretar, conectar y encontrar el sentido de cualquier cosa que le presentes.

En la sección práctica del libro exploraremos ejercicios específicos para divergir fuertemente. Ahora introduciremos rápidamente algunos principios sobre ellos de forma muy breve. Absorbe los conceptos. No necesitas ponerlos en práctica hasta el próximo capítulo.

## Ganchos aleatorios en un planeta aleatorio

Diverge. Crea conexiones inusuales. Alienta a tu mente a que abra nuevas rutas. Haz actividades inusuales. Anota todo aquello que despierte tu curiosidad en revistas, páginas web y en la gente que te rodea. Intenta conectar todo ello con tus desafíos.

Para descender en los ascensores de profundidad, utiliza estrategias que hagan uso de la aleatoriedad de forma multidisciplinar. Involucra altos niveles de abstracción usando el lenguaje y más bajos niveles de abstracción utilizando elementos visuales y de otros tipos.

Genera conceptos aleatorios, frases y palabras con un diccionario o con las herramientas *SK-Engine* y *SK-General* que introduciremos más tarde.[26]

Anota todo aquello que despierte tu curiosidad o que inmediatamente sugiera una conexión con tu desafío. No juzgues. Contempla todo con la mente abierta.

Lista las características de lo que has seleccionado.

Dibújalas, involucra la percepción visual. Usa herramientas de *lightstorming* y *soundstorming* para crear más conexiones inesperadas.[27] Entraremos en más detalle sobre ello en el capítulo práctico.

## Objetos a tutiplén

Encuentra objetos interesantes a tu alrededor, conéctalos con tu desafío, sobre todo si parecen no estar nada relacionados o incluso parecen contradictorios. Generarán tensión creativa que puede estimular la generación de nuevas conexiones e ideas.

## Coge la marcha adecuada con una historia

La narrativa (*storytelling*) es uno de los pilares de la creatividad. Un actor no se atrevería a representar un personaje cuya historia de fondo no entendiera en profundidad. Los contextos y las historias son clave para desarrollar una comprensión profunda, para descender más en nuestros ascensores de profundidad.

Narra tu desafío desde la perspectiva de diferentes personajes. Imagina una comunidad que vive con tu desafío. Crea historias y deja que se combinen con tus ingredientes subconscientes existentes.

## Un mundo de semillas

Cultiva una conciencia abierta y acogedora. De vez en cuando, presta atención a lo que te rodea, las conversaciones, los sutiles detalles, esos sonidos peculiares. Convierte en un hábito el conectar tu desafío con toda esa complejidad.

## El secreto está en los detalles

Cuanto más específico seas, más enriquecerás tu olla subconsciente. Cuando visualizas, entra en detalle. Imagina texturas, sonidos, aromas y voces. Vive tu desafío, conviértete en un explorador virtual de tu propia mente.

## La práctica hace la perfección

Cuanto más innovas, más fácil se hace el proceso. Crear nuevas conexiones entre estímulos no relacionados estira tus músculos creativos. Convierte en un hábito el conectar lo inesperado.

En la sección práctica del libro te mostraré, entre otras cosas, cómo implementar todo lo anterior paso a paso.

Es hora de pasar a la siguiente etapa. El proceso de nutrición puede estar más o menos activo mientras procedemos con nuestra rutina diaria. Llegará el momento, cuando las circunstancias lo indiquen, cuando hayamos acumulado suficientes ingredientes de calidad, en que la incubación de esos ingredientes nos dará la posibilidad de producir la mágica idea que estamos esperando.

# La incubación
## Donde la magia sucede

Así que has recogido fantásticos ingredientes de calidad en tu olla subconsciente. Genial. Pero si esos ingredientes se quedan ahí sin hacer nada, si no se producen combinaciones y mezclas, nada original surgirá de ellos. El plato final no será muy diferente, y su sabor no será tan especial.

La incubación es la etapa en la que esos ingredientes se combinan, recombinan y mezclan en tu subconsciente. Para mucha gente la incubación es difícil de comprender porque no hay mucho que tengas que hacer conscientemente. Debes mantener tu desafío en el trasfondo de tu mente, pero aparte de eso has de dedicar tu tiempo a otras cosas. Necesitas dar tiempo y espacio a tu subconsciente para que juegue con sus juguetes.

A Einstein le gustaba pasar parte de su tiempo dejando que su mirada se perdiera en el espacio que le rodeaba.[28] Así proporcionaba a su subconsciente ese valioso tiempo y espacio.

La incubación requiere paciencia y una conciencia amplia y sensible en vez de los comportamientos ansiosos que producen una visión estrecha y nos conducen al cierre prematuro. Tenemos que ver a nuestra mente consciente como el afortunado observador, el receptor de la magia que se está cocinando en nuestra olla subconsciente.

## Alentando incubaciones exitosas

Para producir incubaciones exitosas, hay dos puntos clave a considerar. Uno es dar a nuestro subconsciente suficiente tiempo para que los ingredientes se combinen y mezclen. El otro es tener el suficiente espacio mental y sensibilidad para percibir las frágiles llamadas que nuestro subconsciente emite cuando se producen potenciales revelaciones e ideas.

## Pasando el mando

¿Cuándo comienza la etapa de la incubación?

La etapa de la nutrición eventualmente alcanza un nivel de complejidad demasiado alto para nuestros lentos y limitados procesos analíticos conscientes.

Es el momento de pasar el mando a nuestros procesos subconscientes.

"¡Es hora de que el PC nos lidere!".

Sí, combinar y mezclar los datos acumulados requiere un tipo diferente de habilidades.

"¿Cómo?".

Como procesos simultáneos, no lineares y veloces que pueden trabajar con toda esa complejidad.

Por lo tanto, cuando sentimos que hemos acumulado suficiente información en nuestro subconsciente, llega la hora de hacer algo realmente complicado: nada.

"¿Nada?".

## El problema de la interferencia

Nada, porque el pensamiento analítico consciente puede interferir fácilmente con los movimientos de nuestra olla subconsciente. O los puede empujar hacia un cierre prematuro.

"Luego… ¿tenemos que controlarnos (consciente o inconscientemente) para evitar interferir?".

Simplemente da tiempo y espacio a tu subconsciente para que pueda hacer su trabajo.

Recuerda que esta nada no es una nada típica. De hecho, es una nada bastante activa.

"Cuéntame más".

## El guía

Nuestros procesos analíticos trabajan de forma muy secuencial. No puedes esperar llegar muy lejos demasiado pronto. Es como si estuvieras caminando paso a paso a través de una carretera en Australia. No puedes esperar aparecer en España al minuto siguiente.

La paradoja es que la mejor forma de acercarnos al éxito es no forzar el proceso. La mente es un conector natural extremadamente potente. Si hemos recogido la suficiente cantidad de ingredientes a la suficiente profundidad y creamos el contexto adecuado para una buena incubación, nuestra mente tiene la capacidad de conectar cualquier cosa que le demos. Una vez que hemos acumulado suficientes ingredientes, lo mejor que podemos hacer es encender el fuego e irnos de la cocina, dejando que los ingredientes se mezclen y combinen por sí solos.

Sin embargo, para que el proceso siga bien encaminado, es importante que de vez en cuando volvamos a la cocina, cojamos nuestra cuchara consciente y ayudemos a los ingredientes con delicados movimientos, recordándoles cuál es nuestro objetivo.

"Cuál es el objetivo hacia el que deberían gravitar".

Es, por lo tanto, crucial mantener en el trasfondo de nuestras mentes la dirección de nuestro desafío, pues esto incrementará las posibilidades de generar revelaciones e ideas relacionadas.

"Así como contribuir en el proceso de mezclar los ingredientes de vez en cuando, moviéndolos con cuidado y atención".

Suavemente, de forma relajada. No es sabio correr por tu cocina ni revisar tu desafío ansiosamente. Esto incrementa el ruido y parloteo mental que interfiere con la auténtica voz que estamos buscando, la de nuestra olla subconsciente. Es ahí donde todas las piezas se están mezclando, combinando y reaccionando entre ellas, creando burbujas reveladoras que eventualmente ascienden e intentan alcanzar nuestra mente consciente.

"Entonces la ansiedad y el estrés obstaculizan los buenos procesos de incubación".

La ansiedad y el estrés son grandes activadores analíticos que interfieren fácilmente con las frágiles voces de nuestro subconsciente.

"Necesitamos espacio mental".

Sí, nuestra mente necesita espacio, no siempre, pero sí a menudo. Espacio para lo que podría estar esperando tras las cortinas, esperando a iluminarnos con nuestra sabiduría subconsciente.

Eventualmente, si hemos acumulado suficientes ingredientes de calidad, las habilidades conectoras naturales de nuestra mente generarán nuevas revelaciones o ideas. Estas ideas podrían entonces llamar a las puertas de nuestra mente consciente.

"El niño subconsciente viene a contarnos algo excitante".

Sí, y cuando llegue el niño subconsciente con su diminuta y delicada voz para contarte algún descubrimiento excitante, ¿estarás ahí para escucharlo? ¿Tendrá tu mente el espacio necesario para escuchar a tu niño interior? ¿O estará tu conciencia tan llena de ruido, tan ocupada con tus preocupaciones y asuntos pasados y futuros que ni siquiera oirás cómo se aproxima tu niño?

"Puedo sentir que para ser suficientemente sensible a este niño, el contexto que me rodea es clave".

## La importancia del contexto

Sí, ¿cuándo es más fácil escuchar a nuestro niño interior, cuando estamos relajados en medio de la naturaleza o cuando estamos conduciendo a través de un atasco y de un caos masivo en la ciudad, nadando en estrés y ansiedad?

El contexto en el que incubamos nuestras soluciones e ideas es crucial. Un contexto estresante activa nuestra red analítica de resolución de problemas. Un contexto tranquilo ensancha nuestro enfoque e incrementa nuestra sensibilidad.

Crea el contexto adecuado para tus procesos de incubación. Mantén la comunicación con tu niño interior fresca y activa.

"Estas revelaciones e ideas que producimos se sienten realmente como si fueran pequeños y especiales milagros".

## Delicados milagros

Las nuevas revelaciones e ideas son como burbujas delicadas que ascienden desde nuestra olla subconsciente. Ahora están. Pero un instante después ya no. Delicadas, únicas, diferentes y frágiles. Sutiles oportunidades que pronto serán borradas por los patrones habituales de tu mente.

Mucho antes de que percibamos conscientemente cualquiera de esas burbujas, nuestra olla subconsciente está continuamente mezclando e integrando ingredientes almacenados y otros frescos. Algunas de las burbujas reveladoras generadas alcanzan nuestra conciencia. Otras nunca lo logran.

"Burbujas reveladoras de tantos tipos diferentes".

Algunas necesitan años para alcanzar la superficie de nuestras mentes. Estas pueden ser burbujas que integran múltiples *inputs* durante meses o años o pueden ser burbujas que nos cuesta encarar. Podrían contener traumas o emociones dolorosas que preferimos evitar.

Si tu mente está dominada por el ruido consciente, siempre corriendo de pensamiento en pensamiento, te será muy difícil advertir la presencia de esas sutiles burbujas. Nunca sabrás que estuvieron ahí. Para que notes su presencia, necesitas cultivar espacio en la mente. Esta es la razón por la que algunas de nuestras mejores ideas nos llegan cuando estamos haciendo tareas cotidianas como ducharnos, esperar el autobús, conducir o dar un tranquilo paseo. Durante esas actividades nuestra mente se relaja, se mueve de un enfoque estrecho a uno abierto, amplio y exploratorio.

Calmar nuestra mente consciente incrementa nuestra sensibilidad. A medida que nos dejamos llevar y nos relajamos en la conducción, la ducha, la parada del autobús o el paseo, la antena de nuestra mente expande su alcance. En vez de obsesionarse con una preocupación muy específica, se hace sensible a nuestros amplios y expansivos procesos internos y a sus sutiles voces.

Mientras la incubación tiene lugar, sigues manteniendo el desafío en el trasfondo de tu mente, pero sin buscar activamente una resolución.

Eventualmente, una de esas delicadas burbujas reveladoras alcanza tu mente consciente. Puedes entonces sentir esa hermosa armonía que llamamos la iluminación, el nacimiento de una nueva revelación, idea o solución.

"¿Y cuánto dura este proceso de incubar nuevas ideas?".

## Desde un milisegundo a toda una vida

Incubar una nueva idea puede llevar milisegundos o años. A veces, como al improvisar una nueva pieza musical, los procesos de incubación pueden suceder de forma extremadamente rápida, generando nuevas ideas casi en tiempo real.

Los procesos de nutrición del pianista se han desarrollado durante mucho tiempo, acumulando conocimiento a través de su carrera. En este caso, si la mente es lo suficientemente sensible y abierta, la incubación del contexto presente en combinación con la información acumulada puede llevar a la mente a revelaciones creativas casi instantáneamente.

Otras veces, como durante la creación de una obra de teatro, el guion de una película o la escritura de una novela, la etapa de incubación podría durar años, hasta que las revelaciones clave aparecen para llevar el proyecto a su resolución.

La velocidad del proceso depende de varios factores, de algunos ya hemos hablado: la calidad de nuestros ingredientes y la sensibilidad de nuestra mente.

"Presiento que tengo que cuidar realmente mi subconsciente, dándole espacio y una mezcla de estimulación y tranquilidad".

## Todos necesitamos amor

Trata a tu subconsciente como tratarías a tu mejor amigo. Ten contacto regular, manteniendo tu desafío en el trasfondo de la mente. Eso facilita el mantener una dirección, una guía que tu subconsciente puede seguir a medida que trabaja con los ingredientes que has recogido.

A medida que te involucras en otras actividades y procedes con tu vida diaria, tu buen amigo sigue trabajando duramente y una mágica iluminación podría estar a la vuelta de la esquina.

"¿Existen actividades específicas que nos ayudan a incubar ideas con más facilidad?".

## Caminando hacia la idea

Todos tenemos nuestras actividades favoritas para incubar nuevas ideas. Tienden a ser actividades que ayudan a que nuestra mente se relaje y expanda su atención y conciencia sin interferir con esa delicada comunicación entre lo consciente y lo subconsciente.

Para algunos es darse un baño, relajarse en la cama, esperar por el autobús, pintar, practicar un deporte, meditar, pescar, escuchar música o contemplar una puesta de sol.

Inmersos en cualquiera de estas actividades o en otras, la mente se relaja, mientras la olla subconsciente burbujea furiosamente de camino hacia la formación de inesperadas conexiones.

Una de mis actividades favoritas es caminar. Me gusta repetir el mismo camino una y otra vez como si de un ejercicio meditativo se tratara. Pero también disfruto mucho las excursiones en la naturaleza que me llevan a través de rutas impredecibles y aleatorias.

"¿Y correr?".

Me encanta correr, pero personalmente no me funciona tan bien en conexión con la incubación de ideas. Mientras corro, probablemente por el esfuerzo extra que requiere correr, mi mente no se relaja lo suficiente como para proporcionar una base fértil a los procesos de incubación. Correr rápido también requiere estar más atento a lo que nos rodea, la gente y los potenciales obstáculos, y esto estrecha el enfoque y la conciencia. Por supuesto, esto es diferente para cada persona. Muchos estarán igual de relajados corriendo que yo caminando. Encuentra tu mejor entorno y actividad.

"Todo el mundo es diferente".

Describamos un ejemplo de uno de mis procesos de incubación. Cuando necesito encontrar una nueva idea, primero me aseguro de haber recogido una buena colección de ingredientes de calidad en mi mente que estén conectados con mi desafío.

"Entonces estás listo para la incubación".

Sí, y en mi caso puede ser que salga a dar un paseo. Me dejo llevar por el paseo. Sintonizo con el mundo que me rodea, manteniendo el desafío en el trasfondo de mi mente. De vez en cuando barajo y reviso mentalmente algunos de mis ingredientes. Literalmente los hago pasar a través de mi mente consciente mientras los contemplo de forma muy suelta, borrosa y flexible".

"Eso es como si estuvieras cogiendo la cuchara de madera y removiendo el contenido de tu olla".

Y en la mayoría de ocasiones, después de unas horas, minutos o a veces segundos, nuevas revelaciones/ideas aparecen. Llegan de repente, como delicadas burbujas que surgen de la nada. Cuando estoy relajado es más fácil que note su presencia, porque contrastan vivamente contra el tranquilo y borroso trasfondo mental en que nos encontramos en nuestra conducción, paseo, ducha o actividad similar.

"¡Fantástico! Estoy lista para una gran iluminación".

# La iluminación
## Un aroma maravilloso

Hemos capturado una de esas delicadas y únicas burbujas reveladoras. Una idea nacida de la mezcla y combinación de los juguetes que acumulamos en la habitación subconsciente durante el proceso de nutrición.

La suma del incubar nuestro subconsciente y hacernos conscientes de estas revelaciones e ideas es lo que a menudo llamamos inspiración o sentirnos inspirados.

Hacernos conscientes de nuevas revelaciones e ideas requiere una mente relajada y una atención y conciencia amplias. La mente ha de ser lo suficientemente sensible como para poder escuchar la delicada voz de nuestro niño interior, que viene a compartir con nosotros sus grandes descubrimientos.

"¿Y cómo se siente…?".

¿Cómo se sienten los padres que ven llegar a su hijo corriendo hacia ellos con gran excitación, entusiasmado por compartir algo nuevo, diferente o único?

Einstein, entre otros, ha descrito ese momento como uno de gozo, de claridad, de integración, de belleza y armonía.[29] Un momento, en resumen, que se siente correcto y perfecto en sí mismo.

"¡Como cuando percibes con seguridad que ya es hora de sacar ese plato del horno!".

Sí, piensa en el cocinero que, mientras descansa cerca, percibe repentinamente un aroma realmente especial. Los ingredientes se han combinado y mezclado para producir algo único y reconocemos la hermosa armonía de ese aroma, el nacimiento de algo maravilloso.

"Armonía".

Sí, armonía en las proporciones y relaciones entre los ingredientes que forman el plato final, y entre esos ingredientes y el desafío. También existe una sensación general de unidad.

"Todo tiene sentido".

La solución encaja a la perfección con lo que buscábamos.

Iluminación es una buena palabra para describir este momento y ha sido usada por muchos sabios para describir el nacimiento de nuevas ideas, porque literalmente sentimos como si en la oscuridad de nuestros esfuerzos mentales, algo se iluminara. Por un breve instante, este fugaz milagro ilumina el escenario, y ahí estamos nosotros, deseosos de atraparlo, de agarrarnos a ello antes de que se disuelva de nuevo entre las sombras.

"Porque si no lo atrapamos, ¡se nos va a ir!".

Estos breves milagros de armonía y belleza son tan delicados como una frágil flor en medio de una tormenta invernal. Son marcas sutiles y frescas rodeadas de profundas trincheras. Sus posibilidades de sobrevivir dependen de que las percibamos y de que consigamos reforzar su presencia.

Es por ello que algunos de los más grandes innovadores en la historia solían llevar con ellos en todo momento cuadernos o alguna forma de anotar rápidamente sus ideas y reflexiones.

"¡Estate listo para atrapar esas burbujas durante los momentos más incómodos o incluso desagradables!".

Hoy en día podemos usar grabadoras portátiles, teléfonos móviles e incluso a nuestros amigos y a la gente que nos rodea. ¡No hay límites!

"¿Y qué debería hacer si me llega una revelación repentinamente y no tengo nada con que registrarla, ni siquiera gente a mi alrededor?".

Nuestra memoria a corto plazo no es ni confiable ni duradera. Tu mejor posibilidad de preservar la idea es repetírtela a ti mismo regularmente hasta que llegues a un lugar donde la puedas grabar de forma permanente.

"Y estas revelaciones, ¿tienen algún formato especial?".

Una revelación o idea puede ser cualquier cosa que produzca esas sensaciones de claridad y armonía que hemos descrito. Podría ser una palabra, un sueño, una imagen, un tema musical, una fórmula, un elemento verbal o cualquier otra variación que te puedas imaginar.

Una vez que has asegurado esa revelación o idea, es hora de explorarla y verificar su validez y potencial.

# La implementación
## Un plato delicioso

El plato está listo, ¡y tiene buena pinta!

Con las manos de tu mente sostienes una frágil burbuja reveladora. Ha llegado el momento de verificar que su potencial está realmente ahí. Es el momento de escribir el poema, componer la banda sonora, probar la fórmula, escribir el libro, implementar el producto o realizar esa nueva actividad con tu compañero. Es un proceso que puede llevar desde unos pocos segundos a varias décadas.

Esta etapa se compone de una serie de tareas que incluyen el verificar la validez de la idea y el proceder a desarrollarla y refinarla por completo. La meta final, como el nombre indica, es la implementación, transformar la delicada revelación en un producto, servicio, acción o aquello que hayamos estado buscando desde el inicio del proceso.

"Creo que esto le va a gustar al PA...".

La incubación y la iluminación son etapas lideradas en gran parte por nuestros procesos subconscientes. En ellas, nuestra mente consciente actúa como guía y observador. La etapa de implementación, por otra parte, devuelve el control a nuestro PA.

"¡El análisis y el lenguaje retoman el mando!".

Este es también el momento de dar la bienvenida de nuevo a otras personas para recibir sus opiniones, perspectivas y *feedback* a medida que procedemos con la implementación de la solución al desafío.

"Y estoy seguro de que el PC seguirá activo de alguna forma, ¿verdad?".

Por supuesto, ninguna etapa implica solo al PA o al PC. Siempre hay una mezcla. De hecho, es crucial que mantengamos nuestro pensamiento creativo muy activo durante esta etapa. El PC actuará como supervisor y guía sabio, asegurándose de que la armonía de la idea no se pierda durante la etapa de implementación. Porque a medida que implementamos la idea, es fácil perder esa delicada armonía, ese equilibrio, esas proporciones, la integridad y unidad que sentimos en la solución. Nuestros músculos creativos tienen que mantenerse activos como controladores de calidad. Tenemos que asegurarnos de que el resultado final continúe sintiéndose armonioso y correcto.

"¡Fantástico! Lo hemos conseguido. Es la hora de celebrar, ¿verdad?".

¡No tan rápido! Porque...

## El final es el principio

La etapa de implementación podría parecer el final del proceso, pero tal final no existe.

Implementamos una solución que encaja con nuestras circunstancias y contextos actuales. A medida que el contexto cambia, y siempre lo hace, también cambiamos nosotros y nuestras necesidades, el conflicto en sí mismo y la comunidad relacionada, y por lo tanto, también la naturaleza de la solución que necesitamos.

"¡Una implementación fija y estática se puede hacer anticuada muy rápidamente!".

Hoy, más que nunca, necesitamos usar procesos dinámicos para mantener la evolución de nuestras implementaciones. De esta forma, se pueden adaptar a los cambiantes mercados, eventos y audiencias.

Hagamos una analogía con el mercado de los medios visuales.

En el pasado, las pinturas, fotos y películas eran conceptos estáticos. Una vez completados no cambiaban nunca, incluso si el contexto que rodeaba su mensaje continuaba evolucionando.

Hoy en día hay una aceptación cada vez más grande del arte como una experiencia dinámica que muta constantemente, evolucionando con nuestro pensar, opiniones e interpretaciones.

"Entiendo. Una fotografía o una película pueden ser visitadas e implementadas de nuevo."

Sí, además, el arte moderno se basa mucho en la interacción. Las audiencias interactúan con el trabajo creativo o son parte de él. El énfasis reside en una experiencia que es siempre diferente, una experiencia que no podemos separar ni aislar del observador. Un observador que siempre está en transición, siempre evolucionando.

"Ya veo. Las soluciones encajan con los contextos y los contextos continúan cambiando. Por lo tanto, las soluciones también siguen evolucionando".

Sí, cada implementación es una solución que encaja con el rompecabezas de un contexto específico. A medida que el contexto evoluciona también lo debe hacer la implementación.

"Con tantos cambios, me vendría bien tener algo de ayuda para asegurarme de que las cosas se estén moviendo en la dirección correcta".

## Circuitos de retroalimentación.

El *feedback*, la opinión y reacción de la gente sobre nuestra implementación, se hace esencial en un mundo hecho de contextos que evolucionan con tanta rapidez.

Durante la fase de nutrición el conocimiento de cualquier cosa relacionada con nuestro desafío era especialmente importante. En la etapa de implementación la información que más nos hace falta es el *feedback* y la opinión de las audiencias y usuarios a medida que interactúan con nuestra solución.

"Estoy seguro de que los destinatarios de nuestra solución tendrán muchas cosas útiles que decirnos".

Este proceso debería ser continuo, y en combinación con otras fuentes de opinión, podría provocar la activación de nuevas acciones específicas. Es un *feedback* accionable. Un *feedback* que se convierte en el motor y la motivación detrás de nuevos ciclos de innovación.

"Veloces ciclos de innovación que se adaptan a los cambiantes entornos".

## Prototipado rápido, innovación veloz, prácticas ágiles.

El hecho de que los contextos cambien y evolucionen más rápido que nunca tiene importantes consecuencias:

- Las opiniones de los usuarios, colaboradores y audiencias son cruciales en todo momento.
- Las etapas de implementación deben ser flexibles y cortas, preservando la calidad.
- Para proporcionar soluciones que siempre sean relevantes y se adapten a los contextos cambiantes, la innovación debe ser un proceso continuo que pueda retroalimentar y conectar con otras etapas del ciclo creativo en cualquier momento.

"El *feedback* es crucial".

Dos áreas emergen como clave para el éxito: el pensamiento creativo para el desarrollo de soluciones e ideas innovadoras, y el *feedback* para sostener el proceso iterativo de adaptarnos a los contextos cambiantes.

La flexibilidad es una obligación. El *feedback* une colaboración y comunicación para proporcionar un flujo saludable de información que retroalimenta todas las etapas del proceso creativo.

Y ahora, resumamos.

## Empuja y déjalo ir, una delicada danza

Hemos viajado a través de algunas de las etapas involucradas en la innovación y la creatividad. Consideremos todo ello en su conjunto.

Puedes ver el proceso creativo como si fuera una delicada coreografía en la que has de combinar momentos de más control consciente, donde estableces una dirección, recoges ingredientes para tu olla subconsciente o traduces revelaciones e ideas en productos o acciones finales, y otros momentos donde renuncias a ese control y te dejas llevar, permitiendo que tus veloces procesos subconscientes trabajen con el material acumulado, formando conexiones y combinaciones hasta que, bajo las circunstancias adecuadas (PITE/DITS), percibes conscientemente nuevas ideas y revelaciones.

Un ballet delicado, que puede derrumbarse cuando te falla el equilibrio.

"Demasiado de cualquier cosa no es bueno".

Efectivamente, demasiado control y gestión consciente interferirán con esos procesos de incubación subconscientes tan extremadamente importantes. Pero demasiado dejarte ir sin el trabajo previo esencial a nivel consciente no te llevará a ninguna parte, debido a la falta de materiales de construcción de calidad.

"¡Qué equilibrio tan delicado!".

Recuerda, si estás buscando soluciones realmente innovadoras y únicas, no tiene sentido saturar tu olla subconsciente con demasiados ingredientes relacionados con tu desafío, ello podría restringir o impedir la divergencia y los saludables movimientos combinatorios. Pero tampoco es posible combinar ingredientes de forma útil si hemos recogido una cantidad demasiado pequeña de ellos. Así que el buen innovador viene y va entre el PA y el PC a medida que el trabajo avanza.

"Es una especie de juego, ¿no?".

## Un juego de opuestos

Realmente es un juego de opuestos. Mantener el PA y el PC en equilibrio es clave para el éxito. Para que esto suceda, la comunicación entre los procesos conscientes y subconscientes debe ser fluida.

Los innovadores necesitan ser proactivos en algunas etapas y muy receptivos y calmados en otras. Listos para absorber la complejidad del mundo mientras mantienen la conciencia tan libre como sea posible del innecesario parloteo y ruido mental.

Deben interactuar activamente con el mundo para alimentar su siempre hambrienta olla subconsciente. Al mismo tiempo, deben saber cuándo parar, para evitar la sobresaturación.

"¿Y cuál es la mejor forma de realizar estos procesos, en solitario o con otros?".

## Contigo o sin ti

Buena pregunta. ¿Qué es mejor para ejercitar nuestros músculos creativos, el aislamiento o la interacción? ¿O ambas?

Es fácil encontrar ejemplos de creadores trabajando en solitario, profundamente inmersos en su trabajo.

Pero, de la misma manera que necesitamos tanto PA como PC durante los procesos de innovación, también necesitamos estos dos estilos de vida para prosperar.

Las diferentes etapas de la creatividad requieren más o menos énfasis en el PA o en el PC. Dependiendo de eso, el escenario ideal para cada etapa será diferente.

Por ejemplo, cuando incubamos una idea y necesitamos dejar que nuestro subconsciente la explore en un entorno tranquilo, estar solo es a menudo lo mejor. Interactuar con otra gente podría activar nuestro PA, el cual interfiere con la comunicación consciente-subconsciente y con nuestros procesos PC.

Sin embargo, cuando estás buscando ingredientes para tu desafío o implementando el producto o servicio después de encontrar tu idea clave, interactuar con otra gente es lo mejor para expandir tus perspectivas, recoger *feedback* y opiniones para una validación más rápida y acelerar el proceso de recoger información o implementar la solución.

En general, las etapas semilla, incubación e iluminación tienden más hacia el PC y favorecen más el aislamiento, mientras que las etapas de nutrición e implementación tienden más hacia el PA y se benefician más de la interacción y del trabajo en equipo.

"Este es un modelo realmente interesante, ¿podemos aplicarlo a otros campos?".

## Aprendizaje, en búsqueda de la claridad y la comprensión

El modelo que hemos aplicado a la innovación se puede aplicar a la mayoría de procesos de aprendizaje. El objetivo principal del aprendizaje profundo es alcanzar un nivel de comprensión y claridad que es similar a la iluminación que hemos descrito. Antes de alcanzar esa comprensión existen etapas semilla y de nutrición similares. Menos obvio, pero igual de importante, es la necesidad de un periodo de incubación después de la recogida de ingredientes y antes de alcanzar esa comprensión profunda. Las etapas de validación e implementación se pueden encontrar en la aplicación del material aprendido a diferentes proyectos o empresas.

"Fantástico, dame un ejemplo".

Piensa en el proceso de aprender a jugar al tenis.

"Quiero mejorar mi técnica".

Esa es tu semilla, la dirección para tu subconsciente.

Bien, entonces llenas tu olla subconsciente con información. Es decir, practicas el tenis y haces actividades relacionadas. Ves partidos, juegas con amigos, hablas con expertos y lees artículos.

"Entiendo, ¡estoy nutriendo esa semilla!".

Sí, y gradualmente toda esa información es incubada e interconectada en tu mente, hasta que una profunda comprensión, la iluminación, o una serie de muchas iluminaciones, suceden.

"Podría comenzar a sentir que mi técnica está mejorando, o quizás de repente un día algo parece encajar".

Sí, a veces esta comprensión iluminadora es un proceso gradual, pero también puede aparecer de repente. Podrías despertarte un día y notar que tu golpeo tiene ese algo extra que te parecía imposible alcanzar durante tanto tiempo. La integración de los ingredientes acumulados ha tenido lugar, produciendo un salto de comprensión.

"Nuevos patrones mentales, nueva y mejorada técnica".

Una vez que llegas ahí, necesitas validar, mantener y reafirmar ese aprendizaje con más práctica. Podrías también analizar en profundidad qué es lo que ha cambiado en la forma en que juegas y te mueves, para reforzar aún más tu comprensión y tus estrategias. Esto te ayudará a refinar y mantener estos nuevos patrones.

"Genial, y supongo que la actitud mental será también similar a otros procesos creativos…".

Sí, todos los puntos explicados en las secciones previas son relevantes. Hay que evitar juicios prematuros y mantener una actitud abierta a medida que combinamos nuestros ingredientes durante la práctica y el estudio, permitiendo a nuestros procesos de incubación, bajo nuestra supervisión, realizar su magia al integrar toda la información. Debemos mantener, durante ese proceso, una atención y conciencia amplios, sensibles a los múltiples saltos de comprensión que podemos entonces validar y reforzar a medida que seguimos iterando.

"Comienzo a sentir que estos procesos están sucediendo…".

## A todas horas

De hecho, estos procesos tienen lugar a todas horas. En cualquier momento en que buscamos algo en nuestras mentes. Cuando establecemos una dirección, conscientemente o no. Cuando recogemos información relacionada, pasada o presente. Cuando nos dejamos ir, incubando el material durante un milisegundo o un día, hasta que tomamos conciencia de una nueva conexión, una nueva idea, la cual expresamos y comunicamos entonces a través de varios canales, incluyendo el lenguaje.

"Entonces, podríamos decir que a todas horas tienen lugar en nosotros procesos de aprendizaje y que la creatividad y la innovación son formas de acelerar el aprendizaje o descubrimiento de algo nuevo, algo diferente a las soluciones típicas".

Podrías decir algo así.

"Maravilloso, ojalá pudiera acelerar lo más posible estos procesos".

## Lleva un tiempo

"¿Podemos acelerar los procesos de incubación pensando conscientemente en el desafío tan a menudo como sea posible?".

Pensar constantemente en nuestro objetivo puede interferir con el espacio que requerimos para capturar esas delicadas burbujas reveladoras, las cuales pueden llamar a las puertas de nuestra conciencia en cualquier momento.

"¿Cómo podemos, entonces, estimular el proceso de otras maneras?".

Explorar temas y experiencias relacionadas con la semilla mientras incubamos nuestros ingredientes puede ayudarnos a mantener nuestro proceso de incubación apuntando en la dirección adecuada.

Aun así, es un proceso que no necesita apresuramientos y que lleva tiempo. Sé amable, sé paciente. Y, sobre todo, diviértete.

# Finalmente

Para terminar este resumen, un recordatorio final. El elemento clave de un gran proceso creativo puede resumirse en la frase "Divergir antes de converger". Expandir antes de contraer. Ensanchar antes de centrarnos en aislar una sola posibilidad.

Lo que es aún más importante, sin embargo, es que diverjas de la forma adecuada. Para ello necesitas PITE/DITS: profundidad, ingredientes, tiempo y espacio.

- **Profundidad**
  Tienes que trabajar a la profundidad adecuada. Has de tomar el ascensor de profundidad al nivel de complejidad que sea similar al nivel de la solución que buscas. No es lo mismo decir que queremos encontrar una solución al cáncer que decir que queremos encontrar una solución a cómo interferir con el riego sanguíneo que alimenta a las células tumorales. En el primer caso, divergirás de forma más genérica y el tipo de soluciones que encontrarás serán, probablemente, también genéricas. En el segundo caso, la fase de recogida de ingredientes y los procesos de divergencia serán más detallados y profundos, y lo mismo sucederá con las soluciones e ideas que generarás.
  No existe una profundidad correcta o incorrecta. Tienes que decidir cuál debería ser tu profundidad en cada proceso. Trabajar a profundidades más altas podría ser lo correcto cuando quieres contemplar la totalidad del desafío desde la distancia. Descender más abajo puede ser lo mejor en otras ocasiones, cuando quieres profundizar en alguna parte específica del desafío.

- **Ingredientes**
  Necesitas recoger en tu olla subconsciente suficientes ingredientes de calidad a la profundidad adecuada. Esto significa que en el segundo ejemplo que acabo de describir (encontrar una solución a cómo interferir con el riego sanguíneo que alimenta a las células tumorales), recoger ingredientes que son demasiado genéricos probablemente no ayudará mucho. Los ingredientes que recojas deberían tener un

nivel de detalle y profundidad similar a la profundidad a la que has declarado tu desafío.

- **Tiempo**
  Necesitas dar a tu mente suficiente tiempo para que los ingredientes se combinen y mezclen. Esta es la etapa de incubación, cuya duración es muy variable. Lo que es importante es saber que algo de tiempo siempre se necesita para que la incubación tenga éxito. Asimismo, durante la incubación necesitas mantener tu desafío presente en el trasfondo de tu mente y barajar mentalmente de vez en cuando algunos de los ingredientes. En resumen, aunque esto difiere de persona a persona, a menudo ayuda el no desconectar completamente de tu desafío durante la incubación, manteniéndolo presente en tu mente de tanto en tanto.

- **Espacio**
  Necesitas tener suficiente espacio y sensibilidad en tu mente para percibir las revelaciones que pueden surgir. Solo entonces podrás capturar esas preciosas burbujas reveladoras que emergen desde tu subconsciente.

Ha llegado la hora de explorar las formas prácticas de ejercitar tus músculos creativos, para que con el tiempo puedas convertirte en un experto en generar ideas únicas e innovadoras a tus desafíos personales y profesionales.

## CAPÍTULO 6:
# Ejercitando tus músculos creativos

> *"La imaginación es el comienzo de la creación. Imaginas lo que deseas, quieres lo que imaginas y, finalmente, creas lo que quieres".*
>
> **– George Bernard Shaw.**

No corres una maratón sin antes entrenar tus músculos corporales y no te haces un experto en encontrar soluciones innovadoras a tus desafíos personales y profesionales sin ejercitar regularmente tus músculos creativos. Creamos rutinas de ejercicio diario para nuestros músculos corporales y rutinas de meditación para nuestra alma. ¿Y qué hay sobre esos otros músculos clave, nuestros músculos mentales?

Ejercitando tus músculos creativos serás más rápido y mejor en el proceso de divergir antes de converger, en llenar tu olla subconsciente con ingredientes ricos y diversos y en percibir conexiones interesantes entre ellos a pesar de lo diferentes que parezcan. Unos músculos creativos fuertes te conducirán más rápido hacia soluciones innovadoras para tus desafíos personales y profesionales.

"¡Qué ganas!".

En este capítulo te voy a mostrar diferentes formas de ejercitar tus músculos creativos. Divergirás de forma poderosa y generarás ingredientes de calidad para tus procesos creativos.

Estos ejercicios son parte de *Springkite*, el programa de entrenamiento creativo que diseñé hace años. *Springkite* es un programa multidisciplinar y multisensorial. Es también el nombre de mi taller de creatividad e innovación. *Springkite* une dos palabras inglesas, *Spring* y *Kite*, primavera y cometa, representando las perspectivas personales y profesionales.

Primavera se refiere al florecimiento personal que todos buscamos. Para florecer, necesitamos expresar todo nuestro potencial. Eso requiere un buen equilibrio entre nuestros procesos de pensamiento analítico y creativo. Por ello, necesitamos ejercitar intensamente nuestros músculos creativos para equilibrar nuestro típicamente dominador lado analítico.

Cometa se refiere a la expansión profesional que buscamos. Para expandirnos profesionalmente necesitamos encontrar soluciones innovadoras para superar a los competidores y lidiar con los complejos desafíos que encaramos. Innovar requiere músculos fuertes y en forma. Fortalecemos nuestros músculos creativos y reforzamos nuestro pensamiento creativo de una forma multidisciplinar, centrada en divergir fuertemente antes de converger a soluciones realmente únicas.

El objetivo es expandir tus horizontes creativos y promover el florecimiento de una nueva primavera en tu mente.

La primavera es un estado mental. Una mente creativa florece con nuevas ideas. Las cometas son universalmente apreciadas. Son espontáneas, libres, ligeras y expansivas. Ejercitar nuestros músculos PC requiere una actitud abierta. Da la bienvenida a lo inesperado, a la auténtica naturaleza y complejidad de la vida. Un auténtico innovador, como una cometa, está siempre buscando el próximo horizonte con un espíritu dinámico y libre.

## Cambiando las perspectivas

Los siguientes ejercicios enfatizan el PC porque queremos innovar y producir soluciones realmente únicas a nuestros desafíos.

Enfatizamos el procesamiento de la información en formas más divergentes frente a convergentes, espontáneas frente a predecibles.

## Un punto de partida

El primer paso es escoger el desafío para el que quieres encontrar una solución innovadora. Elegir tu desafío proporciona una dirección a tu olla subconsciente.

Ejercitar tu PC funciona de la mejor forma cuando se combina con una fuerte motivación personal, la motivación de resolver un desafío que realmente te importa.

"La motivación es un factor clave".

Puedes buscar un nuevo desafío o trabajar con uno que ya exista. Veamos algunos ejemplos de desafíos (son los mismos ejemplos del primer capítulo).

- En mi empresa trabajamos en una aplicación que anima a la gente a practicar deporte. Necesitamos ideas para que la aplicación sea útil, pero también entretenida.
- Nuestro departamento de recursos humanos tiene dificultades en identificar a los mejores candidatos para cargos clave de la empresa. ¿Cómo podemos mejorar el proceso de selección?
- Quiero promocionar un producto de limpieza usando narrativa, creando una historia original con el producto como base. Necesito ideas para esa historia.
- Mi compañero y yo estamos buscando ideas originales para actividades que podamos hacer juntos durante nuestras vacaciones o fines de semana.
- Nuestra empresa quiere organizar eventos de dinámica grupal que mejoren nuestro trabajo en equipo. Buscamos ideas para ello.
- Nuestra empresa investiga formas de interferir con el riego sanguíneo que alimenta a las células tumorales. Buscamos nuevas ideas creativas a partir de nuestro conocimiento actual.
- Quiero escribir un libro de ficción sobre un asalto a un banco. Me gustaría desarrollar la base de la historia.

- Somos una empresa especializada en organizar eventos para personas mayores. Buscamos ideas originales y creativas que sorprendan a nuestros clientes.

- Somos una empresa que diseña tecnología para ropa. Tenemos muchos competidores. Buscamos ideas originales para hacer que la ropa sea interactiva de forma útil.

- Estoy creando una canción para anunciar un producto. Necesito inspiración para escribir la letra de la canción.

- Estoy trabajando en el guion de un cortometraje que anunciará y dará visibilidad a nuestra empresa. Necesito generar la historia.

- Mi compañero y yo discutimos debido a nuestros diferentes puntos de vista sobre el orden y la limpieza. Buscamos formas únicas de organizarnos en torno a este desafío.

- Cualquier otro. No hay límites en cuanto al desafío con el que vas a trabajar. Todo es posible. Lo mejor es elegir desafíos que te importen, ya sea a nivel profesional o personal.

Atacaremos el desafío desde múltiples perspectivas y utilizando muchos lenguajes creativos, de lo verbal a lo visual y más allá.

**Acción:** Comienza a considerar cuál será tu desafío. Elige algo que te apasione. Puedes describir tu desafío de forma más o menos genérica o detallada. Revisaremos las consecuencias de cada estrategia más tarde.

## El cambio está a la vuelta de la esquina.

Tu desafío y tu dirección pueden mutar en cualquier momento. Date la oportunidad de encontrar lo que no estás buscando. Todo fluye constantemente, también nuestros deseos y metas. Sé flexible, sé como el agua. Sigue aquello que resuena con tu mente a medida que te ejercitas.

## ¡Está vivo!

Contempla tus desafíos como si fueran entidades vivas y dinámicas que están constantemente evolucionando. No resistas sus movimientos, ¡únete a ellos! Si el desafío quiere mutar, es por alguna razón.

## Un tortazo creativo

El proceso de recuperar el equilibrio mental se puede beneficiar de un empujón inicial, una bofetada metafórica intensiva. Este tortazo creativo trata de sorprender constantemente a tu mente para desactivar sus poderosos filtros analíticos. Se trata de desafiar tus patrones de pensamiento habituales y reconectar con todo tu potencial creativo. Por ello, estos ejercicios cubren un amplio rango de lenguajes creativos, usando la mayoría de tus sentidos.

"¡Una sacudida creativa total!".

## El comienzo de tu nueva vida

El objetivo de un buen profesor es traducir el conocimiento en una forma que resuene con el nivel de comprensión actual del estudiante. Un profesor facilita el aprendizaje, guía, proporciona atajos. Pero, al final, es el estudiante el que tiene que andar el camino y producir los resultados. Por eso, insistiremos en la aplicación regular de estos principios y ejercicios en tu vida diaria, más allá de la lectura de este libro.

## Flexiona los músculos para evitar lesiones de pensamiento repetitivo

Los ejercicios que proponemos promueven una mente equilibrada. Te ayudarán a flexionar tus músculos creativos y a evitar las lesiones de pensamiento repetitivo. Los patrones mentales repetitivos pueden dañar tu mente de la misma forma que los movimientos corporales repetitivos pueden hacer daño a tu cuerpo.

## La actitud correcta

No te conviertes en un gran innovador en dos días. Fortalecer tus músculos PC requiere paciencia y un estado mental tranquilo. Sin la actitud correcta, el PC será aplastado por los procesos del PA. Aquí aprenderás estrategias y técnicas que, usadas con regularidad, entrenarán los músculos de tu pensar de forma que eventualmente te convertirás en un gran innovador.

## Ampliando tu red de autopistas

Imagina una serie de ciudades esparcidas alrededor de un inmenso paisaje. Su grado de interconexión determinará cuánto progreso experimentarán. El comercio y la construcción de rutas de comunicación iniciaron el proceso de aceleración del progreso humano y eventualmente nos llevaron a la era de la globalización, en la que podemos acceder a los productos, el conocimiento, los servicios y la gente desde cualquier parte del mundo de forma rápida y fácil.

En una mente creativa, los hábitats informativos están interconectados e interrelacionados a muchos niveles diferentes. Esto acelera las asociaciones y alienta las reconfiguraciones dinámicas de la información.

Un gran ingeniero puede diseñar y construir una carretera entre dos ciudades cualquiera, incluso si es necesario excavar un túnel bajo una montaña o un océano. De la misma manera, nuestra mente debería ser capaz de conectar todo tipo de patrones de información sin importar lo poco relacionados que parezcan estar. Quieres ser capaz de construir autopistas mentales entre cualquier par de entidades informativas.

Construir una carretera implica el establecimiento de una infraestructura que pueda ser reutilizada para diferentes propósitos. Crear autopistas mentales y nuevas conexiones puede, de la misma manera, mejorar la eficiencia de nuestros procesos y estrategias mentales.

Las carreteras y autopistas necesitan un mantenimiento regular. Si no, su estructura comienza a degradarse. Los trabajadores necesitan reforzar el pavimento a menudo. Las autopistas mentales también necesitan ser reforzadas. Ejercitar tus músculos creativos nos lleva a ese objetivo.

La estabilidad y calidad de los materiales y la cantidad de conexiones en el sistema de autopistas son importantes. ¿Pero, para qué nos valen todas estas autopistas si no sabemos dónde están? Bienvenido al sistema de búsqueda y señalización de tu mente.

Las señales y signos son esenciales en las carreteras y también en tu mente. Es tan importante tener una gran red de conexiones como ser capaz de encontrar rápida y eficientemente la dirección que buscas a través de ellas. Ahí es donde una estrategia interdisciplinar de ejercicios es de enorme ayuda.

Al entrenar y construir tus autopistas mentales a través de múltiples sentidos y lenguajes creativos, estableces una variedad de señales que mejoran tu capacidad de encontrar las mejores y más rápidas rutas para llegar a tus diversos destinos mentales.

Estos lenguajes creativos mezclan el habla con lo visual, el gesto, el movimiento, la improvisación, la interpretación, la acústica, etc., para trabajar con la complejidad de la vida desde múltiples perspectivas.

Cada uno de ellos hace uso tanto de PA como de PC en diferentes proporciones. Piensa en estos lenguajes y canales como formas alternativas de manipular y comunicar información. En vez de expresar un concepto con una sola abstracción, una palabra, puedes expresar ese concepto usando líneas, sonidos, tu cuerpo y otras formas de expresión a diferentes niveles de abstracción.

En este capítulo vamos a trabajar con algunas de estas formas de expresión. Puedes añadir otros canales en cualquier momento, incorporando nuevas estrategias a partir de tu propia experiencia. Estas son tus armas, tus lenguajes creativos, diferentes formas de procesar y comunicar la información.

## Anotando y grabando tu memoria

El cerebro humano apenas puede retener unos pocos datos en su memoria a corto plazo. En unos segundos, mucha de esa valiosa información comienza a desvanecerse.

Tomar nota de cualquier ingrediente e idea interesante nos ayuda a preservarlos y puede estimular tu mente para que forme nuevas conexiones y asociaciones.

Establece esas señales, preserva tus valiosos ingredientes y ayuda a tu mente a que encuentre su camino alrededor de tu red de autopistas mental.

Presta atención tanto a tus revelaciones e ideas como a las de otras personas. Anota cualquier ingrediente interesante sin importar de dónde venga. ¡Continúa alimentando tu dragón subconsciente!

## Sé productivo

El talento importa, la productividad produce resultados. Los músculos PC se hacen más elásticos y flexibles cuanto más productivo eres, cuantas más asociaciones, conexiones y variedad generas en tu motor creativo.

## Los canales

Vamos a ejercitar nuestros músculos creativos a través de los siguientes canales:

**Semilla, visual, gesto, patrón, emoción, contexto y meditación.**

[Web] **torchprinciple.com/modules**

## Múltiples canales, perspectivas e inteligencias

Para comprender mejor la importancia de una estrategia multidimensional revisemos la teoría de las inteligencias múltiples. Esta teoría fue propuesta por Howard Gardner en 1983.[30] Es un modelo que estructura la inteligencia en diferentes modalidades específicas (principalmente sensoriales), en vez de verla dominada por una sola habilidad.

Hay una gran variedad de opiniones sobre este tema. Nuestros ejercicios no se basan en él, pero el punto en el que conectamos es en ver a nuestra mente y a nosotros como entidades multidisciplinares, poseedores de múltiples inteligencias y modos de pensar y de expresarnos, no solo de uno.

Las inteligencias múltiples de Gardner incluyen: lingüístico-verbal, musical, lógico-matemática, espacial, corporal-cinestésica, intrapersonal e interpersonal.

La inteligencia naturalista y la existencial fueron añadidas en los últimos años al modelo.[31]

El hecho de que nuestros módulos se superpongan de varias maneras con las inteligencias de Gardner enfatiza la estrategia compartida de aproximarnos a nuestro pensar desde múltiples ángulos, canales y perspectivas.

## Equilibrando los pilares

En estos ejercicios buscamos un equilibrio entre el PA y el PC. Los ejercicios mezclan estas dos estrategias en diferentes proporciones.

## Semilla, Visual, Gesto, Patrón, Emoción, Contexto y Meditación

Generaremos una semilla, la visualizaremos, la expresaremos de muchas formas, navegaremos su complejidad, la mezclaremos con la emoción, el gesto y el sonido, expandiremos su contexto, la combinaremos con otras semillas e iteraremos este proceso múltiples veces.

"No estoy seguro de tener las habilidades para hacer eso".

Sí las tienes. ¿Puedes escribir tu propia firma? ¿Cantas a veces en la ducha? ¿Has inventado alguna vez una palabra? ¿Hecho algún gesto inesperado? ¿Contemplado un hermoso paisaje con la mente en blanco? ¿Fingido, actuado o interpretado de cualquier manera? ¿Te has sentido emocional mientras interactuabas con otros? La mayoría de la gente ha hecho una o más veces estás cosas. Tienes las habilidades que necesitas.

"¿Algún atajo?".

La productividad y la pasión son suficiente atajo. Prepárate, ¡se aproxima el inicio!

## Operación "Libera tu Mente"

Generar soluciones innovadoras a nuestros desafíos y ejercitar nuestros músculos creativos requiere un acceso fluido a una rica y diversa olla subconsciente.

Usemos la narrativa para visualizar más profundamente cuál será nuestra estrategia para llegar ahí.

Imagina que tu potencial creativo ha sido rodeado y escondido por el poder de nuestros dominantes procesos de pensamiento analítico (PA) y por nuestras fuerzas lógicas (FL). El PA ha construido una fortaleza rodeada de altas murallas, filtros defensivos poblados por símbolos abstractos y hábitos profundamente arraigados. Detrás de esas murallas se encuentra la preciosa olla subconsciente. Esta olla es capaz de producir geniales ideas que pueden transfor-

mar de forma increíble nuestra vida personal y profesional. Está llena de un amplio rango de ingredientes generados por nuestras experiencias y está lista para ser enriquecida aún más por nuestros procesos de nutrición.
[Web] **torchprinciple.com/mission**

El PA no tiene como objetivo el limitar o esconder nuestro tesoro creativo. Solo intenta hacer nuestra vida "más fácil", filtrando y clasificando toda la información que llega a la fortaleza, ayudándonos a tomar decisiones convencionales de forma rápida, haciendo la vida eficiente y organizada. Por desgracia, esto esconde y limita el acceso a nuestra olla subconsciente, restringiendo en gran manera nuestro potencial para producir ideas innovadoras, así como nuestro acceso a los detallados tesoros en bruto que contiene.

Los cuarteles generales del FL-PA en la factoría consciente producen constantemente respuestas e interpretaciones pre-empaquetadas desde tu base de datos de conocimientos pasados.

"¿Qué podemos hacer entonces para recuperar el acceso completo a nuestra increíble olla subconsciente?".

Nuestra intención es asaltar la fortaleza del PA y encontrar/atravesar los puntos débiles en estos filtros/murallas para poder comunicarnos fluidamente con el tesoro creativo que se encuentra al otro lado. Podremos entonces enriquecer la olla subconsciente con ingredientes relevantes, divergiendo tanto como sea posible al inicio, antes de converger a soluciones únicas.

Crearemos canales fluidos de comunicación hacia y desde la olla para así estar preparados para capturar las revelaciones e ideas que pueden surgir de ella.

Como en cualquier campaña de asalto, el factor sorpresa es clave. Necesitamos coger desprevenidos a los filtros y procesos lógicos, sorprendiendo a nuestra mente de forma inesperada.

- **Asalto masivo**
  Tenemos más posibilidades de tener éxito si atacamos desde múltiples posiciones y usando múltiples armas.
  "Muchos canales y lenguajes creativos".
  Trabajar en paralelo con múltiples lenguajes creativos puede generar una beneficiosa polinización cruzada. Esta productiva estrategia nos ayudará a identificar las mejores rutas con las que llegar al tesoro creativo, las que mejor resuenen con nosotros.
  Para sorprender a los defensores de la fortaleza, expresaremos este desafío de muchas formas, usando diferentes niveles de abstracción y desde varias perspectivas. Esto profundizará también nuestra comprensión del desafío, generando ideas que nos pueden llevar más rápido al otro lado de las murallas.

- **La importancia de la variedad**
  Exploraremos en profundidad el terreno que rodea el desafío y toda la información que podamos recoger, comenzando tan lejos como podamos de nuestra posición inicial.
  "Divergir antes de converger".
  Nuestros músculos PC necesitan ser expuestos a una variedad de contextos y entornos para mantenerse frescos y listos para la acción. Pueden entonces reunir la suficiente fuerza y coraje para mantenerse alejados de los hábitos típicos, saltando a lo desconocido que nos espera detrás de las murallas.

- **Evita las trampas y los surcos profundos**
  En ausencia del PC, las fuerzas del PA crean trincheras rápidamente y nuestras fuerzas podrían atascarse en cualquiera de ellas, sin ser capaces de saltar las murallas.
  Los factores sorpresa y divergencia serán esenciales para evitar caer en cualquier hábito o patrón mental previo. Las fuerzas creativas deben divergir fuertemente al inicio y seguir moviéndose y avanzando pase lo que pase.

- **Evitar el cierre prematuro**
  Los símbolos y las etiquetas son fácilmente identificados y manipulados por las fuerzas lógicas de la mente. Los usaremos con precaución.

- **Haz amistad con tu compañero**
  No pretendemos derrotar a las fuerzas del PA. Realizan muchas tareas esenciales para nosotros. Intentaremos buscar formas de rodearlas, permitiéndolas realizar su trabajo natural mientras nosotros encontramos y aseguramos buenas rutas de acceso a los profundos tesoros subconscientes escondidos debajo de la fortaleza de nuestras mentes.

- **Sé productivo y realista durante el asedio**
  Para tener las mejores posibilidades de producir soluciones innovadoras y encontrar grandes tesoros creativos incubaremos muchas opciones, sabiendo que algunas serán muy pobres, muchas tendrán una calidad media y solamente unas pocas tendrán el potencial de ser realmente útiles. Esto es típico en cualquier proceso creativo. Trabajaremos duro, porque la innovación es también un 1% de inspiración y un 99% de transpiración.

- **Persevera**
  Nuestros intentos iniciales podrían estar aún demasiado conectados con patrones y hábitos mentales antiguos. Pronto serán identificados y reconocidos por nuestras fuerzas PA. Para evitar el cierre prematuro, diverge antes de converger. Persevera hasta que comiences a encontrar nuevas rutas alejadas de los caminos habituales, rutas que escapen la aguda vigilancia del ejército lógico.

- **Documéntalo**
  El cerebro humano retiene de 5 a 10 datos simultáneamente. Anotaremos nuestras revelaciones e ideas de múltiples formas. También anotaremos las de nuestros compañeros soldados de la vida.

- **Envía mensajes de calidad al subconsciente**
  Envía múltiples mensajeros con ricos y variados mensajes e ingredientes a la olla subconsciente escondida en las profundidades debajo de la fortaleza. Envíalos a través de diferentes rutas para incrementar las posibilidades de que algunos de ellos tengan éxito.
  Entrega ingredientes de calidad que recojas lejos y cerca de donde te encuentres. Da un buen empujón a la olla subconsciente.

- **La sorpresa es la estrategia número uno en todo momento**
  Insistimos de nuevo, por su importancia. El PA ama la certidumbre, la seguridad y lo predecible. Para evitar nuestros filtros conscientes y los controles del PA, para ganar un acceso más fácil a la habitación del gran tesoro, haz lo inesperado al inicio del proceso, sorpréndete a ti mismo. Cuanto más inesperadas y no conectadas sean tus estrategias y los movimientos de tus fuerzas al inicio, mejor.
  "¡Diverge antes de converger!".

- **Obtén *feedback* y opiniones**
  Tu perspectiva no es suficiente. Obtén *feedback* sobre tus estrategias e ideas de una variedad de fuentes, incluyendo a gente que no esté relacionada de ninguna manera con tu desafío.

- **Fuego sobre fuego**
  Al PA le encanta generar hábitos y depender de ellos. ¿Por qué no hacer entonces un hábito del ser inesperado, un hábito del buscar lo que es fresco y diferente?
  Cuanto más ejercitas tus músculos PC, más conviertes en hábito el proceso de hacer conexiones entre ingredientes aparentemente no relacionados. Estás mejorando el equilibrio con las fuerzas PA de tu mente usando sus mismas estrategias, creando un nuevo hábito, uno saludable.

- **Ignora a los clones**
  Clones de tus fuerzas PA intentarán desalentarte durante la operación. Debemos ignorarlos. Es natural que otra gente, otras mentes con fuertes ejércitos PA, censuren nuestros intentos de encontrar nuevas rutas. Debemos esperar tales reacciones, que confirman que estamos en el camino correcto. Mantén cerca a tus consejeros, ¡ignora a los censores!

- **Piensa fuera del agua (si eres un pez)**
  Si eres un pez, una amenazante sombra podría ser una nube o un ser humano que está a punto de atraparte. Piensa más allá de tus límites habituales. Fuera del agua si eres un pez, fuera del cielo si eres una nube, fuera del contexto presente, seas lo que seas.

- **Divide el desafío en partes más pequeñas**
  Facilita la gestión de la operación trabajando con tareas más pequeñas. Subdivide tu desafío. Aborda cada parte con una variedad de lenguajes creativos y más tarde únelo todo.

- **Aumenta tu resistencia y capacidad de adaptación**
  Desafiar a tus hábitos mentales puede producir inmensas recompensas, pero no es tarea fácil. Cultiva la capacidad de adaptación, de tolerar las frustraciones y dificultades que inevitablemente aparecen en cualquier proceso complicado. No retires a tus fuerzas prematuramente. ¡Persevera!

- **Familiarízate con el terreno**
  El teatro de operaciones es formidablemente complejo. Entre uno y dos kilos de tejido suave y arrugado conteniendo 100 billones de neuronas. Familiarízate con tu órgano más importante. Revisa el capítulo de "La mente eléctrica" si es necesario.

## Las herramientas

En los ejercicios usaremos una variedad de herramientas, la más importante de ellas es el cerebro en sí mismo.

En 2011 produje y dirigí un cortometraje llamado "El peso de la luz". La película es una metáfora visual en la que nuestra mente representa el transformador de energía más poderoso al que podemos acceder. Este transformador es capaz de transformar energías positivas y negativas en infinitas formas. Puedes ver la película gratuitamente aquí:
[Web] **torchprinciple.com/lightmovie**

Tu mente es la mejor herramienta que tienes. Es capaz, por naturaleza, de conectar, interpretar y encontrar patrones en casi cualquier cosa que le des. Piensa en cualquier otra herramienta como un complemento a la principal y más formidable que llevas sobre tus hombros. ¡Tu mejor herramienta es gratuita!

## Equilibrio entre las herramientas

Vamos a hacer uso de un amplio rango de herramientas que van desde las más tradicionales, como el lápiz y el papel, a únicas aplicaciones para móvil y web que creé específicamente para mis talleres creativos y para este libro. No tienes que usar necesariamente las herramientas que describiré. Siempre sugeriré alternativas. Puedes alcanzar los mismos resultados con cualquiera de las opciones posibles. Por supuesto, recomendaré el uso de herramientas SK (*Springkite*) ya que han sido construidas especialmente para realizar estos ejercicios de la mejor manera. Pero llegarás a los mismos resultados usando otras posibilidades alternativas.

**Instrucciones de uso para todas las herramientas:**
**[Web] torchprinciple.com/guides**

Las herramientas incluyen:

- **SK-General (Gratis)**
  Aplicación web que te permite generar ingredientes de ideación con palabras, haikus e idiomas (Contiene *SK-Words*, *SK-Haiku* y *SK-Language*).
  **[Web] torchprinciple.com/skgeneral**

- **SK-Sound (Gratis)**
  Herramienta de *soundstorming* que estimula tus músculos creativos acústicamente.
  **[Web] torchprinciple.com/soundstorm**

- **SK-Light (Gratis)**
  Herramienta de *lightstorming* similar a la anterior pero usando patrones visuales.
  **[Web] torchprinciple.com/lightstorm**

- **SK-Engine (Premium)**
  Módulo de ideación dentro de la plataforma *Posterini*. Proporciona un potente interfaz para la ideación, combinando cientos de miles de estímulos verbales junto a elementos visuales y gráficos.
  [Web] **torchprinciple.com/skengine**

  Comprando este libro recibes acceso gratuito durante un tiempo limitado a la herramienta *SK-Engine*. Para recibir tu acceso temporal gratuito envía una copia de la factura por la compra del libro a **ideami@ideami.com**.

- **DCollab (Gratis)**
  Herramienta de dibujo colaborativo.
  [Web] **torchprinciple.com/dcollab**

- **Texture Drawing (Gratis)**
  Herramienta de dibujo de texturas anónimas.
  [Web] **torchprinciple.com/texturedrawing**

- **Soundmaps y música (Gratis)**
  Soundmaps y música para alguno de los ejercicios de este capítulo.
  [Web] **torchprinciple.com/soundmaps**
  [Web] **torchprinciple.com/music**

## Requerimientos

Estos ejercicios tienen requerimientos muy básicos:

- Un teléfono móvil para usar como cámara y para acceder a algunas aplicaciones web.
- Un portátil o una tableta para acceder a algunas aplicaciones web.
- Papel y lápices.

## La tecnología, una útil herramienta.

Muchos de los ejercicios de este libro utilizan herramientas tecnológicas. También pueden realizarse sin ellas. Creo que la forma más natural de ejercitar nuestros músculos creativos es a través del uso de nuestras mentes, cuerpos y sentidos sin que necesariamente tengamos que incorporar tecnología extra a ese proceso. Sin embargo, la tecnología es una magnífica herramienta que puede acelerar enormemente el proceso de fortalecer nuestros músculos creativos. También puede ayudarnos a generar el saludable hábito de divergir creativamente de formas múltiples.

Podemos ejercitar un músculo por nuestra cuenta o usar una máquina en el gimnasio para acelerar el entrenamiento. Lo mismo sucede con la tecnología. Una vez que domines la divergencia creativa te animo a que trasciendas la tecnología y apliques estos principios y ejercicios en tu vida diaria sin depender demasiado de las herramientas tecnológicas. La mayoría de las personas no desean pasar todo el día en el gimnasio. De la misma manera, tampoco deberíamos depender demasiado de aplicaciones y herramientas extras.

## Tomando notas

Puedes tomar notas en tu teléfono/tableta o con lápiz y papel. Puedes usar tableros borrables o software de mapas mentales (*mind mapping*). El parámetro clave deseado es la consistencia y la durabilidad. La información debería grabarse de forma que esté garantizado su fácil acceso en el futuro.

## Asaltando tu mente

Prepárate para penetrar en los salones más profundos de tu mente llevando el *brainstorming* y la ideación a un nuevo nivel.

Los siguientes siete módulos (**Semilla, Visual, Gesto, Patrón, Emoción, Contexto y Meditación**) te conectan con una variedad de habilidades creativas, incluyendo la improvisación y la interpretación, el discurso público, el reconocimiento de patrones, la narrativa y la expresión visual. En este proceso reforzaremos también habilidades universales clave como la observación, la comunicación, el pensamiento lateral, la improvisación, el trabajo en equipo y la espontaneidad.

"¡Estoy lista!".

Antes de comenzar, ten estos puntos en mente:

- Todos los ejercicios de este capítulo tienen 2 objetivos: primero, flexionar, entrenar y fortalecer tus músculos creativos, y, segundo, generar a través de los ejercicios nuevas revelaciones/ideas/soluciones relacionadas con el desafío personal/profesional en el que estés trabajando.

- Si tu desafío está relacionado con el mundo de los negocios, podrías querer trabajar con un gráfico BMC a medida que haces los diferentes módulos. El BMC (*Business Model Canvas*), creado por Alexander Osterwalder, nos permite explicar y presentar un modelo de negocio a través de un gráfico que se compone de 9 bloques, los cuales representan las áreas clave de una empresa.[32]
  [Web] **torchprinciple.com/bmc**
  [Web] **torchprinciple.com/businessmodelcanvas**

  A medida que generas revelaciones/ideas, puedes ir rellenando las diferentes partes de tu BMC.

- Realiza estos ejercicios en una variedad de contextos y lugares. Puedes usar música u otros estímulos para acompañar el proceso.

- Evita el comunicar con otros en los ejercicios que están más centrados en el PC. El uso del lenguaje activa los procesos PA, los cuales interfieren con tu PC.

- Cuando te pedimos que mantengas el desafío en el trasfondo de tu mente, nos referimos principalmente a que visualices el desafío y/o alguna de sus partes, en vez de que pienses en ello con palabras.

- Para alcanzar la máxima divergencia, haz uso de la aleatoriedad guiada. Explicaremos esto en detalle más tarde en este capítulo.

"¡Allá vamos!".

## Semilla

Herramientas: *SK-Engine*, papel, lápices, otros métodos de anotación.

Ejemplos en vídeo de algunos de los ejercicios:
[Web] **torchprinciple.com/seed**

Este módulo, basado en estímulos verbales, ejercita tus músculos creativos divergiendo fuertemente a través de la aleatoriedad guiada. Procesos PA son entonces usados para converger a ideas útiles.

### Ventanas al subconsciente

La forma más fácil de comenzar a flexionar nuestros músculos creativos es empezando con el lenguaje. En este módulo, el proceso comienza con la recogida de palabras y frases que se convierten en ingredientes para nuestra olla subconsciente.

"Toda palabra es un universo".

De simples palabras han nacido productos. Una simple palabra puede desencadenar la toma de decisiones cruciales. Estos ingredientes verbales se combinan en tu subconsciente. Nuevas revelaciones pueden surgir en cualquier momento y transformarse en soluciones expresadas verbalmente después de ser evaluadas por nuestros procesos PA.

Puedes combinar tus ingredientes verbales con dibujos y otras formas de expresión, pero el énfasis en este primer módulo se encuentra en el lado verbal.

Nuestro énfasis, como siempre, reside en generar soluciones realmente únicas, diferentes e innovadoras. Por ello, necesitamos evitar los controles del PA para evitar caer en patrones preexistentes y en típicas soluciones. La aleatoriedad guiada es un gran aliado en esta misión.

Muchas de las increíbles hazañas de la evolución son producidas por interacciones aleatorias, las cuales generan nuevas capacidades y características que mejoran las posibilidades de que el ser sobreviva y se reproduzca. Esas características se extienden con el tiempo a las siguientes generaciones, continuando el proceso.

La aleatoriedad nos ayuda a divergir de forma radical antes de que converjamos más tarde a soluciones útiles. Como repetiremos a menudo y explicaremos más tarde, estamos hablando de una aleatoriedad inteligente: aleatoriedad aplicada a la profundidad adecuada y de la manera adecuada. (Incluyendo el proceso PITE/DITS).

## La importancia de la aleatoriedad

Imagina que deseas escribir una historia con temas similares a los libros de Harry Potter.[33]

"Me aseguraré de que primero comprendo en profundidad los libros de Harry Potter".

Y entonces, una vez que comienza el proceso de ideación, ¿qué sucede? Pensamientos relacionados con Harry Potter invaden constantemente tu mente, impidiéndote encontrar otros ingredientes y semillas relevantes y frescos pero no relacionados.

Pensar sobre algo refuerza ese patrón mental en tu cerebro, lo hace más profundo y más fácil de reactivar, bloqueando potencialmente otras rutas.

"Luego, primeramente necesitamos alejarnos de lo habitual. ¿Cuál es la formas más rápida de hacer eso?".

## Un asalto total

Las interpretaciones típicas se activan en nuestra mente más rápidamente que las menos típicas. Necesitamos un asalto total, y ese tipo de energía y potencia la podemos conseguir a través del poderoso caballo aleatorio.

## Cabalgando en los hombros de la aleatoriedad

La aleatoriedad es el caballo que nos llevará lejos rápidamente. Al principio del proceso buscamos la máxima divergencia, así que nos centraremos intensamente en ella.

Al trabajar con la aleatoriedad, sería tentador elegir categorías y estrechar nuestra búsqueda por adelantado, pero eso nos empujaría hacia direcciones específicas desde el inicio. Queremos estar realmente abiertos a todas las posibilidades al inicio del proceso. Queremos divergir tanto como sea posible.

"La vida diaria se transforma en un gigantesco lienzo aleatorio. Puedo tomar ingredientes aleatorios de revistas o películas".

Preguntar palabras a un amigo, o tomarlas de una revista o de una serie de televisión podría parecer algo aleatorio, pero no es lo suficientemente aleatorio. Existe ya un condicionamiento y un contexto asociado con esas fuentes. Mientras ves una película o una revista, estás ya introduciendo una parcialidad, una tendencia que empuja a tu olla subconsciente hacia ciertas rutas.

"¿Y si le pido a un amigo que me diga palabras aleatorias?".

Es de esperar que tu amigo tienda a elegir palabras que se encuentran en conversaciones normales o que están relacionadas con sus actividades o con las tuyas. Será difícil para esa persona el darte conceptos verdaderamente no relacionados. Además, la presión de tener que decirte palabras interesantes normalmente restringe y estrecha nuestro enfoque.

"¿Pero no existe una parcialidad y tendencia en todo?".

Podemos pensar que todo introduce una tendencia, que nosotros mismos lo hacemos. Pero si podemos evitar influencias externas añadidas, deberíamos hacerlo.

Necesitamos un auténtico sistema aleatorio y eso es lo que puedes conseguir con la herramienta *SK-Engine* o eligiendo palabras aleatorias en un diccionario.

La herramienta *SK-Engine* te permite también elegir categorías específicas para estrechar las posibilidades, si así lo deseas. Te recuerdo que no tienes que usar el *SK-Engine*. Como alternativa puedes utilizar cualquier tipo de diccionario. Sin embargo, el *SK-Engine* está especialmente diseñado para ayudarte a divergir rápida y cómodamente.

Una nota importante: por el momento el *SK-Engine* solo está disponible en inglés. Si tu nivel de inglés no es el suficiente puedes usar un diccionario en español. Pero te animamos a que pruebes primero el *SK-Engine*, ya que tu nivel de inglés podría ser suficientemente bueno para usarlo.

"Volvamos a Harry Potter. Temas relacionados con él podrían bloquear nuestro proceso. ¿Cómo procedemos?".

Para encontrar ideas realmente frescas, necesitas creer y confiar en que, potencialmente, todo se puede conectar. Necesitas abrazar la incertidumbre y el poder natural de tu cerebro.

"Pon un ejemplo".

Allá vamos: toma cualquier herramienta que te proporcione palabras y/o frases aleatorias. Voy a describir el proceso usando el *SK-Engine*, pero puedes usar cualquier otra herramienta que te permita alcanzar resultados similares.

Encontrarás las instrucciones para usar el *SK-Engine* en esta página:
[Web] <u>torchprinciple.com/skengine</u>

- Arranca el *SK-Engine*.

- La herramienta te muestra palabras/frases aleatorias que aparecen en la pantalla. Si simplemente las contemplas y no las tocas, las palabras/frases se desvanecen rápidamente. Si las tocas, se quedan fijas y permanentes.

- Puedes ir y venir entre el modo palabra y frase individual o colectivamente.

- Cuando seleccionas una palabra/frase, puedes leer su definición abajo, en la barra de estado del interfaz.

- Contempla las palabras/frases a medida que aparecen. ¿Cómo te sientes al verlas? Cualquiera de estos elementos aleatorios podría sugerir rápidamente una conexión con el tema de tu desafío. Una conexión que más tarde podría generar interesantes ideas o revelaciones. Captura no solo esos ingredientes que sugieran una conexión inmediata, sino también aquellos que exciten tu curiosidad y parezcan pedirte que los preserves y guardes aunque en principio no sientas conexiones entre ellos y tu desafío.

- Puedes editar cualquiera de estos elementos haciendo doble *click* sobre ellos. Un ingrediente aleatorio podría sugerirte una palabra o frase diferente y podrías querer editar inmediatamente el elemento para cambiar su texto.

- Puedes crear también elementos verbales totalmente nuevos, tus propias palabras y frases usando el menú de la izquierda.

- Si estás usando un diccionario o cualquier otra herramienta en vez del *SK-Engine*, puedes hacer lo mismo. Edita, borra y añade ingredientes en cualquier momento. No te limites solo a los aleatorios que te proporciona tu herramienta.

- Si estás usando el *SK-Engine* también puedes usar el menú *Add*, localizado en la parte superior del interfaz, para recibir un elemento aleatorio que pertenezca a una categoría específica.

Recuerda el principio de la antorcha. El gran valor de plantar estas antorchas aleatorias es que te permiten dar saltos en vez de pequeños pasos. Cuando una combinación de estas nuevas antorchas, en combinación con un proceso PITE/DITS, ilumina una nueva idea, tienes que recordar que hubiera sido casi imposible llegar a tal improbable combinación de ingredientes en un plazo corto de tiempo usando las estrategias tradicionales del PA. Tu cerebro tiende a pensar a través de rutas ya exploradas. Los saltos creativos requieren tomar el riesgo de saltar a lo desconocido.

Recuerda preservar no solo aquellas palabras/frases que inmediatamente sugieren algo, sino también aquellas que podrían no sugerir nada al principio, pero que resuenan contigo, excitan tu curiosidad y parecen pedirte que las acojas en tu olla subconsciente para enriquecer tu proceso creativo en direcciones que más tarde podrían ser muy beneficiosas.

Confía en tu cerebro. Es capaz de crear conexiones entre todo aquello que le des. Por supuesto, cuanto más te ejercites, más fácil te será conectar estímulos aparentemente no relacionados.

"No será fácil al inicio, pero se vuelve más fácil cuanto más lo haces. No corres un maratón tras dos días de entrenamiento".

Tus palabras/frases elegidas en combinación con tu conocimiento existente tienen el potencial de generar asociaciones realmente nuevas y diferentes.

"En cierto sentido todo está conectado".

Sí, sean cuales sean los elementos que hayas elegido, pueden eventualmente conectarse entre sí y con tu desafío. Pueden convertirse en la semilla creativa y en la base para cualquier meta que tengas: una historia, la solución a un desafío personal, una pintura o una estrategia para un negocio.

## Nuestra ventaja

La efectividad de este ejercicio no depende solo de los ingredientes aleatorios. Nuestro cerebro adulto posee una fabulosa red de asociaciones y conexiones ya existentes. Todo lo que necesitamos es generar la chispa inicial y luego hacer uso de esa red. El objetivo es combinar la frescura del niño con la experiencia del adulto. La magia reside en la combinación entre los ingredientes aleatorios y esa red de asociaciones y patrones de información.

## Centrados en el PC

Podrías preguntarte cuánta nutrición daremos a nuestro desafío en este ejercicio.

El propósito del ejercicio es entrenar en rápidos ciclos las etapas que ponen más énfasis en el PC. Por lo tanto, la etapa de nutrición estará principalmente limitada a la generación de ingredientes aleatorios y llenaremos los huecos a través de nuestras experiencias previas.

"Por lo tanto, dependeremos sobre todo de nuestro conocimiento existente en vez de recoger datos relacionados activamente".

Puedes fortalecer este ejercicio aún más si antes de comenzar haces algo de investigación y te pones al día sobre las últimas tendencias sociales, tecnológicas, económicas, etc. Son parte de la base y el contexto de tu desafío. También puedes invertir tiempo en recoger datos conectados con el desafío. Es especialmente importante la recogida de datos relacionados con la comunidad de personas asociada al desafío.

Aun así, lo que realmente queremos practicar con este ejercicio es la habilidad de divergir antes de converger y el hacerlo múltiples veces y en ciclos rápidos. Por lo tanto, siéntete libre de limitar tus etapas de nutrición a la combinación de los ingredientes aleatorios y tu conocimiento previo existente si no tienes tiempo de recoger más datos.

"¿Y si me parece que nada me encaja?".

## Salta el bloqueo

Si nada interesante sucede, tus músculos creativos podrían ser aún demasiado débiles y tus procesos PA demasiado fuertes. Persevera. Lleva tiempo fortalecer estos músculos. Es normal que durante los ejercicios a veces te sientas bloqueado. No te obsesiones buscando y buscando intensamente en la misma dirección. Ello estrechará tu enfoque y te empujará hacia un cierre prematuro. Salta inmediatamente hacia algo diferente. Cambia tu dirección y/o tus ingredientes.

"Entonces, comenzar de nuevo es siempre una opción".

Si encontrar conexiones útiles te está llevando demasiado tiempo, puedes cambiar y elegir diferentes ingredientes/estímulos en cualquier momento. O puedes incluso modificar tu dirección, si lo deseas. No te obsesiones sobre ningún bloqueo, pues ello solo servirá para estrechar aún más tu atención y enfoque. Quieres sentirte amplio y relajado en todo momento. Si las cosas se complican, pasa página y vuelve a nadar en el amplio océano de direcciones y/o ingredientes, a ver qué encuentras.

Cuanto más hagas este ejercicio, más fácil y natural te resultará. Cuando estés listo, extiéndelo a tu vida diaria. Estarás creando el hábito de conectar eventos, conceptos y situaciones aparentemente aleatorios. Un hábito de ser creativo y ejercitar tus músculos PC.

"¿Podemos hacer este ejercicio sin dar una dirección a nuestro subconsciente?".

Sí. En cierto sentido, nuestro subconsciente ya está lleno de infinitas direcciones y desafíos, y cualquiera de ellos podría resonar con los ingredientes con los que estamos jugando. Supongamos que arrancamos el *SK-Engine* sin ningún desafío específico en nuestras mentes. Elegimos las siguientes palabras, las cuales de alguna manera excitan nuestra curiosidad o parecen interesantes.

## Réplica, salón, óptica, empleado, atado

Evita cualquier sensación de urgencia por encontrar una idea a partir de esos estímulos. Tómatelo con calma para evitar que tus procesos PA tomen el mando. El objetivo es flexionar nuestros músculos creativos para divergir, agitando nuestra olla subconsciente para que con el tiempo (segundos, minutos, horas o días) revelaciones o ideas interesantes puedan emerger a la superficie de nuestra mente consciente.

Cuanto más hagamos esto, más haremos un hábito del conectar no solo palabras aleatorias, sino también experiencias aleatorias, eventos, cosas que escuchamos a nuestro alrededor y otra información que llega a nuestros sentidos.

"Interesante, dame algunos ejemplos de posibles ideas generadas a partir de esos ingredientes en combinación con el conocimiento existente".

Ideas interesantes podrían emerger en conexión con solamente 1 o 2 de los ingredientes, o con una combinación de ellos. No sientas la necesidad de tener que conectar una nueva idea con todos ellos.

## Réplica, salón, óptica, empleado, atado

- **Un nuevo producto relacionado con un negocio**
  Un asalto a un banco. Los empleados han sido atados por los ladrones. Sensores ópticos especiales existen en los salones del banco. Estos sensores permiten a los empleados activar alarmas al realizar ciertos gestos en la dirección de los sensores. Los gestos activan la reacción inmediata de los equipos remotos de seguridad.

- **El comienzo de una historia**
  Un veterano director de una empresa de seguros ha permanecido atado a su mesa y ordenador durante tanto tiempo que su vista se ha deteriorado a lo largo de los años. Apenas puede ver. Como todos los días en las dos últimas décadas, grita a través de la sala pidiendo los últimos informes. Pero

hoy nadie le contesta. Camina intranquilo preguntándose qué sucede. El edificio entero está aparentemente vacío.

- **El esqueleto de un poema**
 Atado por las palabras e informes de otra noche infinita...
 Sin respuesta en los salones...
 Solo recibo los reflejos del silencio...
 Yo, el solitario empleado despierto bajo las sombras de la luna.

Podríamos continuar usando más canales para expresar las ideas generadas por estos ingredientes.

"¡Puedo ver el potencial!".

Confiando en la habilidad de nuestro cerebro para conectar cualquier cosa, podemos proceder con otros estímulos y continuar recogiendo ideas útiles. Veamos más ejemplos:

## Encontrando, rápido, despedida, observaciones

Una aplicación tecnológica que te permite encontrar saludos, observaciones y citas originales e inusuales.

## Permiso, vida, fiesta

En un mundo futurista controlado por un solo partido político, la gente necesita permiso para salir de sus casas. Un movimiento clandestino trabaja en la sombra para devolver a la gente la vida que solían tener.

Como puedes ver, los estímulos aleatorios nos ayudan a divergir rápidamente. Pueden convertirse en la base de ideas innovadoras relacionadas con nuevos negocios, productos industriales, guiones, poemas, nuevas actividades o cualquier otra cosa.

Durante este ejercicio, sé consciente de cómo te sientes. Cuando observes una combinación excitante de estímulos sentirás algo especial. Algunas combinaciones te pedirán ser descartadas, otras te rogarán que continúes trabajando con ellas. Sé sensible. Escucha con cuidado y atención y algunos de estos ingredientes crecerán en importancia y comenzarán a extender sus raíces, cobrando vida y mostrándote nuevos caminos y rutas.

A medida que recoges ingredientes e ideas interesantes, asegúrate de anotarlas de inmediato. Evita los juicios. No evalúes las cosas demasiado pronto. Deja que evolucionen por sí mismas. Alienta las combinaciones y recombinaciones. Elige de forma flexible, registrando aquellos ingredientes, ideas o combinaciones que excitan tu curiosidad o sugieren posibilidades interesantes. Sé productivo. Genera primero muchas opciones y más tarde evalúalas.

"¿Por qué es tan importante evitar juicios prematuros?".

Porque quieres producir soluciones innovadoras, no típicas. Esto significa que necesitas divergir antes de converger. Nuestra reacción inicial a combinaciones nuevas e inusuales estará fuertemente influenciada por nuestras experiencias pasadas y nuestro conocimiento previo. Es normal que sintamos resistencia al principio. Cuanto más perseveremos y ejercitemos nuestros músculos PC, más confiados y relajados nos sentiremos a medida que navegamos nuevas posibilidades.

Las posibilidades son infinitas. Si las estrictas reglas lógicas te pueden atrapar, la aleatoriedad te libera. Ahora imagina qué sucede cuando introduces una influencia y dirección útil, el desafío en el que estás interesado. Un desafío que te apasiona.

Orientas este poderoso proceso en una dirección específica. Esto acelera la generación de revelaciones e ideas interesantes que conectan con tu desafío.

# Estableciendo el desafío, la importancia de tener una dirección

La aleatoriedad sin dirección te puede conducir a resultados interesantes, pero no inmediatamente relevantes o útiles. Para obtener más beneficio de este proceso, lo mejor es establecer una dirección: decidir cuál es tu desafío. Esta dirección guiará a tu subconsciente a medida que los estímulos aleatorios se mezclen con tu conocimiento previo.

El tipo de dirección es clave. Trabaja en desafíos relacionados con algo que te interese profundamente. Esto mejora la eficiencia del proceso, así como el rendimiento general.

Siéntete libre de modificar tu desafío en cualquier momento. No es una dirección fija, es una ruta flexible. Déjala fluir.

"¿Puedo combinar mis ingredientes verbales con otros visuales?".

Las palabras generan visualizaciones, que a su vez pueden generar otras semillas verbales. A veces podemos querer expresar separadamente las visualizaciones que las palabras y frases generan en nuestras mentes. Combinando formas verbales y visuales de representar la información, mejoramos aún más el aderezo de nuestra receta. Por lo tanto, para entrenar nuestros músculos PC de forma aún más potente, puedes dibujar los ingredientes más interesantes que encuentres. A algunos les gusta usar papel para tener una experiencia más orgánica y dinámica.

"¿Qué más puedo hacer para explorar los ingredientes que recojo?".

Opcionalmente, puedes listar y/o clasificar las principales características de los ingredientes. También puedes crear *mind maps*. Esto facilita el encontrar más asociaciones y conexiones entre ellos.

Mientras trabajas, considera también el contexto de tu desafío, los espacios negativos, lo que rodea al desafío. Considera añadir algunos ingredientes que reflejen esos espacios entre medias.

"Y una vez que comienzo a recoger ingredientes interesantes, ¿cómo procedo?".

## Combinar para ganar

A medida que tus ingredientes interactúan entre ellos a niveles conscientes y subconscientes, interesantes conexiones pueden aparecer en cualquier momento. Puedes estimular este proceso conscientemente, aunque la parte más potente sucede subconscientemente. Es el proceso de incubación del que hemos hablado en el capítulo anterior.

Cuando encuentres ingredientes interesantes, imagina que fueran piezas de un rompecabezas. Combinar tus ingredientes consciente y subconscientemente es una de las claves de la creatividad. Si quieres tener la posibilidad de ganar el premio gordo deja que tus ingredientes se combinen entre ellos.

## En resumen

Por lo tanto, en este módulo divergimos fuertemente combinando PA y PC, usando el lenguaje como una ventana al subconsciente. Nuestras visualizaciones y las revelaciones e ideas que incubamos son una base fresca para nuevas soluciones.

"Usamos palabras para iniciar y activar procesos mentales que involucran nuestro PC".

Y ellos eventualmente producen revelaciones e ideas que pueden transformarse en nuevos conceptos, palabras y frases.

## Generar y generar de nuevo

Separa la generación de la evaluación. Generamos muchas semillas y más tarde consideramos cuáles son las mejores. Al inicio, enriquece tu olla subconsciente tanto como sea posible.

"Veo que la productividad es algo que los grandes innovadores tienen en común".

## Cantidad, la nave que nos lleva a la calidad

Sí, nos centramos en generar tantas semillas como sea posible, trabajando hasta que gradualmente tengamos unas pocas ideas/revelaciones de calidad. La productividad es la nave dinámica que nos llevará a esos pocos destinos de calidad. ¡Y esta productividad debería comenzar de forma atrevida!

## Soñador, realista, crítico

Sé atrevido, deja que tu imaginación vuele. Estate abierto a las asociaciones y las posibilidades más locas. Es más fácil ir de lo improbable a lo práctico que al revés.

Piensa en el método del soñador-realista-crítico usado por Walt Disney. Comienza con las posibilidades más locas en las que puedas pensar. Más tarde pulirás y elegirás las más realistas. Finalmente las evaluarás con ojo crítico para identificar desafíos y desarrollar estrategias de implementación.

Comenzar con la herramienta *SK-Engine* te ayuda a divergir tanto como sea posible y a soñar sin límites.

"¡Genial! ¿Es el objetivo encontrar ideas totalmente nuevas y únicas?".

## ¿Qué es verdaderamente nuevo?

Estate alerta no solo a las nuevas ideas, sino también a las variaciones de ideas existentes. La mayoría de lo que tomamos por nuevo es una variación de una idea, producto o servicio ya existente. Todo aquello que encuentras interesante puede ser adaptado y modificado para encajar con lo que necesitas.

"Una vez que encuentro una buena colección de ingredientes o una idea interesante, ¿debería detener el proceso?".

## Sin final a la vista

No te detengas cuando encuentres algo interesante. Las grandes soluciones son a menudo el resultado de seguir desarrollando las ideas o ingredientes iniciales. Considera cualquiera de estas posibilidades, que puedes aplicar a cualquier semilla. Usaremos la palabra semilla para englobar cualquier ingrediente, revelación o idea.

- **Sustituye:** Reemplaza algunas semillas por otras, creando nuevas variaciones.
- **Combina:** Combina semillas no relacionadas.
- **Adapta:** Adapta semillas interesantes a tu contexto, o las semillas de otros a las tuyas.
- **Modifica:** Cambia partes de tus semillas, altera sus contextos.
- **Invierte:** Considera el opuesto de una semilla.
- **Reconfigura:** Reconfigura la estructura y relación entre tus semillas

Es la hora de resumir el ejercicio.

## *Wordstorm*. Preparativos

- Decide la dirección principal y los parámetros de tu desafío. ¿Es un libro? ¿Un guion de película? ¿Una nueva *start-up*? ¿Un producto específico de una compañía establecida?
- Puedes establecer tu dirección con más o menos detalle. Más detalles pueden acelerar el proceso, pero limitar tu potencial para divergir o conducirte prematuramente a una conclusión. Menos detalles producen a menudo un proceso más lento, pero con más potencial creativo.
- Ten en cuenta que lo que vas a crear tiene un destino y ese destino es típicamente una comunidad, una audiencia. Decide cuál es la comunidad en la que se concentrarán tus esfuerzos. ¿Buscarás nuevas ideas en relación a las comu-

nidades pobres del sureste de Asia? ¿Ejecutivos de *Wall Street*? ¿Jóvenes jugadores de fútbol?

- Aprende todo lo que puedas sobre esa comunidad. Crea uno o más perfiles para sus representantes típicos. Descríbelos en detalle y, si es posible, entrevista a alguno de ellos. Conócelos en profundidad. Son los destinatarios finales de tus futuras soluciones y tienen las llaves de tu éxito.
- Prepara tus herramientas. Durante este ejercicio utilizarás el *SK-Engine* (u otras herramientas alternativas similares), así como papel y lápiz. Combinar innovadoras herramientas con otras más tradicionales mejora tu eficiencia.

"¡Lista! ¡A por ello!".

# El proceso

- Escribe una frase que resuma tu desafío en la parte superior del *SK-Engine* o con cualquier otra herramienta. Esto te ayudará a mantener la dirección presente en tu mente.
- Arranca la aplicación. Mantén tu mente relajada mientras los estímulos aparecen y desaparecen. Con tu desafío presente en el trasfondo de tu conciencia, estate alerta y pulsa o toca cualquier estímulo que te desconcierte, despierte tu curiosidad o cualquiera que encuentres interesante. Tocando o pulsando en un estímulo lo haces permanente y fijas su presencia.
- Continúa añadiendo estímulos interesantes, muévelos y organízalos como quieras. Cuando un ingrediente te sugiera algo nuevo puedes hacer un doble *click* sobre él para editar su texto y cambiarlo como desees. También puedes añadir manualmente elementos completamente nuevos con los menús de la izquierda.
Todo lo anterior puede realizarse alternativamente con un diccionario y papel, o con otras herramientas.
Si te atascas usando la herramienta *SK-Engine*, revisa las instrucciones con más detalle en esta página:
**[Web]** <u>torchprinciple.com/skengine</u>

- Reaccionamos de forma diferente a las pantallas digitales y al papel. Si lo prefieres, escribe los ingredientes que recoges en un papel. Interactúa con ambos, la pantalla digital y el papel, para ver con cuál te sientes más cómodo al jugar con los ingredientes recogidos. La herramienta digital te da más poder para reposicionar, añadir, borrar y manipular los ingredientes, pero todos somos diferentes y algunas personas preferirán pasar sus ingredientes al papel y continuar trabajando ahí. Otros preferirán usar solo la pantalla digital o quizás combinar ambas opciones.

- **Toma notas.** A medida que las revelaciones e ideas interesantes aparezcan en tu mente consciente, asegúrate de anotarlas antes de que se desvanezcan.

- **Itera.** Itera, comienza de nuevo, y continúa acumulando ingredientes interesantes y valiosas revelaciones e ideas.

"¿Es mejor realizar este proceso solo o en grupo?".

## Trabajando con otros

Los procesos iniciales de ideación pueden funcionar mejor cuando trabajamos solos. En un grupo dependemos mucho de procesos PA, como el lenguaje, para comunicarnos. El PA interfiere con el PC. Y lo que realmente necesitamos al principio de nuestra ideación son procesos PC que nos ayuden a divergir en vez de converger.

La interacción en grupo es muy útil como segundo paso después de que las semillas iniciales hayan sido generadas. Interactuar con otros nos ayuda a refinar, elegir e implementar las mejores revelaciones e ideas que hemos producido.

Por lo tanto, trabaja en solitario al inicio de este ejercicio. Una vez que produzcas tus primeras revelaciones/ideas puedes evaluarlas en grupo o con otra persona. Daros *feedback* mutuamente. Deja que tus descubrimientos resuenen con otras ollas subconscientes para enriquecer aún más el proceso.

- Encuentra un colega, amigo o compañero, idealmente alguien que haya realizado el mismo proceso que acabas de hacer. Es decir, tu compañero tendrá también su propio desafío, su propia colección de ingredientes recogidos durante el ejercicio, así como una o más ideas generadas a partir de ellos.
- Muestra a tu compañero tus ingredientes sin revelar cuál es el desafío. Tu compañero debe entonces incubar y generar una nueva interpretación/idea a partir de tus ingredientes sin saber nada sobre tu desafío. ¿Qué idea generó la mente de tu compañero en respuesta a los mismos ingredientes que tú usaste? Su interpretación podría sugerirte algo nuevo. Anótalo.
- Ahora muestra a tu compañero los ingredientes más el desafío. Escucha su nueva opinión e interpretación de los ingredientes ahora que ya sabe cuál es el desafío.
- Compara las perspectivas e interpretaciones de tu compañero con las tuyas. Si algo nuevo e interesante surge en tu mente, anótalo.
- Ahora ambos os mostráis mutuamente los desafíos y las interpretaciones/ideas que habéis identificado. Intentad fusionar ambos desafíos y ambas interpretaciones/ideas para producir desafíos y soluciones completamente nuevos.

Te asombrará la diversidad de las interpretaciones que surgen de otras ollas subconscientes.

## Preparándonos para visualizar

En el próximo módulo trabajaremos con dibujos análogos y gestuales. Utilizan el infinitamente expresivo lenguaje de la línea para hacer visible nuestro subconsciente y las partes más profundas del desafío, así como nuevas revelaciones e ideas.

Como preparación, considera el involucrar más elementos visuales en tus ejercicios del módulo semilla.

- Dibuja los nuevos ingredientes que recojas. Hazlos visibles. Visualízalos. Utiliza *mind-maps*, diagramas o cualquier otra ayuda visual para enriquecer y solidificar aún más tus rutas creativas.
- Diviértete con el ejercicio visual "Nueva Vida". Arranca el *SK-Engine*. Fija y recoge nuevas palabras que exciten tu curiosidad. Detén la herramienta, coge papel y lápiz y dibuja una criatura hecha de las palabras que escogiste. Debería ser una criatura imaginaria formada por esas palabras. Por ejemplo: mesa, paraguas, tren: una mesa que tiene un paraguas pegado y viaja en un tren.

"¡Eso hace vibrar mis músculos PC!
Y ahora, ¡a visualizar!

# Visual
## Haciendo visibles los pensamientos

Herramientas: Papel, lápiz.

Ejemplos en vídeo de algunos de los ejercicios:
[Web] **torchprinciple.com/visual**

## *Brainstorming* visual

Trabajar con palabras puede limitarnos mucho. Las palabras son símbolos, abstracciones de la realidad. Trabajar con el lenguaje es lento. Es secuencial por naturaleza.

Para los grandes innovadores, como Albert Einstein, las partes clave de sus procesos creativos eran visuales. El lenguaje se volvía importante en etapas posteriores, cuando las revelaciones e ideas necesitaban ser comunicadas a otros. Recordemos las palabras de Einstein:

"Las palabras del lenguaje, tal como son escritas o habladas, no parecen jugar ningún papel en mi proceso de pensamiento. Las entidades psíquicas que parecen servir como elementos de pensamiento son ciertos signos y más o menos claras imágenes que en mi caso son de tipo visual y en algunos casos muscular. Estos elementos participan en un juego bastante borroso en el que pueden ser reproducidos y combinados voluntariamente. Este juego combinatorio parece ser la característica esencial del pensamiento productivo, antes de que haya cualquier conexión con la construcción lógica en palabras u otros tipos de signos que puedan ser comunicados a los demás".[34]

Por lo tanto, una forma clave de expandir los horizontes de nuestros procesos de ideación es a través de la visualización y el *brainstorming* visual. Usaremos formas de procesar y visualizar información que son más simultáneas, orgánicas y flexibles.

"Lo visual y la visualización nos puede llevar a mayores profundidades y más cerca de la complejidad de nuestros desafíos".

## Complejidad. El poder del modo visual perceptual

La vida es compleja. Los procesos PA y el lenguaje la simplifican. Debido a ello, el lenguaje está limitado cuando intenta acceder a esa complejidad. Por ello, muchos grandes científicos y creadores pensaban primero visualmente y solo más tarde traducían sus descubrimientos en palabras. Por lo tanto, los procesos visuales y perceptuales son clave para la creatividad y la innovación.

## Mirar frente a ver

Reflexiona sobre esta dicotomía. Mirar es un proceso PA. Está relacionado con el juzgar, etiquetar, categorizar y filtrar. Su meta es la eficiencia y la supervivencia.

"Necesito clasificar y comprender rápidamente este elemento, por si acaso es peligroso para mi supervivencia".

Ver es un proceso PC. Está relacionado con evitar los juicios y con bucear profundamente en los detalles y la complejidad de la realidad. Ver significa interactuar con un sujeto sin etiquetarlo, como si fuera la primera vez que te lo encuentras. Estás total y completamente en contacto con la realidad presente de ese elemento.

"¡Mientras que mirar vive en el pasado!".

En esencia, estamos hablando de lo conceptual frente a lo perceptual, procesos diferentes conectados con el PA y el PC. Podemos saber que no estamos viendo lo que percibimos y aun así no ser capaz de corregirlo debido a un fuerte concepto que se interpone.
**[Web] torchprinciple.com/creativekeywords**

"Una batalla entre la eficiencia y la profundidad, la seguridad y el riesgo, la simplicidad y la complejidad".

## Técnicas

Trabajar visualmente no significa que desterramos el lenguaje. El lenguaje es siempre una herramienta esencial que nos permite retornar desde las profundidades de la complejidad a niveles más altos de abstracción para refinar, elaborar y comunicar nuestros descubrimientos.

Innovadores de muchas áreas trabajan visualmente para ejercitar sus músculos PC en lugares donde las palabras tienen dificultades. Por ejemplo, los artistas que hacen guiones gráficos (*storyboards*) usan la línea para comunicar y explicar simultáneamente múltiples parámetros de las escenas de un guion, un proceso que sería demasiado lento y complejo para el lenguaje. Ventajas similares ocurren en otras áreas.

"¡El pensamiento visual es rápido, detallado y flexible!".

Para acceder al infinito poder de la línea necesitamos primeramente evitar los filtros del PA que insistirán en simplificar nuestra percepción, bloqueando nuestro acceso a la complejidad que estamos buscando.

## Evitando los filtros del PA

Ejercicios de dibujo específicos nos pueden ayudar muchísimo a comprender cómo se siente uno al domar nuestros procesos PA y activar nuestros músculos PC. Por lo tanto, en este módulo usaremos el dibujo para explorar nuestro desafío visualmente, y también como una gran analogía y entrenamiento para evitar nuestros filtros PA.

## El ecosistema visual

A medida que trabajamos con la línea para explorar visualmente nuestros desafíos, descubrimos los componentes clave de este fascinante ecosistema.

Las líneas forman bordes, alrededor de los cuales aparecen espacios negativos. La presencia y densidad de las líneas producen regiones claras y oscuras, que interpretamos como luces y sombras. Juntos, estos componentes generan relaciones y proporciones, que originan perspectivas detalladas y de alto nivel.

Bordes, espacios negativos, luces y sombras, proporciones, relaciones y perspectivas te invitan a explorar un desafío de forma más orgánica, abierta y fluida.
[Web] **torchprinciple.com/visuallanguage**

Para comprender estos componentes de los lenguajes visuales, podemos compararlos con los verbales.

Los espacios negativos en la percepción se relacionan con el contexto en el lenguaje.

"Los espacios que rodean nuestro desafío".

Los desafíos no se pueden separar del entorno en el que existen. Ten en mente esos espacios negativos, el contexto que constantemente influencia tu desafío.

Los bordes son como las palabras: separan y delimitan el espacio. Encontrar los límites de tu desafío te ayuda a identificar sus diferentes partes y componentes.

Las relaciones y proporciones son como la gramática y la sintaxis del lenguaje. Entendiendo y manipulando las diferentes relaciones y proporciones de tu desafío, puedes encontrar nuevas soluciones y perspectivas.

"Estos principios, los bordes, espacios, proporciones… parecen útiles y no solo al visualizar…".

Sí. ¿Recuerdas los ascensores de profundidad y las raíces universales?

Muchos de los principios que podemos descubrir en el dibujo se pueden encontrar en otras formas de expresión creativa y viceversa. Por ejemplo, el ritmo y la armonía, esenciales en la música, están presentes también en los contornos y formas de las figuras que dibujamos. Podemos también establecer paralelismos entre las proporciones en los dibujos y las variaciones tonales en la música. Un hermoso acorde musical sería equivalente a un conjunto de proporciones armónicas en un dibujo.

Sin embargo, a pesar del paralelismo entre música y dibujo, hay una importante distinción entre ellos: la música tiene comienzo y final, depende del tiempo. El dibujo es diferente.

Comparaciones similares se pueden establecer con otras formas de expresión creativa. Por ejemplo, la poesía comunica su contenido secuencialmente, palabra por palabra. Su armonía se desarrolla también a través del tiempo, mientras que un dibujo lo muestra todo de una vez, simultáneamente.

"¿Luego la dimensión temporal no importa en el dibujo?

Sí importa. El tiempo sigue estando presente en el dibujo. Líneas dibujadas rápida o lentamente tienen diferente aspecto porque su velocidad, la dimensión temporal, está codificada dentro de ellas mismas.

Además, el dibujo es una forma de expresión que no puede ser copiada o reproducida de manera exacta sin usar herramientas especiales. Refleja la complejidad de la vida, que es única e imposible de reproducir con total precisión en todos sus infinitos detalles. Los dibujos son capaces de expresar infinitas variaciones que solo se pueden etiquetar con unas pocas palabras específicas.

Todo lo anterior confirma al dibujo como un canal ideal para comunicarnos con nuestra olla subconsciente y para acceder de forma profunda a la complejidad de nuestros desafíos.

## Traduciendo la complejidad de la vida

Como mencionamos anteriormente, las abstracciones de la lógica y el lenguaje tienen muchas limitaciones cuando trabajan con un alto nivel de complejidad. El ecosistema visual puede trabajar mucho mejor con ella. Codifica la realidad de forma analógica, a través de infinitas combinaciones de sutiles variaciones expresadas a través de la forma y la línea. Incluso el tiempo esta sutilmente codificado dentro de estas representaciones visuales.

Lo que a menudo solo puede ser expresado con una sola palabra se convierte en infinitas interpretaciones en el mundo visual.

"La realidad va más allá de las palabras y el lenguaje".

Tu conocimiento consciente es la punta de un tesoro oculto en las profundidades. Un tesoro de información que constantemente bombardea nuestros sentidos.

La visualización nos proporciona potentes herramientas para transportar parte de ese tesoro de nuestro subconsciente a nuestra mente consciente.

## Accediendo al lenguaje visual

Alguien pone una mano frente a nosotros y nos pide que la dibujemos. Típicamente no dibujaremos los detalles específicos que tenemos delante, sino una mezcla entre ellos y una representación genérica del símbolo "mano". Lo que dibujamos está filtrado por el conocimiento y los parámetros típicos de todas las manos que hemos conocido en el pasado. Viendo el resultado nos sentimos frustrados.

Lo que está sucediendo es que el PA, intentando ayudar y simplificar nuestra vida, está interfiriendo con nuestra capacidad de acceder a la complejidad real que tenemos delante. La "mano" real.

La clave para acceder a esa complejidad está en que encontremos formas de evitar los filtros del PA. Estos filtros nos ayudan en nuestra vida diaria, pero se convierten en un obstáculo cuando necesitamos ir más allá de las interpretaciones simplificadas y abstractas para descender a los ricos detalles y a la complejidad de la realidad.

Esto se aplica a todo, a la comprensión de una mano específica, a las fluctuaciones actuales de los mercados económicos o al estado presente de una relación de pareja.

Para dibujar una mano, no cualquier mano, sino esa mano específica que está frente a nosotros, primeramente tenemos que aprender a ver, a ver de verdad. Tenemos que calmar nuestros típicamente hiperactivos procesos PA, la parte de nuestra mente que está constantemente analizando, interpretando y simplificando los *inputs* que llegan a nuestro cerebro. Solo entonces podremos ser capaces de acceder completamente a la vasta riqueza y complejidad que tenemos delante.

Para "ver" realmente esa mano, tienes que ir más allá del concepto "mano". Cuando vas más allá del símbolo, ya sea una mano, un árbol, un hombre o cualquier cosa, te das cuenta de que visualmente todas las cosas están hechas de curvas, líneas, texturas, sombras, brillos, proporciones y relaciones, elementos analógicos que pueden expresar infinitas variaciones y, por lo tanto, infinitos conceptos.

"¿No son también las líneas, curvas y texturas abstracciones de una naturaleza más profunda? Y si es así, ¿no deberíamos ir más allá de ellas también?".

Si continuas profundizando eventualmente llegas a los átomos y partículas elementales. Pero como humanos no podemos trabajar con átomos (aún no) sin ayuda, pero podemos trabajar con bordes, sombras, relaciones, proporciones y espacios negativos.

"Tenemos que detenernos en un nivel que encaje con nuestras capacidades".

Sí, la clave es profundizar lo suficiente para alcanzar un nivel que te permita acceder rápidamente a las características y rasgos únicos de la realidad y de esa entidad específica, siendo aún capaces de manipular y trabajar con esos parámetros. De alguna manera, estamos encontrando el nivel de abstracción adecuado, uno que es más profundo que lo que el PA ofrece normalmente y al mismo tiempo encaja con nuestras capacidades para manipular la información que necesitamos procesar.

"Luego, en el caso de dibujar una mano…".

Si vamos más allá del símbolo "mano" y comprendemos esa entidad en términos de sus sombras, brillos, líneas, curvas y texturas, somos entonces capaces de ver las características y rasgos únicos de esa entidad (esa mano específica), y también de manipular y trabajar con esas características de cualquier forma que deseemos.

Ahí es donde queremos estar. Justo ahí.

Porque cuando dibujemos con nuestro lápiz o pincel en la superficie de un papel, un lienzo o una pantalla digital, estaremos trabajando, expresándonos y visualizando al mismo nivel, usando esos mismos principios: líneas, espacios negativos, sombras, brillos, texturas, etc.

Luego, al alcanzar ese nivel de abstracción, al comprender esa "mano" específica en relación a sus luces, sombras, texturas, líneas etc., estamos interpretando esa entidad en el mismo idioma que utilizan nuestro lápiz y pincel.

Esto es clave. No podemos expresar esta mano específica a través del dibujo si nuestro cerebro no está accediendo y comprendiendo el idioma de la sombra, la luz, las texturas y las líneas, el idioma que nuestros pinceles y lápices comprenden y usan.

Por lo tanto, en el dibujo existen dos etapas clave. Una es la comprensión, el ser capaz de ver al nivel de abstracción adecuado. La otra es la ejecución técnica a ese mismo nivel.

"Ambas partes tienen que hablar el mismo idioma".

En cuanto a la ejecución, necesitamos producir líneas, curvas, sombras, brillos, texturas, etc., con nuestro pincel o lápiz. Estos son métodos, técnicas que podemos aprender, algunos más rápido, otro más lentamente, algunos con resultados más refinados, otros con menos, pero todo el mundo puede eventualmente conseguirlo.

"Ya veo por dónde vas. Podemos ser entrenados a expresar conceptos de varias maneras y con diferentes idiomas, pero es aún más importante el aprender primero a ver y a absorber la realidad a través de esos mismos idiomas".

Sí, las habilidades técnicas se vuelven realmente importantes y especiales cuando primero aprendemos a comprender nuestro desafío en términos de los mismos idiomas usados por esas habilidades. Cuando, por ejemplo, aprendemos a ver, no una mano, no una puerta, no una flor, sino un universo de valles y colinas, luces y sombras, curvas y líneas.

Cuando eso sucede, en ese mágico momento, el cerebro y el lápiz están literalmente en la misma onda de comprensión. Estamos viendo lo mismo que nuestro lápiz y pincel comprenden. Podemos entonces tomar una línea con nuestros ojos, conducirla a través del cerebro y expresarla en el papel/lienzo con nuestro pincel o lápiz.

Podemos absorber ese brillo en el pomo de la puerta, y de nuevo llevarlo a través del cerebro para reproducirlo con nuestro pincel en el lienzo.

La importancia de igualar nuestro nivel de comprensión con nuestro nivel de expresión y ejecución se aplica no solo al dibujo sino a todo en nuestras vidas.

Por ejemplo, nos podemos expresar genuinamente de la mejor manera desde el corazón cuando primero nos hacemos lo suficientemente sensibles para sentir a los que nos rodean. O podemos diseñar un nuevo producto de la mejor manera cuando previamente somos capaces de comprender en profundidad el campo relacionado con ese producto. Y así podríamos continuar.

La visualización creativa es, por lo tanto, el proceso de acceder a abstracciones de la realidad más profundas y más complejas. Se hace especialmente potente cuando se une con habilidades y técnicas que son capaces de manipular los datos recogidos al mismo nivel de abstracción al que hemos accedido.

Para acceder a esos niveles más profundos necesitamos evitar los filtros del PA. Evitarlos, ya sea al dibujar una mano o cuando interactuamos con nuestra pareja en una relación, requiere coraje. No es fácil. Una vez que vemos la mano como un rico universo de valles y colinas, texturas, ángulos y líneas, o una vez que realmente "vemos" a nuestra pareja más allá de los juicios del pasado, podríamos sentirnos intimidados al inicio.

"Así me siento".

Es natural. Estamos desafiando a nuestro cerebro a que se enfrente con algo completamente nuevo. No es ya el concepto genérico "mano". Es algo completamente nuevo contenido en esa entidad específica: un nuevo universo que no ha sido previamente guardado en nuestra memoria y que ahora estamos explorando en profundidad, totalmente inmersos en él.

Ahora reemplaza la mano con cualquier otro desafío. Una relación de pareja, un mercado de negocios, una aplicación móvil. Para comprender en profundidad cualquier desafío también necesitamos evitar nuestros filtros simplificadores PA y acceder a la complejidad pura que nos espera. Solo entonces podemos recoger ingredientes de calidad para alimentar y fortalecer nuestros ciclos de innovación.

"¿Y cómo puedo evitar los controles simplificadores de mis procesos PA para así poder acceder esos niveles más profundos?".

## Evitando los filtros

Para alcanzar esos niveles más profundos de comprensión, primero tenemos que lidiar con las poderosas fuerzas mentales que insisten en simplificar nuestras vidas manteniéndonos en niveles más altos de abstracción.

Como hemos explicado anteriormente, el PA y el lenguaje son algunos de nuestros recursos mentales más poderosos, pero todas las cosas poderosas se deben disfrutar con moderación. El PA se convierte en un obstáculo cuando queremos activar temporalmente los procesos más profundos de nuestro PC que se necesitan para explorar los detalles más finos de la realidad.

Te voy a mostrar formas de domar tus controles y filtros PA para acceder a tus procesos PC más profundos.

"¡Soy toda oídos!".

Ir más allá de las restrictivas palabras y hacer nuestros pensamientos visibles los hace más fuertes y profundos. Necesitamos hacer la vida del PA incómoda para evitar sus intentos de etiquetar y simplificar todo.

"¡Apagar el PA por un rato!".

Necesitamos sorprender o aburrir o desconcertar a nuestros procesos PA. Cuando se trata del dibujo eso puede significar dibujar con el modelo boca arriba, muy lentamente, muy rápidamente o en ángulos inesperados. Haremos más difícil que la mente comprenda qué es lo que está mirando. Tus ascensores de profundidad están ahí mismo, detrás de los velos del PA. Una vez que practiques con regularidad estas estrategias serás capaz de remover esos velos de inmediato sin pasos intermedios.

"Luego, estas son técnicas que eventualmente se volverán algo natural".

Sí. Algunas de estas estrategias para hacer la complejidad visible y accesible incluyen dibujar al revés, movimientos repetitivos o lentos, rápidos bosquejos, meditación, centrarnos en los espacios negativos…

Una vez que a través del dibujo descubras la sensación de saltar tus filtros PA, te será más fácil encontrar esa misma sensación en tus relaciones de pareja, proyectos empresariales y otros desafíos.

## ¿Qué hay en esa línea?

Antes de encarar el desafío de evitar nuestros filtros PA, sintamos primero el desafío, hagámoslo literalmente visible.

Abre un navegador web y carga esta dirección:
[Web] **torchprinciple.com/lines1**

Dibuja las líneas que ves. Hazlo rápido, no pienses mucho en ello. Son líneas simples. Dibújalas en cualquier papel que tengas cerca.

"Bien, fácil, hecho".

Muy bien. Ahora vete a esta otra dirección:
[Web] **torchprinciple.com/lines2**

"¡Oh!".

Sí, lo que ves en esta segunda página es lo que has estado dibujando hace un momento.

"Me hubiera sentido tan diferente si primero hubiera visto esta segunda versión en vez de la anterior...".

¿Y cómo te sentiste en cada caso?

"En el primer caso, me sentí más relajada. Las líneas parecían fáciles y fue sencillo copiarlas. En el segundo caso me sentí nerviosa y algo estresada, todo parecía mucho más difícil de repente".

Así es. Te fue fácil trabajar con la primera versión porque tus procesos PA no pudieron reconocer y etiquetar lo que estaba delante de ti. No siendo capaz de reconocer ningún patrón anterior en esas líneas, el PA te dejó libre el camino hacia el detalle y la complejidad pura que tenías frente a ti.

Si hubieras comenzado con la segunda versión, las cosas hubieran sido diferentes. Para aquellos con fuertes músculos PA serían seguramente más complicadas. Intentarías dibujar las líneas reales, pero el PA interferiría intentando simplificar el proceso y conducirte hacia interpretaciones previas del concepto que identificó en esas líneas.

"Entiendo, distraer a nuestros procesos PA para que no puedan etiquetar lo que estamos observando es una de las formas de entrenarnos a acceder a la complejidad pura que tenemos delante".

Sí, y esto funciona con el dibujo y con cualquier otra cosa. Tenemos que tener cuidado de no etiquetar a la gente que nos rodea, por ejemplo. Si lo hacemos, ya no los vemos por lo que son realmente ahora, sino que estamos viendo la vieja etiqueta, la simplificación que no tiene nada que ver con la realidad pura y auténtica de esa persona en este momento.

Si tienes problemas para ver una persona o un proyecto o un mercado de forma fresca, si sospechas que los estás viendo bajo la pesada y distorsionada influencia de tus filtros PA, cambia el contexto que les rodea. Muévelos a otra parte. Modifica su contexto. Dificulta que tus procesos PA puedan conectarlos con interpretaciones previas para simplificar tu percepción de ellos.

"Ahora entiendo por qué a veces el viajar puede cambiar y renovar totalmente nuestra perspectiva sobre algo…".

Veamos más estrategias. Observar a través de una cuadrícula (*sighting*) es otra forma que se ha usado históricamente para comprender y evitar estos filtros conscientes cuando se trabaja con el ecosistema visual.[35] Ha sido usado por grandes artistas como Durero, Leonardo o Degas.

*Sighting* consiste en colocar una cuadrícula, que se encuentra sobre una superficie transparente 2D, frente al sujeto que vamos a dibujar. El mundo 3D se proyecta sobre la cuadrícula 2D. Las líneas de la cuadrícula nos proporcionan una forma más precisa y objetiva de medir y comprender lo que tenemos delante.

Podemos estudiar las relaciones, bordes, proporciones, espacios negativos y otros parámetros directamente en la cuadrícula, la cual nos ayuda a acceder directamente al detalle y la complejidad que tenemos delante. Somos entonces capaces de comparar y comprender las diferentes relaciones y proporciones sin que el PA interfiera.

El método básico consiste en alinear 3 puntos, un ojo (cerrando el otro), un pequeño círculo en la cuadrícula y un punto en el sujeto. De esta forma, establecemos un punto de referencia/vista. Entonces podemos comenzar a dibujar. Si movemos la cabeza podemos simplemente retornar a esa referencia de los 3 puntos que hemos mencionado.

"¿Y si no puedo construir una cuadrícula de ese tipo en este momento?

Una variación más simple de esta técnica es usar un simple lápiz. Sujétalo a la distancia de tu brazo (como si fuera una línea móvil de una cuadrícula) para comprobar ángulos y otros datos perceptuales.

"Entiendo, puedo estimar tamaños, ángulos, etc., usando un lápiz como si fuera una de las líneas de una cuadrícula temporal que puedo posicionar donde quiera frente al sujeto".

Sí, practicar con esta y otras técnicas similares te permitirá eventualmente acceder a la complejidad de tu percepción directamente, sin estas ayudas. Son una gran forma de entrenar el cómo activar tu PC rápidamente cuando te enfrentas a desafíos complejos.

Más allá del dibujo, si necesitas evitar tus filtros PA, considera el posicionar tu desafío cerca de puntos de referencia objetivos en los que puedas confiar. Si piensas que tu visión de una persona está distorsionada por tus procesos PA, habla con gente en la que confíes que os conozca a ambos. Hablar con ellos te puede ayudar a romper la influencia de tus hábitos PA. Si piensas que tu perspectiva del estado de un proyecto de negocio está distorsionada porque está muy influenciada o restringida por tus procesos PA, considera el estudiar otras empresas y proyectos de negocio en el mismo campo. Pueden proporcionarte una buena referencia con la que comparar, ayudándote a abrirte paso a través de las distorsiones analíticas.

"Entiendo que los puntos de referencia fiables nos ayudan tanto en el dibujo como en las relaciones y en los negocios. En la vida en general".

Así es. Veamos otra forma más de domar nuestro PA, los espacios negativos.

## Lo positivo en lo negativo

Si nos centramos en una mano es fácil identificarla y etiquetarla como una "mano". Es más difícil profundizar y verla en relación a los bordes y formas de las que está compuesta.

Pero si nos centramos en lo que rodea a la mano es más fácil no nombrar o etiquetar esos alrededores. Y sin embargo, estamos interactuando con los mismos bordes, los compartidos por la mano y sus alrededores.

Luego, otra forma de evitar los controles analíticos de la mente es desviar nuestra atención a lo que rodea a nuestros desafíos en vez de al desafío mismo. El desafío podría ser una forma que queremos dibujar o una solución empresarial que queremos encontrar. Sea lo que sea, los procesos analíticos de nuestra mente se sienten cómodos cuando se enfrentan a entidades reconocibles.

Es por ello que cambiar nuestro enfoque a los borrosos espacios intermedios, o a lo que sea que rodea tu desafío, es una forma útil de evitar etiquetas y juicios previos, y acceder a perspectivas más frescas y actualizadas.

"Puedo sentir cómo esto me puede ayudar a evitar caer en los acantilados de cierre demasiado rápido".

Sí, ver los espacios negativos de un desafío nos ayuda a evitar la visión de túnel, el estrechamiento del enfoque que produce el análisis intensivo de tu sujeto.

"Estoy disfrutando, dame más estrategias por favor".

## La profundidad se hace real

El PA no tiene una personalidad fácil. Es impaciente y bastante cuadrado e inflexible, y no le gusta perder el tiempo. Todos conocemos a gente con personalidades similares. Pueden ser muy eficientes en su trabajo, pero no te gustaría pasar con ellos las 24 horas del día. Lo mismo sucede con el PA. Es genial en lo que hace pero no quieres estar a su alrededor todo el día. Realmente no quieres.

¿Entonces, cómo nos desembarazamos de este amigo de tanto en tanto?

El análisis y el lenguaje trabajan a altos niveles de abstracción, lejos de la complejidad y del fino detalle. Por ello, una de las mejores formas de ir más allá de las restricciones del análisis es forzándote a estudiar un sujeto en gran profundidad y detalle, y durante mucho tiempo. Cuanto más tiempo, mejor. Cuanto más profundamente y más tiempo permanezcas en los detalles del sujeto, más fácil te será "desactivar" tus filtros analíticos a medida que tu sujeto se fragmenta en múltiples partes, las cuales son más difíciles de identificar y etiquetar para la mente.

"¡Luego, una de las formas de domar nuestro PA es literalmente aburrirlo hasta la extenuación!".

Podrías decirlo así. Cuando miras cualquier cosa que es fácil de reconocer, como una cara, por ejemplo, los procesos PA se activan de inmediato. ¿Pero qué sucede cuando profundizas, cuando centras tu atención en una parte del sujeto y muy lentamente comienzas a observar sus detalles?

"Dame un ejemplo".

Retornemos al dibujo. Toma papel y lápiz. Pon tu atención en un objeto cercano, quizás tu mano. Presta atención a una pequeña parte de ese objeto, y comienza a dibujar su contorno, muy, muy lentamente. La precisión no es importante. Lo que importa es que continúes moviéndote muy lentamente. A medida que te mueves a través del contorno, el PA no encuentra nada que pueda etiquetar y penetra en territorio desconocido.

"Es como si estuviéramos privando de alimento a nuestro PA…".

Poco a poco el PA se desvanece, desconecta y se apaga (metafóricamente hablando, por supuesto). Comienzas a sentirte más y más conectado con lo que tienes frente a ti. Ya no es solo una mano.

Ahora distingues las específicas curvas, sombras, brillos, colinas y valles que tus ojos recorren, la "realidad" concreta y específica de ese sujeto.

El mantenerte ahí facilita la descomposición del sujeto en sus partes. Abre las puertas a capas más profundas de su complejidad.

"Realmente puedo sentir un cambio a medida que practico".

Una forma estupenda de entrenar tus músculos PC y hacer esta experiencia más intensa es no mirando al papel mientras dibujas. No te preocupes sobre el resultado, no importa nada el aspecto del dibujo final. Lo que estamos entrenando aquí es cómo ver más allá de los filtros analíticos, cómo acceder a la complejidad pura que tenemos frente a nosotros. Mantén tus ojos en el objeto y mueve ojos y lápiz al mismo tiempo.

"Se siente como si el lápiz, los ojos y el punto en el objeto al que estoy mirando fueran una misma cosa".

Experimenta esa increíble sensación de conexión, de estar tan cercano a algo que no puedes etiquetar porque su complejidad es única. Este momento que estás explorando es muy especial. Me gusta llamar a esta experiencia *EyeDriving*, o conducción visual.

Y aunque lo importante en este ejercicio no sea el resultado, verás que los dibujos que obtienes a partir de este proceso tienen una cualidad especial. Son muy genuinos y expresivos, y están muy conectados a la complejidad que nos rodea.

"Es realmente especial liberarse durante esos momentos de los procesos controladores del PA".

Más allá del dibujo, puedes aplicar esta estrategia a cualquier cosa: interactúa despacio y en detalle con un ser humano para ir más allá de las simplificaciones del PA y acceder a la verdadera complejidad de ese ser. Trabaja despacio y en gran detalle con una parte de tu negocio para desactivar las simplificaciones del PA y bucear en toda su auténtica complejidad.

Otra forma de ir más allá del PA es no darle tiempo de actuar. El PA es secuencial y lento, lo opuesto de los rápidos y espontáneos procesos PC. Si interactúas con tu sujeto de forma muy rápida y espontánea, el PA tiene problemas para procesar y etiquetar la información y esto te puede permitir profundizar más allá de los filtros del pensamiento analítico. Usaremos esta estrategia en uno de los ejercicios de este módulo.

"¡Muchas formas de evitar los filtros del PA!".

Cuanto más hacemos estos ejercicios, más rápido aprendemos a ir y venir entre el PA y el PC. Dibujar es solo un ejemplo y una forma estupenda de practicar estas transiciones. Pero podemos aplicar esto a cualquier desafío creativo. Al final, todo consiste en comprender la complejidad llevando nuestro pensar desde niveles más altos de abstracción a otros más bajos, de lo más abstracto y genérico a lo más específico y puro, antes de retornar a la alta abstracción cuando necesitamos refinar, evaluar y comunicar nuestros descubrimientos.

En resumen, innovar en desafíos complejos requiere que primero vayamos más allá de las simplificadas abstracciones del PA.

Pongamos otro ejemplo, las relaciones interpersonales. Es cómodo y engañosamente eficiente juzgar a otro ser humano desde las alturas de la abstracción, la lógica y los recuerdos pasados. Pero la memoria y la lógica están ancladas en un pasado que ya no existe. Estamos simplificando en exceso escenarios complejos, y eso a menudo nos lleva a cometer errores.

¿Qué sucede cuando moderamos nuestro PA y damos al PC una oportunidad? ¿Cuando observamos no una "persona" filtrada por los recuerdos del pasado, sino esa específica persona, nuestro compañero, ahora? ¿Y escuchamos, vemos y vivimos toda la complejidad que se muestra ante nosotros, entrando verdaderamente en contacto con la realidad de ese único ser humano en este mismo momento?

Es nuestra elección como adultos si queremos hacer el esfuerzo de ejercitar nuestros músculos PC y entrar en contacto con la vida de forma más profunda. Si lo hacemos, a menudo encontraremos que más allá de los juicios y las etiquetas del pasado había mucho por descubrir, revelaciones e información extremadamente valiosa que puede influenciar y cambiar nuestra opinión sobre esa persona de formas muy poderosas. Formas con las que la lógica superficial solo puede soñar.

## *Brainstorming* visual

Usaremos dos técnicas de *brainstorming* visual para explorar nuevas ideas conectadas con nuestro desafío. Trabajaremos con dibujos gestuales y analógicos. Puedes aplicar estos dos ejercicios a cualquier tipo de desafío que tengas, personal o profesional, relacionado con otro ser humano, con un proyecto empresarial o con cualquier otra cosa.

## Dibujos gestuales, volando más allá de los filtros

Antes hablamos sobre realizar rápidos dibujos como otra forma de ir más allá del PA.

"Entrar en contacto con nuestro sujeto de forma rápida y espontánea puede ayudarnos a ir más allá de los lentos procesos del PA".

- Probémoslo con un dibujo. Prepara una hoja o una pantalla vacía (si usas un pincel digital). Visualiza tu desafío y comienza a dibujar tan rápido como puedas.
  "¿Y qué debería dibujar?".
- La clave es no analizar o pensar sobre lo que estás dibujando. Deberías visualizar tu desafío o partes de él, y entonces dejar que tu mano se mueva como desee. Deja que se mueva espontáneamente, sin preocuparte sobre lo que está creando.
  "Esto requiere mucha confianza".
  Sí, requiere confiar en que existe algo más allá del pensamiento analítico consciente. Requiere dejarte llevar. Y a medida que te dejas llevar, comienzas a sentir que tu subconsciente y tus procesos PC gradualmente se hacen más presentes.
  "¡Visualizo, me dejo llevar, confío!".

- Deja que el lápiz fluya sin restricciones. El PA se desenganchará eventualmente. Ante la rápida velocidad, el PA tiene problemas para activar sus lentos procesos. Tienes que confiar en esa forma poderosa de procesar información que requiere confianza y espacio para llevar a cabo su magia.
- Revelaciones e ideas pueden surgir en tu mente mientras realizas el ejercicio o después de haberlo terminado, cuando lo evalúas. Asegúrate de anotarlas.

Las reacciones rápidas y espontáneas nos recuerdan también el poder de nuestra intuición cuando interactuamos con otros seres humanos, con proyectos empresariales o con cualquier otro desafío. Antes de que el PA haya tenido tiempo de simplificar nuestra situación y contexto, nuestras corazonadas iniciales pueden proporcionar información no filtrada que es crucial y muy útil.

Otra forma de aprovechar el poder de lo visual es realizar dibujos analógicos.

## Dibujos analógicos

Betty Edwards introdujo a muchos lectores a los dibujos analógicos en su excelente libro *Drawing on the artist within*.[36] Los dibujos analógicos son expresiones visuales de nuestro desafío. Crean una analogía visual del desafío en el que estamos trabajando y nos permiten visualizar y manipular la complejidad usando el poder de los lenguajes visuales.

Queremos iluminar aquello que está en nuestra mente, aquello de lo que no somos conscientes. Buscaremos cosas que nos desconcierten, que parezcan fuera de lugar, o que llamen nuestra atención.

- Para crear un dibujo analógico, primero visualiza tu desafío en la mente. Entonces coge papel y lápiz, o tu tableta gráfica.

- Piensa en tu desafío en términos de sus límites, bordes y separaciones. ¿Cuáles son las diferentes áreas y partes que puedes identificar? ¿Cuáles son los límites que las separan?

- ¿Cuánto espacio está ocupado por el desafío y cuánto por los espacios negativos? ¿Pueden cambiar esas cantidades? Piensa en la relación entre la totalidad de tu desafío y sus partes, y viceversa.
  Piensa en los espacios negativos. ¿Qué puedes ver en esas áreas? A veces es más fácil reflexionar sobre los espacios negativos del desafío que sobre el desafío en sí mismo. Los espacios negativos son más difíciles de categorizar y etiquetar por la mente, así que proporcionan una perspectiva más fresca sobre la situación.

- Ahora medita sobre las luces y sombras del desafío. ¿Qué es lo borroso y desconocido, lo que no podemos ver desde nuestra perspectiva? ¿Qué es lo claro y obvio? Reflexiona también sobre lo que consideras positivo y negativo en relación al desafío.

- Estudia las proporciones y relaciones entre las diferentes áreas, las perspectivas globales y locales. Deja que tu lápiz fluya, déjalo dibujar lo que quiera. No intentes controlar el proceso demasiado. No quieres que el PA tome el control total del ejercicio, restringiendo los posibles resultados. El truco está en dejar que el PC sea el conductor principal, mientras usamos el PA para evaluar lo que descubrimos. Ten coraje. Deja que tu mente creativa hable por sí misma.

Todo lo anterior debes comunicarlo visualmente a través del dibujo.

"¿Cómo de preciso debería ser el dibujo?".

La precisión no tiene ninguna importancia. Una persona se puede representar con una línea, un círculo u otra forma. No necesitas dibujar una persona tal cual. Lo mismo se aplica a cualquier otro concepto.

Explora el desafío dejando atrás las palabras, usando tus habilidades visuales y perceptuales para comprender la totalidad del desafío, así como sus diferentes partes. Y dentro de estas, las diferentes áreas, bordes, espacios negativos, proporciones, relaciones, luces y sombras que encuentras.

"Necesitaré usar palabras y el lenguaje para evaluar y anotar mis conclusiones e ideas".

Sí, el PA es esencial para anotar, refinar, evaluar y comunicar las revelaciones e ideas que encuentres durante este proceso.

A medida que evalúas tu dibujo, ve más allá, desafía tus resultados, introduce fallos y preguntas. Pon el dibujo boca arriba, intenta buscar interpretaciones diferentes a lo que ves. Recuerda a Alexander Fleming, él vio una cura donde otros vieron solamente moho.[37]

# En resumen:

- **Contempla el desafío como una totalidad** compuesta de muchas partes.
- **Ve más allá de las palabras y los conceptos,** ábrete a tus percepciones y visualizaciones.
- **Identifica el espacio ocupado por el desafío** y los espacios negativos que le rodean. ¿Pueden cambiar?
- **Identifica las relaciones** entre la totalidad y las partes.
- **Desafía tu visualización.** Cambia los ángulos e introduce elementos extra.
- **Busca nuevas interpretaciones** para tu visualización.
- **Explora las luces y sombras** de tu desafío. Intenta profundizar en las áreas con más claridad para alcanzar revelaciones e ideas sobre las áreas más sombrías.
- **Busca, identifica y explora** las características y rasgos únicos del desafío. Presta atención a lo que te desconcierte, parezca peculiar o llame tu atención.
- **Finalmente, piensa en el proceso de *sighting* de nuevo.** Busca las constantes de tu dibujo u otros puntos de referencia relacionados con el desafío (tus líneas virtuales de

la cuadrícula). Comprueba tu dibujo y tu desafío contra esas constantes, como harías durante el proceso de *sighting*.
- **Evalúa las relaciones y las proporciones.** En todo momento busca la armonía y la resonancia.

Cuando estés listo, deja que tu PA estudie y analice los resultados y anota tus nuevas revelaciones e ideas. Visualiza el dibujo que has creado. Recuérdalo, deja que se asiente en tu mente. Sé consciente del todo y de las partes. Ahora puedes esperar a que la incubación del dibujo continúe proporcionándote nuevas revelaciones e ideas.

Los dibujos gestuales y analógicos poseen una belleza especial. Como comentamos antes sobre los dibujos de contornos, estos bosquejos tienen un carácter muy genuino y profundo, y están muy conectados con la complejidad que existe más allá de los filtros del PA.

## El efecto de resistencia

Al principio, mientras intentas hacer estos ejercicios, tu mente se resistirá.

"Ah, sí, eso me ha pasado".

Estamos empujando a nuestra mente a que lidie con algo realmente nuevo, único y específico. Algo que no queremos interpretar como un símbolo genérico, sino como una realidad compleja que podemos expresar con el infinito lenguaje visual. Lidiar con la realidad a este nivel, cuando nuestros músculos PC son débiles, requiere algo de esfuerzo y la mente se resistirá. Debes insistir en estos procesos hasta que comiencen a volverse habituales. Reeduca tu mente.

El objetivo es encontrar un equilibrio armónico para que puedas vivir eficientemente con la ayuda de tu PA e innovar, crear y trabajar con lo complejo con la ayuda de tu PC cuando sea necesario.

# Gesto
## Improvisando tu camino hacia nuevas ideas

Herramientas: nuestro cuerpo, papel y lápiz.

Ejemplos en vídeo de algunos de los ejercicios:
[Web] **torchprinciple.com/gesture**

En los módulos previos hemos ejercitado nuestros músculos PC a través del lenguaje y del ecosistema visual. Ahora añadiremos el movimiento, el gesto y la improvisación/espontaneidad a la ecuación. Involucrar nuestro cuerpo mientras ejercitamos nuestros músculos PC es muy beneficioso. Nuestros pensamientos tienen un impacto directo en nuestra postura y nuestra salud. Y viceversa. Trabajando con nuestros cuerpos podemos ayudar a nuestra mente a encontrar nuevas revelaciones e ideas sobre nuestros desafíos.

## El potencial de la espontaneidad y la expresividad

La interpretación espontánea y la expresividad pueden sorprender a nuestro PA y proporcionar otras formas de evitar los censores de la mente. En este módulo cubriremos diferentes ejercicios que potenciarán tu espontaneidad y expresividad.

Algunos de los ejercicios requieren que te muevas bastante. Por lo tanto, recomendamos que encuentres un lugar lo suficientemente amplio para realizarlos.

## Celebrar el fracaso

Comenzamos con un gran ejercicio para soltarnos y eliminar cualquier miedo que pueda bloquear nuestra espontaneidad.

"Tengo alguno de esos, me preocupa lo que los demás puedan pensar de mí...".

Muchos de nuestros miedos están centrados en lo que nuestro supuesto fracaso podría significar para los demás. ¿Qué sucede, entonces, si abrazamos este supuesto "fracaso" frente a ellos?

"¿Abrazarlo?".

¿Sabías que hacerte reír a ti mismo incluso cuando no te apetece puede tener un gran impacto en cómo te sientes? El cuerpo puede influenciar la mente tanto como la mente influencia el cuerpo.

"Empujarnos a nosotros mismos a sentir o pensar en una dirección puede comenzar de hecho a movernos en esa dirección".

Sí, así que demos un giro sorpresa a la palabra fracaso. ¡Celebrémosla!

- Es ideal hacer este ejercicio en grupo. Puedes formar un grupo con amigos, pero sería aún mejor con gente que no te conoce bien.
- Dite a ti mismo y a los que te rodean lo feliz que estas porque has fallado. Explica cuántas oportunidades este "fallo" crea para ti.
- Comienza despacio y tranquilo e incrementa la intensidad hasta que lo estés gritando, cantando, declarando con toda tu energía.
- Canaliza tu energía con entusiasmo. Declara lo feliz que estás ahora que has fallado, porque fallar te abre tantas nuevas puertas.
- Continúa aumentando la intensidad. Cuanta más intensidad pongas, más liberadora y refrescante será la experiencia.

Haz este ejercicio cuando sientas que el miedo te está impidiendo ejercitar y poner en acción toda tu espontaneidad.

Y ahora, movamos ese cuerpo.

## Actuando el desafío

Einstein solía visualizarse a sí mismo siendo parte de los desafíos en los que trabajaba.[38] La mejor forma de comprender algo es estar metido dentro de ello.

En este ejercicio vas a representar tu desafío. Pretenderás ser tu desafío, parte de él o estar involucrado en él de alguna manera.

"¡Qué divertido! ¡Cuéntame cómo lo hago!".

- Encuentra un espacio amplio donde puedas caminar y moverte con libertad.
- Visualiza el desafío en tu mente en todo momento.
- No hables durante el ejercicio. Usaremos solo el movimiento y el gesto. No queremos activar demasiado los procesos PA.
- A medida que visualizas el desafío, deja que tu cuerpo se mueva como desee. Imagina que eres el desafío mismo o parte de él o que estás dentro de él.
- Muévete, deja que tu cuerpo exprese el desafío.
- Estate alerta a cualquier revelación o idea que surja en tu mente y anótala.

## Dinámicas de ideación

Cuando expandimos el ejercicio previo involucrando a un grupo de participantes, los resultados pueden ser espectaculares.

- Primeramente, seleccionamos un desafío y reclutamos un grupo de participantes para que trabajen en él.
- Al principio adoptamos normalmente una configuración circular. Luego representamos diferentes partes del desafío a través de los movimientos e interpretación de los participantes.

- Un director y moderador puede intervenir en diferentes momentos para añadir o eliminar elementos y para plantear preguntas o cambiar el contexto.

Imagina que nuestro desafío es encontrar una idea para crear una aplicación móvil que conecte a corredores entre ellos mientras promueve el deporte saludable a las masas.

Dos o tres participantes representarán a los corredores. Otro representará a una persona sedentaria en su casa. Otro a una recompensa localizada en alguna parte de la ciudad. Otro a un teléfono móvil. Y así sucesivamente. Una vez que todas las partes importantes del desafío estén representadas, podemos comenzar a interpretarlas.

Los detalles más finos de este proceso van más allá del alcance de este libro, el cual se centra en ejercicios individuales y en tu interacción con los demás, pero si estás interesado en esta profunda forma de ideación te recomiendo que hagas uno de nuestros talleres. Contáctanos en **ideami@ideami.com**.

Sigamos revisando otras formas de ejercitar tu espontaneidad.

## Acepta y construye

Es fácil seguir repitiendo viejos patrones en vez de innovar. Es cómodo permanecer en la zona segura, juzgando y analizando en exceso las nuevas posibilidades, poniendo excusas y obstáculos ante todo aquello que sea diferente.

Como recordarás, el cierre prematuro, llegar a conclusiones prematuras, es uno de los mayores enemigos de la innovación y de la creatividad. Y una de las formas más fáciles de tensar y paralizar tus músculos creativos es apresurándonos a juzgar las cosas, a encontrar dificultades en todo aquello que es nuevo y diferente. Lo llamamos el comportamiento "Sí, pero...".

"Sí, pero...".

¿Ves? Ya lo estás haciendo. En vez de eso deberíamos entrenarnos en el arte del "Sí, y…".

"Sí, pero…".

Espera un momento. ¿Y si para entrenar nuestros músculos PC, hiciéramos un hábito del siempre sumar a las cosas, del decir siempre sí, del contribuir siempre de forma positiva?

"¡Sí! ¡Y puedo ver cómo esto podría acelerar el encontrar nuevas ideas!".

Exacto. "Sí, y…", significa centrarnos en añadir algo constructivo a todo aquello que nos llegue.

"Parece complicado encontrar siempre algo que añadir…".

Una filosofía del añadir puede asustarnos al principio. Sentimos que pronto se nos agotarán las ideas. Pero cuando haces lo que puedes para añadir algo interesante en todo tipo de situaciones, te ves empujado a improvisar soluciones rápidamente y eso estira tus músculos creativos, los hace más fuertes y más flexibles.

Con el tiempo, a tus músculos creativos les es más fácil añadir cosas interesantes a todo aquello que les presentes.

"Se hace más fácil cuanto más lo hacemos, es como entrenar cualquier otro tipo de músculo".

- Encuentra un amigo con quien hacer este ejercicio. Haz el ejercicio en una sola dirección o en ambas (si tu amigo también está trabajando en un desafío).
- Explica tu desafío a tu compañero.
- Tu compañero te hará entonces preguntas sobre tu desafío. Para ayudarte a divergir y estirar tus músculos creativos, estas preguntas deberían ser tan chocantes e incluso absurdas como sea posible. Tu compañero intentará preguntarte las cosas más inusuales que se le ocurran.
- Ante la pregunta, debes contestar inmediatamente con un "Sí, y…". Es importante que respondas de inmediato. Esto evita que los procesos PA interfieran.

- Evita cualquier juicio y continúa tu frase con lo primero que se te ocurra. Estás improvisando el conectar de forma útil la pregunta con el desafío.

Estas preguntas absurdas sorprenden a tu PA y contribuyen a activar tu PC, forzándote a abrir nuevas rutas en la mente, transformando las preguntas en puertas a revelaciones e ideas potencialmente útiles.

Para estimular nuestros músculos PC aún más, la clave en este ejercicio es reaccionar a las preguntas tan rápido como podamos. Como sucedía con los dibujos gestuales del módulo anterior, esta rápida reacción evita que se activen nuestros procesos PA. De esta forma nos empujamos a divergir y a alejarnos de las soluciones típicas.

Anota cualquier revelación/idea y evalúala y refínala más tarde con tu PA.

Combinando preguntas inesperadas con rápidas reacciones a esas preguntas estiramos nuestros músculos PC, divergiendo fuertemente antes de converger a soluciones útiles.

## El regalo invisible

El entusiasmo, la excitación y la motivación agitan tu mente y ayudan a generar nuevas conexiones. En este ejercicio nos damos el uno al otro un regalo invisible que contiene semillas para nuevas ideas. Trabajarás con un amigo o compañero:

- Elije una palabra al azar, una tan inusual y no conectada con el tema del desafío como sea posible. Puedes usar el *SK-Engine*, la herramienta *SK-General*, un diccionario o cualquier otra forma de generarla. Escríbela en un papel y transforma el papel en una bola o en cualquier cosa que esconda la palabra. Dásela a tu compañero. El papel representa tu regalo especial.

- Cuando prepares el regalo, imagina que contiene algo realmente especial. Envuélvelo con cuidado y dáselo sintiendo que es algo importante para tu compañero.
- Cuando aceptes un regalo, imagina que es el regalo que siempre habías estado esperando. Expresa tu gozo y entusiasmo. Abre el regalo y lee en alto lo que está escrito en el papel.
- Explica inmediatamente por qué el regalo es tan importante para ti. Establece una conexión entre el regalo y tu desafío y celébrala. Estimulado por el regalo misterioso, abraza el riesgo de saltar a lo desconocido. Este proceso te empuja a divergir y a generar algo inesperado y original conectado con el desafío.

Es de nuevo esencial que reaccionemos tan rápido como sea posible después de descubrir el regalo, para evitar que el PA interfiera demasiado.

Anota cualquier revelación/idea interesante generada por el proceso.

Combinando regalos inesperados y reacciones rápidas a esos regalos, estamos estirando nuestros músculos PC, divergiendo fuertemente antes de converger a soluciones útiles.

## Intercambio narrativo

La misma historia puede adquirir un significado completamente diferente dependiendo de cómo se comunique y de quién la comunica. ¿Qué sucede cuando otra persona toma posesión temporal de tu desafío?

- Trabaja en parejas de nuevo. Toma posesión temporal del desafío del otro.
- Explica a tu compañero su desafío como si fuera el tuyo. Explica también cualquier posible solución al desafío que surja en tu mente. Expresa tu entusiasmo mientras lo expli-

*229*

cas. Este entusiasmo es clave. Te hará sentir rápidamente que el desafío es tuyo.

- Añade nuevos detalles a medida que hablas. Deja que nuevas revelaciones/ideas se unan al proceso de forma natural. Repite el ejercicio en la otra dirección, intercambiando los roles con tu compañero.
- Si estás en un grupo, cambia de compañero y repite el proceso con más gente. Cuanta más, mejor.

Este proceso estimula la polinización cruzada de ideas. Tu proceso de ideación está siendo enriquecido a través de las perspectivas de tus compañeros.

Y, de nuevo, la velocidad es clave para evitar los filtros y hábitos de tu PA.

## Ahora o nunca

Imagina que estás intentando vender tu desafío a un inversor invisible. Tu vida y tu futuro dependen de ello. Es ahora o nunca. Al ser invisible, este inversor activará tu imaginación.

- A través del ejercicio, concéntrate en ser espontáneo. No analices en exceso, déjate llevar.
- Visualiza tu desafío y al inversor invisible. Habla con el inversor como si estuviera delante de ti. Haz todo lo que puedas por impresionarle.
- Explica al inversor invisible por qué este desafío es tan importante.
- Explica al inversor qué soluciones propones para resolver el desafío.

A medida que sigues haciendo este ejercicio podrías encontrarte creando ángulos inesperados y encontrando nuevas revelaciones/ideas. Anótalas rápido.

# Cuento de hadas

La fantasía y los cuentos de hadas estimulan nuestra imaginación. Buscan siempre lo más atrevido. Son una forma estupenda de divergir a través de la originalidad y la creatividad.

- Cuenta tu desafío, solución o idea a tu compañero o grupo como si fuera un cuento de hadas. Involucra a personajes fantásticos, improvisa los ángulos más inusuales. No hay límites, después de todo, ¡se supone que es un cuento de hadas!
- Si tienes problemas para comenzar, puedes usar la estructura de un cuento de hadas tradicional: "Érase una vez, todos los días… Pero un día… Por eso… (repetir), hasta que finalmente… desde entonces…, y la moraleja es… (opcional)". Pero no es necesario. Puedes comunicar tu historia como mejor te parezca.

# El conductor ciego

La vida está llena de distracciones. ¿Qué sucede cuando centramos nuestra atención en uno solo de nuestros sentidos? En este ejercicio tu compañero te venda los ojos. Música contextual suena de fondo. Puedes usar sonidos del mar, de una jungla, de las calles de una ciudad, etc. Cualquier música ambiente relacionada con una localización o contexto específico funcionará.

- Al escuchar los sonidos, imagina que estás siendo conducido en un coche, barca o avión, buscando soluciones a tu desafío.
- Describe lo que tu mente visualiza. Conéctalo con tu desafío. Deja que los sonidos te hablen y te guíen hacia nuevas revelaciones e ideas.
- Tu compañero anotará cualquier revelación/idea que surja durante el proceso.

Estamos divergiendo antes de converger, combinando inesperados sonidos contextuales con visualización y narrativa.

## Creando paisajes acústicos

La narrativa mejora el cómo almacenamos, retenemos y encontramos la información. Las buenas historias estimulan muchos de nuestros sentidos. Los paisajes acústicos (*soundscapes/soundmaps*) son una buena forma de influenciar tus procesos mentales en direcciones inesperadas.

"¿Qué es un paisaje acústico?".

Un paisaje acústico es una pieza musical que contiene sonidos ambiente de un escenario o contexto específico. Por ejemplo, una jungla, la lluvia, las olas del mar, coches en las calles, la gente charlando en un mercado, etc.

Los buenos paisajes acústicos enriquecen los procesos PC. Involucra paisajes acústicos en algunos de los ejercicios de este capítulo en cualquier momento que te apetezca. Crea y cambia los contextos mientras ejercitas tus músculos creativos. Vete de la jungla a la playa, de una zona de guerra al espacio profundo. Los contextos inesperados pueden añadir un valor inmenso a tus procesos creativos y ayudarte a divergir más intensamente.

## Otras variaciones

Aquí incluimos algunas sugerencias para seguir ejercitando tu capacidad de improvisar y tu espontaneidad:

- Usa extremos para estimular combinaciones nuevas y originales. Establece tu desafío en entornos extremos o involucra a personajes extremos en él.
- En tu vida diaria, continúa ejercitando tus músculos PC con este ejercicio: Allá donde estés, en la calle o en un autobús, mira a la gente que te rodea. Imagina sus vidas antes

y después de ese momento. ¿Cuál es su historia? ¿Cómo se puede relacionar contigo y con tu desafío? Deja que tu imaginación te lleve a lugares inesperados.

- Sea cual sea tu contexto actual, imagina que se está desarrollando dentro de una película. ¿Quién eres tú en esa película? ¿Qué está sucediendo? ¿Qué podría suceder a partir de ahora? ¿Cómo se relaciona todo ello con tu vida y/o con tu desafío?

# Patrón
## Navegando la complejidad

Herramientas: Para este módulo necesitarás cualquier tipo de cámara. Un teléfono móvil es suficiente.

Ejemplos en vídeo de algunos de los ejercicios:
[Web] **torchprinciple.com/pattern**

## El poder de la textura

Las texturas y los patrones son muy importantes para los pensadores creativos. Ofrecen infinita variedad e imprevisibilidad y excitan nuestros centros visuales y, por extensión, nuestra mente. La textura agita nuestra olla subconsciente.

"¿Qué quieres decir con la palabra textura?".

En este módulo estamos especialmente interesados en lo que me gusta llamar texturas anónimas. Definimos una textura anónima como cualquier detalle visual capturado de cerca que no desencadena un proceso inmediato de etiquetado y categorización por parte de nuestros procesos PA.

"Detalle visual que no podemos nombrar o identificar de inmediato".

Si puedes ponerle nombre inmediatamente (mano, rosa, puerta, árbol), no es una textura anónima. Si no puedes llamarlo nada al principio, podrías encontrarte frente a un ascensor de texturas.

## El ascensor de texturas

¿Te acuerdas de cuando hablamos del ascensor de profundidad? Te quiero presentar a otro fascinante ascensor. El ascensor de texturas.

Todos hemos contemplado las nubes en alguna ocasión, intentando adivinar a qué personaje o forma nos recordaban. Lo mismo con manchas de café o marcas en una pared.

Contemplar texturas anónimas de cualquier tipo es como tomar un ascensor en el que desciendes a las raíces de todos los estímulos visuales. Una vez que llegas ahí, es posible conectar con otros ascensores que nos devuelven a la superficie de un tipo totalmente diferente de figuras y conceptos.

Como sucede con las palabras aleatorias, estas texturas nos ayudan a divergir fuertemente en nuestra ruta hacia nuevas revelaciones/ideas. Puedes verlas como análogos de los agujeros de gusano en la física: formas de divergir rápidamente para conectar con localizaciones conceptuales muy alejadas. Qué revelaciones/ideas son generadas depende de la combinación de tu conocimiento almacenado, tus procesos subconscientes y tu contexto actual.

"¡Nuevas ideas están a la vuelta de la esquina!".

## Texturas a través de la luz

Aunque podemos hablar de la textura en conexión con todos nuestros sentidos (oído, tacto e incluso gusto), las texturas visuales ofrecen la mayor flexibilidad y posibilidades.

Einstein prefería usar imágenes mentales en vez de palabras cuando trabajaba en sus desafíos.[39] Para él, la abierta y borrosa naturaleza de lo visual era una gran analogía de la complejidad de la vida y sus desafíos. Las palabras eran demasiado restrictivas. Tenían una naturaleza fija y estática.

Leonardo Da Vinci disfrutaba inmensamente sumergiéndose en las manchas de las paredes y en texturas similares, usándolas para generar nuevas conexiones en su mente.[40]

Una imagen tiene infinitas interpretaciones. En el módulo semilla fuimos y vinimos desde las palabras al amplio subconsciente. Ahora nadaremos en las texturas visuales y, a la vuelta, las conectaremos con el lenguaje. Las palabras nos ayudarán a comunicar y evaluar las revelaciones/ideas generadas por las texturas.

## Caminando hacia las nuevas ideas

En la primera etapa de este módulo trabajarás en solitario. Mientras interactúas con las texturas evita el lenguaje, ya que puede interferir con tus procesos PC.

Trabajar con texturas anónimas puede ser complicado al principio. Así que llegaremos ahí gradualmente, trabajando primero a niveles más altos y más conceptuales antes de descender a los más profundos y perceptuales.

## Pinta semillas de luz externa (nivel conceptual, texturas reconocibles)

En este primer ejercicio usarás tu cámara para tomar fotos de objetos que sugieren conexiones interesantes con tu desafío. Comenzamos con objetos que puedes reconocer y etiquetar.

- Explora los espacios que te rodean, recorre las calles o desplázate a localizaciones interesantes.
  "¡Cuanto más diversas mejor!".
- Visualiza tu desafío mientras haces el ejercicio.

- Pinta el sensor de tu cámara con la luz más interesante que encuentres.
- En esta primera etapa concéntrate en áreas y objetos identificables. Estos objetos pueden ser categorizados y etiquetados por tu mente con rapidez.
- Captura todo lo que encuentres interesante o aquello que directamente sugiera algo sobre tu desafío. Estás usando luz reflejada para pintar tu sensor digital con elementos visuales.
- Estate alerta a cualquier revelación/idea generada por el proceso y anótala.

Ahora profundicemos hasta lo realmente excitante y poderoso. Prepárate para nadar en la hermosa incertidumbre de las texturas anónimas.

## Excursión de texturas (texturas anónimas)

La clave de este potente ejercicio es centrarnos en texturas que tu mente no pueda categorizar y etiquetar de inmediato.

- Toma tu cámara, trabaja en solitario.
- Visualiza tu desafío mientras haces el ejercicio.
- Inicia tu excursión de texturas allá donde estés. Céntrate en los pequeños detalles que no pueden ser nombrados o categorizados por tu mente.
- Captura manchas, ceniza, formas extrañas, cualquier cosa que parezca peculiar, única o interesante. Aquello que captures podría sugerir rápidamente una conexión con tu desafío. O, alternativamente, podría estimular tu curiosidad, pidiendo ser grabado y preservado para un análisis posterior.
- Estate alerta a cualquier revelación/idea durante o después del proceso de captura y anótala.

- Embárcate en los ascensores de textura con la mente abierta. Mantén el desafío en el trasfondo de tu mente y deja que esas texturas anónimas agiten tu olla subconsciente.

## En tu ordenador

También puedes usar las herramientas *SK-Light* y *Texture Drawing* para explorar texturas anónimas desde tu ordenador o tableta.
[Web] **torchprinciple.com/lightstorm**
[Web] **torchprinciple.com/texturedrawing**

## Pinta semillas de luz interior

Esta es una variación opcional del ejercicio previo en la que usaremos nuestro propio cerebro como el sensor que capturará la luz interna generada por la mente.

- Cierra tus ojos.
- Visualiza tu desafío mientras haces el ejercicio.
- Activa escenarios acústicos (*soundscapes*). Deja que suenen de fondo. Opcionalmente, una grabación u otro participante podrían emitir palabras aleatorias que se mezclarían con el escenario acústico.
- Deja que los escenarios acústicos (y, opcionalmente, también las palabras) generen imágenes en tu mente. Visualiza con libertad. Tu cerebro está pintando con luz generada desde tu subconsciente.
- Estate atento a las revelaciones/ideas generadas por el proceso y anótalas.

## Fotografía gestual

En este ejercicio divergimos aún más, usando la aleatoriedad para capturar texturas.

- Coge tu cámara, trabaja en solitario.
- Visualiza tu desafío mientras haces el ejercicio.
- Dispara tu cámara aleatoriamente. Cierra los ojos o no mires hacia donde apunta.
- Mueve tu cuerpo mientras haces las fotos y utiliza el *zoom* para facilitar la creación de texturas anónimas, texturas que son difíciles de etiquetar con rapidez por tu mente. Esto facilita la divergencia creativa.
- Contempla las fotos que has hecho. Selecciona aquellas que o bien excitan tu curiosidad o bien sugieren una conexión inmediata con tu desafío.
- Estate atento a cualquier revelación/idea durante o después del proceso de captura y anótala.
- Embárcate en los ascensores de textura con la mente abierta. Mantén el desafío en el trasfondo de tu mente y deja que esas texturas anónimas agiten tu olla subconsciente.

## Camino metafórico

La cámara te permite capturar texturas y preservarlas para su análisis posterior. Ahora es el momento de ser más atrevidos y usar un tipo diferente de sensor para capturar la luz que te rodea.

- Tus ojos son ahora tu cámara.
"¡Vaya cámara tan fenomenal!".
- Esta cámara, tu ojo, posee una capacidad de almacenamiento a largo plazo menos confiable, así que tendrás que conectar más profundamente y de forma más cercana y rápida con las texturas que encuentres.
- Camina y explora objetos, texturas y patrones.

- Visualiza tu desafío mientras haces el ejercicio.
- Estate alerta a cualquier conexión inesperada con tu desafío.
- Cuando encuentres algo interesante, permanece un rato con ello, absórbelo, bucea en la textura.
- Anota cualquier conexión interesante.

## Compartiendo *feedback* y opiniones

Si has hecho los ejercicios previos como parte de un grupo, es hora de enriquecer vuestras interpretaciones mutuamente.

- Trabaja en pareja, elige un compañero. Cambia de compañero cada pocos minutos o tan a menudo como quieras.
- Explica tu desafío a tu compañero y muéstrale las imágenes que has capturado. Escucha cómo tu compañero interpreta tus imágenes en conexión con tu desafío. Haz lo mismo con el desafío y las imágenes de tu compañero.
- Explica tus propias interpretaciones de tus imágenes y escucha el *feedback* y opinión de tu compañero. Repite lo mismo en la otra dirección.
- Anota las nuevas revelaciones/ideas que surjan del proceso de *feedback*.

# Emoción

Herramientas: *SK-Haiku*.

Ejemplos en vídeo de algunos de los ejercicios:
[Web] **torchprinciple.com/emotion**

Comprender las emociones y comunicar desde el corazón es clave para trabajar con éxito en nuestros desafíos personales y profesionales.

Además, gestionar las emociones de los clientes es una parte clave del éxito empresarial hoy en día.

En este módulo usaremos la escritura poética para ejercitar nuestros músculos creativos.

## Un pórtico hecho de palabras

Un poema es una ventana emocional a nuestro subconsciente. Es un pórtico hecho de palabras que estimula nuestro PC.

## Más allá de los símbolos

Los poemas desafían nuestras abstracciones habituales, nuestras formas convencionales de mirar el mundo. La mejor forma de disfrutar un poema es evitar los juicios y las interpretaciones prematuras y absorberlo de forma natural, involucrando nuestras emociones y nuestros sentidos, cabalgando en los ascensores emocionales hacia el reino perceptual, dejando que el poema se exprese como quiera.

"Los poemas nos invitan a divergir emocionalmente".

Las interpretaciones literales de los poemas limitan su potencial e impiden que descendamos en los ascensores emocionales.

Lo que queremos es sentir profundamente el poema, dejarlo que agite nuestras emociones, generando visualizaciones y desafiando nuestros patrones de pensamiento habituales.

En poesía 1+1 no es igual a 2. Las palabras son reforzadas por la emoción y teñidas por nuestros sentidos, adquiriendo una cualidad profunda que llega a cada parte de nosotros.

Es un discurso que pierde su rigidez y se transforma en un baile de palabras. Adquiere una voz más profunda, expresando una melodía y un ritmo que van más allá del intelecto, llegando a las áreas más profundas de nuestro subconsciente.

## Ejercicios

Mientras haces los siguientes ejercicios, visualiza tu desafío tan vívidamente como sea posible. Deja que te hable desde una perspectiva emocional.

Quizás te apetezca caminar mientras haces alguno de estos ejercicios. Deja que tu cuerpo se mueva si desea hacerlo. No permanezcas constreñido y estático.

## Poesía aleatoria

En este ejercicio usamos haikus. Los haikus son pequeños poemas compuestos de 3 versos.

- Visualiza tu desafío mientras haces el ejercicio.
- Genera haikus aleatorios usando la herramienta *SK-Haiku* que te proporcionamos, o cualquier otra. La herramienta *SK-Haiku* produce haikus aleatorios generando mezclas aleatorias de frases poéticas. Puedes cambiar todas las frases de una vez o una de ellas individualmente en cualquier momento. Un solo *click* modifica completamente la naturaleza del haiku. Contempla lo que obtienes de forma relajada, mientras exploras tantos haikus aleatorios como quieras. Estás divergiendo emocionalmente al bañar tu

olla subconsciente en una mezcla diversa de ingredientes emocionales.

- Lee en alto los poemas generados. Permite que los haikus expresen su voz emocional libremente. Evita el analizar en exceso. Continúa sintiendo el haiku hasta que surja alguna revelación/idea. Si no surge nada, cambia a un haiku diferente.
- No te centres literalmente en las palabras. Concéntrate en sentir las emociones generadas por las frases.

Los haikus te ayudan a divergir emocionalmente. Cada combinación de frases/palabras puede generar en ti diferentes olas emocionales. Deja que esas olas se muevan y muten libremente.

Estate alerta a nuevas revelaciones/ideas que podrían conectar tus olas emocionales y el desafío.

Si tus músculos creativos y emocionales no son aún lo suficientemente fuertes y no surge nada, puedes probar una estrategia más sistemática:

- Intenta expresar lo que el haiku te hace sentir por medio de una palabra o una serie de palabras.
- Inténtalo primero con una sola palabra. Reducir el poema a una sola palabra es un ejercicio de síntesis poderoso y útil.
- Intenta conectar el haiku y tu interpretación verbal con tu desafío. No necesitas conectar el haiku completo con tu desafío. Podría ser solo una parte del haiku o una parte de una de las frases lo que proporcione una conexión interesante.

Ten paciencia. Lleva práctica evitar tus filtros PA para acceder plenamente a tus centros emocionales. Espera y estate atento a cualquier revelación/idea que surja en tu mente en conexión con tu desafío. No cuestiones lo que surja, dale la bienvenida.

En algunos casos, podrías necesitar minutos, horas o días de incubación para generar conexiones interesantes. Anota tus haikus y/o palabras de síntesis y retorna a ellos más tarde cuando nuevas revelaciones/ideas surjan en tu mente.

Los innovadores y creativos son proactivos. En los próximos ejercicios comenzamos gradualmente a liderar el proceso de generar estos haikus.

## Sigue al líder

- Visualiza tu desafío a medida que haces el ejercicio.
- Genera una frase poética aleatoria, solo una, usando la herramienta *SK-Haiku* u otra similar. La herramienta *SK-Haiku* te muestra siempre 3 frases pero elegirás solo una de ellas para comenzar.
- Elige una frase que de alguna manera despierte tu curiosidad, una que intuitivamente te atraiga.
- Comienza con ella y continúa el haiku por ti mismo, improvisando las siguientes frases de manera que conecten con tu desafío.
- La frase que elegiste se convierte en la primera del haiku, las otras dos vienen de ti.
- Siente la primera frase, no analices en exceso. Deja que te hable emocionalmente. Solo entonces continúa el haiku.
- Recuerda el ejercicio del "Sí, y...". Vocaliza la primera frase y rápida e inmediatamente improvisa las otras dos. La velocidad sirve para evitar que tu PA interfiera demasiado. Improvisa con rapidez la continuación del haiku de forma que conecte con tu desafío. Es una forma estupenda de ejercitar tus músculos emocionales y creativos, divergiendo antes de converger a soluciones útiles.
- Céntrate en visualizar y expresar emociones, comenzando desde la primera semilla poética aleatoria y siguiendo con las siguientes frases. Conéctalas con tu desafío.

## En solitario

Llega el momento de tener aún más coraje y de que intentes realizar el proceso completo por ti mismo:

- Visualiza tu desafío mientras haces el ejercicio.
- Genera 3 palabras aleatorias con la herramienta *SK-Engine* u otra similar.
- Elige palabras que te atraigan intuitivamente.
- Construye un haiku que incluya una de esas palabras en cada línea del poema.
- Siente las frases y las emociones que generan. Relaciónalas con tu desafío.
- Anota cualquier nueva revelación/idea.

## Flujo de emociones

¿Recuerdas los dibujos gestuales? Eran una estrategia para evitar nuestros filtros PA, bombardeando nuestros sentidos con gestos visuales que eran demasiado rápidos para que nuestro PA los pudiera interpretar.

Ahora piensa en un haiku infinito, un poema infinito. Un flujo constante que desafía tus patrones de pensamiento habituales a través de la magia de la emoción.

- Visualiza tu desafío mientras haces el ejercicio.
- Genera frases tipo haiku continuamente con la herramienta *SK-Haiku* u otra similar.
- Léelas de viva voz con energía e intención mientras te mueves allá donde estés.
- Continúa el flujo infinito de emociones, evita los juicios, déjalo fluir, déjalo expresarse. Siente las emociones que produce.

- Estate atento a cualquier revelación/idea que surja en conexión con tu desafío o contigo mismo y anótala.

## Aumenta la intensidad

Aumenta el efecto de estos ejercicios involucrando otros sentidos y habilidades. Dibuja algunos de tus haikus, actúalos o báilalos. Involúcrate al máximo.

## Compartiendo *feedback* y opiniones

Si has realizado los ejercicios previos como parte de un grupo, es de nuevo el momento de enriquecer mutuamente vuestras interpretaciones.

- Trabaja en pareja, elige un compañero. Cambia de compañero cada pocos minutos o tan a menudo como quieras.
- Explica tu desafío a tu compañero y muéstrale el haiku que has seleccionado o construido. Escucha cómo tu compañero interpreta tu haiku en conexión con tu desafío. Haz lo mismo con el desafío y el haiku de tu compañero.
- Explica tus propias interpretaciones de tu haiku y escucha el *feedback* y opinión de tu compañero. Repite lo mismo en la otra dirección.

## Contexto

Herramientas: *SK-Language*.

Ejemplos en vídeo de algunos de los ejercicios:
**[Web] torchprinciple.com/context**

En este módulo combinamos el lenguaje con la actuación, la espontaneidad y el sonido para producir otra poderosa mezcla para tu entrenamiento.

Cada idioma que aprendemos proporciona una perspectiva totalmente diferente sobre la vida. Lo hace a través de una cultura única, una abstracción única de la complejidad que nos rodea. Las sutilezas y características de cada idioma y la forma en que se usa moldean actitudes y comportamientos de sociedades enteras.

La revista *New Scientist* nos dice en su artículo del 8 de mayo del 2012:

**[Web] torchprinciple.com/languagearticle**

"Hablar un segundo idioma puede cambiar todo, desde la habilidad de resolver desafíos a la personalidad".

Es una sacudida total a tu personalidad y perspectiva, una oportunidad de mirar al mundo a través de una lente alternativa.

"¡Casi como si fueras personas diferentes!".

En este módulo usaremos un idioma que no hayas practicado con anterioridad para ayudarnos a divergir y bucear en perspectivas diferentes mientras agitas tus músculos y pensamiento creativos.

Antes de comenzar, es importante comprender tanto los beneficios como los desafíos que nos trae el lenguaje.

## Desafíos y beneficios

Un desafío clave con el lenguaje es el peligro de interpretar las abstracciones como si fueran datos puros, o las palabras como si fueran cosas reales.

El pensamiento creativo trabaja con áreas y dominios específicos, en los que puede ser flexible y altamente detallado. En cambio, el pensamiento analítico trasciende los contextos usando abstracciones. Estas pueden estar demasiado separadas de la experiencia real que inspiró su creación.

Podemos ver el lenguaje como un consenso sobre el mundo, una forma de simplificar y acelerar cómo lo clasificamos, describimos y explicamos.

Es una aproximación de la realidad, una forma de comunicar nuestra experiencia que ha sido elegida por otros y que podría no encajar de la mejor manera con nuestra experiencia personal.

"No me extraña que haya malentendidos cuando nos comunicamos con otros".

Por lo tanto:

- El lenguaje simplifica la complejidad y también la hace más impersonal.
- Ignora los detalles y aproxima la realidad.
- Introduce términos y elementos que no siempre se corresponden con los detalles reales de la experiencia.

Como hemos explicado previamente, a veces estas simplificadas abstracciones no son la herramienta correcta para encarar la complejidad de nuestro mundo. Muchos desafíos son trabajados de mejor manera a través de la naturaleza más contemplativa y abierta del pensamiento creativo.

Sin embargo, los lenguajes proporcionan beneficios muy importantes que pueden acelerar el descubrimiento de nuevas revelaciones/ideas.

- Nos permiten reconfigurar, dividir y recombinar rápidamente nuestro conocimiento explorando nuevas posibilidades.

- Alientan la divergencia al trasladar nuestra perspectiva de alto nivel a una colección diferente de símbolos. Esto puede ayudarnos a encontrar ángulos inesperados sobre nuestro desafío.
- A través de la combinación de múltiples contextos, enriquecen el proceso de trabajar con nuestros desafíos.
- Nos permiten acercarnos a otras culturas y formas de ver el mundo.
- Y, finalmente, el lenguaje y las palabras proporcionan rápidas ventanas de acceso entre nuestras estrategias mentales.

## La importancia del escuchar

El lenguaje genera significado a través del tiempo. Para capturar ese significado, escuchar es una parte clave del proceso. En los siguientes ejercicios escuchar a tus compañeros es tan importante como expresarte bien.

## Ejercicios

Trabajaremos con un idioma que ni tú ni tu compañero entendéis. Puedes usar la herramienta *SK-Language* o cualquier otra similar. La herramienta *SK-Language* funciona actualmente en indonesio y en español. Si hablas ambos idiomas, indonesio y español, podrías tener que crear tu propia variación de la herramienta en un idioma diferente.

[Web] **torchprinciple.com/basicindonesian**
[Web] **torchprinciple.com/indonesianpronunciation**

Los siguientes ejercicios pueden ser enriquecidos activando y haciendo que suenen paisajes acústicos de fondo (también llamados *soundscapes, soundmaps* o mapas acústicos). Los paisajes o mapas acústicos estimulan nuestras mentes y alientan la divergencia sin interferir con el proceso creativo.

# Aprendiendo por ósmosis

En este ejercicio agitamos nuestros músculos creativos al aprender nuevas palabras en un nuevo idioma y al conectar el proceso de aprendizaje con nuestro desafío a través de gestos y lenguaje corporal.

Tras seleccionar una nueva frase en el nuevo idioma, tendremos que explicarla a nuestro compañero usando solo gestos. Nuestro compañero intentará adivinar lo que significa mirando nuestros gestos y escuchando la frase.

Al visualizar nuestro desafío mientras combinamos paisajes acústicos, nuevas frases en un idioma diferente y gestos orgánicos, estamos combinando la espontaneidad, la expresividad y el lenguaje, una potente mezcla que puede inspirar el nacimiento de nuevas ideas.

- Mantén tu desafío en el trasfondo de tu mente durante todo el proceso.
- Visualiza tanto tu desafío como la cultura de donde proviene el idioma escogido.
- Utiliza la herramienta *SK-Language* para elegir una frase en el idioma escogido. La herramienta *SK-Language* te permite elegir rápidamente frases aleatorias en el idioma escogido, junto a su traducción en inglés.
- Elige frases que exciten tu curiosidad o sugieran algo conectado con tu desafío.
- Enuncia la frase en el idioma nativo. Visualiza tanto tu desafío como el contexto asociado con la cultura y la localización del idioma que estás hablando.
- Explica el significado de la frase a tu compañero usando solo gestos.
- Usa gestos y la frase elegida en el idioma nativo. No puedes usar ninguna palabra en tu propio idioma.
- Mientras dices la frase, presta atención a cualquier conexión entre la frase, tus gestos y el desafío.

- Si eres el que intenta comprender el significado de la frase, estate atento a cualquier conexión entre los gestos, la frase y tu propio desafío.

- Es vital comprender que no es importante adivinar el significado de la fase correctamente. Es el estiramiento de tus músculos creativos lo que realmente importa y lo que es realmente útil.

- Podría ser que conectes una interpretación inusual de la frase a tu desafío y eso podría conducirte a una gran idea, aunque podrías estar conectando los gestos con una abstracción/concepto diferente del que tu compañero intentaba comunicarte.
"Básicamente, podemos interpretar los gestos de forma totalmente incorrecta. Lo que importa es que estamos estirando y flexionando nuestros músculos creativos y cualquier interpretación que hagamos puede llevarnos a revelaciones/ideas interesantes conectadas con nuestro desafío".

- Disfruta el proceso. Siente cómo absorbes este nuevo idioma sin preocuparte sobre gramática o reglas. Permite que tu cerebro y tu mente exploren los patrones ocultos en las frases. Aprende sumergiéndote completamente en la frase, como hacen los niños.

## Viaje contextual

Este potente ejercicio te transporta a contextos impredecibles, invitándote a adaptar tu discurso y pensamiento a ellos, lo cual estimula la generación de nuevas revelaciones/ideas.

Combinaremos paisajes/mapas acústicos con el habla, adaptando nuestro discurso al mapa acústico que suena de fondo.

- Un paisaje/mapa acústico de contexto suena de fondo. Este mapa acústico expresa una localización específica, un evento o una escena. Por ejemplo: una guerra, un restaurante, volar en un avión, una manifestación en las calles, un mercado de una pequeña ciudad, etc.

- Interactúa con tu compañero y con el entorno adaptando tu comportamiento y tus palabras al mapa acústico.
- Explica a tu compañero tu desafío, conectándolo por completo con el mapa acústico. Tu desafío y tu explicación tienen que tener sentido en relación al paisaje acústico. Por ejemplo, si el paisaje acústico contiene sonidos de gente charlando en un mercado de frutas, tu interpretación de tu desafío tiene que encajar con ese escenario.
- Explica a tu compañero por qué es tan vital resolver tu desafío e intenta improvisar una manera de resolverlo que encaje con el contexto actual.
- Como de costumbre, para evitar el cierre prematuro y promover la divergencia, es importante reaccionar con celeridad e improvisar tu explicación tan rápidamente como sea posible.
- No fuerces nada. Si te sientes inspirado, genial. Si no, mantén el diálogo abierto con tu compañero y sé receptivo a cualquier *feedback* que recibas.
- Recuerda que tus palabras deben conectar con el mapa acústico en todo momento. Si el mapa acústico se refiere a una guerra, puedes actuar como un fugitivo o un prisionero que intenta comunicar información vital antes de que lleguen los guardas enemigos. Si el paisaje acústico se refiere a un lujoso espacio recreativo, como un hotel de Las Vegas, puedes actuar como si estuvieras intentando seducir a alguien con tu idea.
- Interroga a tu compañero sobre su desafío. Intenta sorprender con los ángulos de tus preguntas. Evita las perspectivas obvias. Alienta la divergencia desafiando a tu compañero.
- Si los dos tenéis varios idiomas en común, podéis cambiar de idioma durante el ejercicio para introducir aún más variación contextual.
- Cambia el paisaje acústico de forma impredecible. Puedes preparar una alarma que marque los momentos de cambio. Si haces el ejercicio en grupo, cambia de compañero cuando cambie el mapa acústico.

## Conexión por ósmosis

Esta es una sutil variación del primer ejercicio:

- Usamos frases aleatorias en un nuevo idioma y nos las explicamos mutuamente con gestos, como hicimos antes.
- Esta vez es aún menos importante adivinar la palabra o frase que está siendo explicada con gestos. Lo que es clave es que debemos conectar de alguna manera los gestos de nuestro compañero con nuestro desafío.

Este ejercicio acelera el ciclo de divergencia-convergencia y enfatiza el valor de conectar nuestro desafío con estímulos inesperados.

## Porque como dicen en (país elegido)

Este ejercicio proporciona una mezcla poderosa para entrenar aún más nuestros músculos creativos. Improvisando con rapidez te acostumbrarás a divergir mientras conectas múltiples fuentes de información. El ejercicio se divide en 3 etapas de creciente complejidad:

a) **Etapa 1: Conecta y comunica**

- Conectarás tu desafío con un mapa acústico y con una frase aleatoria en el nuevo idioma. En tu propio idioma, explicarás a tu compañero la conexión que has creado. Utilizando ambos idiomas, la frase y el mapa acústico, ejercitamos fuertemente nuestros músculos creativos.
- Un paisaje/mapa acústico de contexto suena de fondo. Este mapa acústico expresa una localización específica, un evento o una escena. Por ejemplo: una guerra, un restaurante, volar en un avión, una manifestación en las calles, un mercado de una pequeña ciudad, etc.
- Elige una frase aleatoria en el nuevo idioma.
- Conecta en tu mente la frase con tu desafío y con el mapa acústico de la mejor forma que puedas.

- Usa la frase para convencer a tu compañero de por qué tu desafío/idea es tan importante y de cómo podría ser resuelto. Introduce la frase en medio de la interacción con tu compañero. Es una manera estupenda de mejorar y ejercitar aún más tu habilidad de improvisar.
- A medida que explicas a tu compañero por qué tu desafío es tan importante (en tu propio idioma), di la frase: "Porque como dicen en (Indonesia, España, etc. dependiendo de qué idioma estéis usando)", y añade la frase que elegiste. Entonces continúa hablando, conectando el significado de la frase con tu desafío y con el mapa acústico de alguna manera.
- Tu desafío y tu explicación tienen que tener sentido en relación al paisaje acústico.
- Visualiza tu desafío, la frase y el mapa acústico mientras haces el ejercicio.
- Opcional: Puedes preparar una alarma y cambiar regularmente la frase aleatoria.

### b) Etapa 2: Escucha + conecta

- Conectarás tu desafío con un mapa acústico y con dos frases aleatorias en el nuevo idioma. En tu propio idioma, explicarás a tu compañero la conexión que has creado. Utilizando ambos idiomas, ambas frases y el mapa acústico, ejercitamos aún más nuestros músculos creativos.
- Ambos participantes eligen una frase aleatoria y se la muestran mutuamente.
- Necesitas conectar tu desafío con tu frase, con la frase de tu compañero y con el mapa acústico. Esto requiere que reflexiones, comuniques y escuches.
- Menciona la frase: "Porque como dicen en (Indonesia, España, etc. dependiendo de qué idioma estéis usando)", y añade la frase que elegiste en el nuevo idioma.
- Explica a tu compañero por qué tu desafío/idea es tan importante y cómo podría ser resuelto en base a lo que ambas frases dicen y al mapa acústico.

- Intenta improvisar una solución a tu desafío conectada con las dos frases y con el mapa acústico.
- Visualiza tu desafío, las frases y el mapa acústico mientras haces el ejercicio.
- Estate alerta a cualquier revelación/idea y anótala.

**c) Etapa 3: Combina + construye**

- Conectarás un mapa acústico con dos frases aleatorias en el nuevo idioma. A partir de esa conexión, generarás un desafío totalmente nuevo y en tu propio idioma propondrás a tu compañero una solución a ese desafío. Utilizando ambos idiomas, ambas frases y el mapa acústico para generar un desafío completamente nuevo con una solución asociada, ejercitamos aún más nuestros músculos creativos.
- Ambos participantes eligen una frase aleatoria y se la muestran mutuamente.
- Menciona la frase: "Porque como dicen en (Indonesia, España, etc. dependiendo de qué idioma estéis usando)", y añade la frase que elegiste en el nuevo idioma.
- Visualiza las frases y el mapa acústico mientras haces el ejercicio.
- Intenta combinar ambas frases y el mapa acústico para producir un nuevo desafío y una nueva solución.
- Conecta el nuevo desafío con ambas frases aleatorias y con el mapa acústico mientras explicas a tu compañero la importancia del desafío y de cómo podría ser resuelto.
- Estate alerta a cualquier revelación/idea y anótala.

# Enfriando los músculos con una conexión lejana

Es la hora de enfriar tus músculos creativos.

- Haz este ejercicio en solitario.

- Si es posible, haz sonar un mapa acústico de fondo.
- Elige una frase en el nuevo idioma.
- Contempla la frase y conéctala con tu desafío.
- Enúnciala, siéntela, saboréala. Y entonces, conéctala.
- Documenta: Anota cualquier cosa interesante que aprendas conectada con tu desafío.

# Meditación

Herramientas: *SK-Soundstorming*. Una alarma.

Ejemplos en vídeo de algunos de los ejercicios:
[Web] **torchprinciple.com/meditation**

El sonido humano más espontáneo es el llorar de un bebe al nacer.

Desde ese momento, el sonido se convierte en una forma fenomenal para canalizar emociones y estimular nuestro pensamiento.

## El gran catalizador

En tiempos difíciles, Einstein escuchaba música que le estimulaba y entusiasmaba.[41] La música puede ser un gran catalizador en el proceso creativo, moviendo nuestro pensar en direcciones inesperadas sobre los hombros de los patrones de información y las emociones.

En las raíces de la música encontramos melodía, armonía y ritmo. La melodía crea continuidad, la armonía alienta la compatibilidad y el ritmo produce unanimidad. La música aspira a crear orden a partir del caos, reduciendo la entropía del infinito océano de potenciales acústicos.

Cuando nos sentimos dispersos, la música puede generar orden, disciplina y estructura mientras se mantiene activa nuestra parte más intuitiva. Es un gran puente entre el pensamiento analítico y el creativo y destaca especialmente cuando ambos están activos y en forma.

Al necesitar una musculatura fuerte tanto del PA como del PC, la música requiere un aprendizaje profundo de reglas y teorías, siendo la forma de arte más estructurada. Pintores o escritores pueden comenzar trabajos ambiciosos desde el principio de sus carreras, mientras que los músicos típicamente requieren un entrenamiento largo y profundo al principio.

## Una cuestión de confianza

La música puede volverse demasiado compleja para que nuestro PA lidie con ella por sí solo. Por ello, la práctica y la interpretación musical se benefician mucho de los procesos del PC.

"Necesitamos confiar en el poder de nuestra olla subconsciente".

A menudo, cuando interpretamos piezas musicales que tienen una alta complejidad, cuanto menos intentamos analizar conscientemente, seguir o explicar lo que hacemos, mejor lo hacemos y viceversa. Los lentos procesos del PA pueden interferir con nuestros modos más rápidos de procesar información. Confiar en nuestro PC y en nuestro subconsciente nos ayuda a trabajar con la complejidad.

Intentar interpretar analizando conscientemente lo que estamos haciendo y adaptando nuestras acciones al resultado de ese análisis es demasiado lento y alienta el cierre prematuro. Por ello, algunos de los músicos más exitosos de la historia interpretaban de forma muy intuitiva, siendo a menudo incapaces de explicar o describir lo que estaban haciendo.

Esa es la música, un maravilloso puente entre lo consciente y lo subconsciente, entre el pensamiento analítico y el creativo.

# Ejercicios

## *Soundstorming* (nivel conceptual, sonidos reconocibles)

En este ejercicio de meditación acústica usaremos la herramienta de *Soundstorming* que puedes encontrar y usar aquí:
[Web] **torchprinciple.com/soundstorming**

- Encuentra un lugar tranquilo.
- Abre un navegador web y carga la herramienta de *Soundstorming*.
- Siéntate cómodamente y cierra los ojos.
- Puedes usar la herramienta en modo manual o en modo automático. También puedes cambiar otros parámetros de la experiencia. Revisa las instrucciones de esta herramienta y de las demás en:
  [Web] **torchprinciple.com/guides**

- En el modo manual a medida que mueves el dedo o el ratón sobre la pantalla se empiezan a oír sonidos breves.
- En el modo automático los sonidos comienzan a sonar automática y aleatoriamente, combinándose los unos con los otros.
- Visualiza tu desafío.
- No analices, visualiza el desafío y siente los sonidos que te rodean.
- Tu olla subconsciente combina el desafío y los sonidos aleatorios.
- Cuando algo interesante surja en tu mente, abre los ojos y anótalo.

Ahora prepárate para nadar en la hermosa incertidumbre de los sonidos anónimos.

## *Soundstorming* (sonidos anónimos)

La clave de este potente ejercicio es centrarnos en sonidos que tu mente no pueda categorizar y etiquetar de inmediato.

En este ejercicio de meditación acústica puedes usar la herramienta de *Soundstorming* o bien otras fuentes de sonidos anónimos que puedes encontrar en la sección acústica de la web.

[Web] **torchprinciple.com/soundstorming**
[Web] **torchprinciple.com/soundmap**

- Encuentra un lugar tranquilo. Siéntate cómodamente.
- Abre un navegador web y carga la herramienta de *Soundstorming* o uno de los vídeos de la sección acústica de la web.
- Carga y activa un álbum o un vídeo que contenga sonidos anónimos.
- Cierra los ojos. Visualiza tu desafío.
- No analices, visualiza el desafío y siente los sonidos que te rodean.
- Tu olla subconsciente combina el desafío y los sonidos aleatorios.
- Cuando algo interesante surja en tu mente, abre los ojos y anótalo.

## Sonido, emociones y desafíos

En los siguientes ejercicios usaremos piezas musicales para generar emociones que conectaremos con nuestro desafío.

Te animo a que camines mientras realizas estos ejercicios. Caminar alienta la relajación, así como la apertura de mente y la flexibilidad de nuestro pensar.

Utiliza piezas musicales que tengas disponibles en tu librería personal u otras que puedes encontrar en *YouTube*, *Spotify* y otros canales musicales.

Alternativamente, en las siguientes direcciones es posible acceder a piezas musicales que puedes utilizar en los ejercicios:
[Web] **torchprinciple.com/music**
[Web] **torchprinciple.com/soundmap**

## Lalalá contextual

Este ejercicio te invita a sumergirte en emociones concretas que surgen en ti a través de la música.

- Encuentra un espacio amplio y abierto para realizar el ejercicio.
- Haz sonar la música de fondo. Tienes ejemplos en:
  [Web] **torchprinciple.com/music**
- Mientras escuchas la música, camina libremente por el espacio en el que te encuentras.
- Mantén activo el desafío en tu mente, visualiza algunas de sus partes mientras caminas.
- No pienses con palabras. Visualiza tu desafío con imágenes.
- Siéntete libre de cantar junto a la música, vocalizando la emoción que sientes.
- Al principio usa sonidos genéricos o sílabas sin sentido como "la, la, la".
- Introduce palabras específicas solo cuando lo sientas necesario, cuando te veas impulsado a hacerlo.
- Anota cualquier revelación/idea o cualquier palabra/frase concreta que surja en tu mente o que introduzcas en la canción.

Algunos ejemplos de estilos musicales que puedes hacer sonar de fondo son:

- **Emoción celebratoria:** cantamos y, opcionalmente, usamos palabras relacionadas con los aspectos más gozosos de nuestro desafío.
- **Emoción fúnebre** (ejemplo: marcha fúnebre de Chopin): cantamos y, opcionalmente, usamos palabras que conectan con aspectos conflictivos u oscuros de nuestro desafío.
- **Emoción melancólica:** cantamos mientras recordamos las épocas relacionadas con nuestro desafío en las que fuimos felices.

## Exploración de mapa acústico (en silencio hasta la verificación)

En este ejercicio usamos mapas acústicos y representamos nuestro desafío en silencio hasta que surgen nuevas revelaciones/ideas.

- Activa un mapa acústico.
- Mientras escuchas el mapa acústico, camina libremente por el espacio en el que te encuentras.
- Mantén el desafío activo en tu mente, visualiza algunas de sus partes mientras caminas.
- No pienses con palabras. Visualiza tu desafío con imágenes.
- Conecta el mapa acústico con el desafío.
- Opcional: Recuerda el ejercicio de interpretar tu desafío en el módulo gestual. Vuelve a representar tu desafío, pero esta vez hazlo mientras suena el mapa acústico de fondo. Visualiza el desafío en todo momento. Gesticula y muévete. Actúa e interpreta, conectando tu desafío con el mapa acústico.
- Anota cualquier revelación/idea que surja.

## Vocaliza tu desafío/idea

Ahora introducimos tus propios sonidos en el proceso.

- Recuerda el ejercicio de interpretar tu desafío en el módulo gestual. Vuelve a representar tu desafío, pero esta vez vocaliza lo que visualizas, usando sonidos abstractos.
- Visualiza tu desafío y camina por el espacio en el que te encuentras.
- Vocaliza lo que sientes y visualizas usando sonidos abstractos. No uses palabras específicas.
- Deja que tu cuerpo actúe y se mueva como desee.
- Actúa el desafío. Vocalízalo. Exprésalo.
- Anota cualquier revelación/idea que surja durante el proceso.

## Rellena los huecos

En este ejercicio utilizamos canciones populares y conocidas, y creamos nuestras propias letras, conectándolas con el desafío.

- Haz sonar una canción popular de fondo, por ejemplo la canción mexicana "La cucaracha".
- Canta, sintiendo la emoción generada en ti por la canción. Usa expresiones genéricas como "la, la, la".
- Reemplaza parte de la letra con nuevas palabras/frases que conecten con tu desafío.
- No analices en exceso. Déjate llevar. Visualiza y exprésate de forma suelta y orgánica.
- Siente el espíritu y la emoción que emana de la canción, deja que te conduzca hacia nuevas revelaciones/ideas mientras visualizas tu desafío al mismo tiempo.
- Como siempre, anota cualquier cosa interesante que aprendas en conexión con tu desafío.

## Macedonia de frutas

En este último ejercicio mezclaremos aleatoriamente algunos de los módulos previos para generar mayor variedad en la manera de ejercitar nuestros músculos creativos.

- Prepara una alarma.
- Cada minuto cambia a una actividad diferente, un ejercicio diferente tomado de los módulos previos.
- Hazlo individualmente o en grupo con tus compañeros.

## Conclusión

Los ejercicios de este capítulo te ayudan a fortalecer tus músculos creativos involucrando todo tu potencial. A medida que fortaleces estos músculos, te resultará más fácil divergir fuertemente para después converger a soluciones innovadoras. Comienza a utilizar estos ejercicios y otros, incluyendo tus propias variaciones, en los desafíos profesionales y personales que afrontas.

CAPÍTULO 7:
# Salud y bienestar

*"No pienses. Pensar es el enemigo de la creatividad. Pensar es un acto autoconsciente y cualquier cosa consciente de sí misma es vil. No puedes intentar hacer cosas. Simplemente las haces".*

**– Ray Bradbury.**

La gran mayoría de la gente es consciente de que la salud es el parámetro más importante de nuestras vidas. Por ello es tan importante hablar del pensamiento creativo y la innovación en conexión con ella.

El pensamiento creativo puede tener un gran impacto en nuestra salud, dependiendo de cuán presente o ausente esté.

El incesante parloteo analítico de la conciencia, con su red de preocupaciones y desafíos, es una de las principales fuentes de ansiedad, estrés, miedo y frustración.

Revisemos algunos de los beneficios que nos aporta el ejercitar nuestros músculos creativos, así como los peligros conectados con su falta o su exceso de uso.

# Estrés
## No todo el estrés es igual

Comencemos abordando el ascensor de profundidad del estrés mental, un tema que a todos nos importa.

"Estrés mental... eso es lo peor".

Lo escuchamos todo el tiempo. El estrés mata. El estrés es dañino para nuestra salud. ¿Pero es así con todos los tipos de estrés?

"Mm, dime más".

Existen diferentes tipos de estrés y algunos de ellos son a menudo necesarios e incluso útiles.

El estrés se define comúnmente como la respuesta del organismo a un estímulo que podemos llamar el estresor.[42] No suena tan mal cuando lo definimos de esta forma tan genérica. De hecho, suena bastante neutral. Pero, como sabemos, el estrés lleva típicamente asociadas unas connotaciones muy negativas.

El problema de abstraer y simplificar algo tan complejo como el estrés es que lo terminamos viendo como algo que es todo bueno o todo malo. O bien estás estresado (malo) o no lo estás (bueno). ¿Pero es la situación realmente tan simple?

De hecho, no lo es. Cuando estudiamos una variedad de situaciones es fácil encontrar ejemplos en los que el estrés ayuda a tu cuerpo y a tu mente de forma positiva.

"Dame un ejemplo".

Los gérmenes son estresores para nuestros cuerpos. Los niños que son aislados de estos estresores durante la infancia enferman más a menudo y desarrollan más alergias. El estrés creado por los gérmenes en el cuerpo de un bebé desencadena el proceso de desarrollo de útiles defensas por parte del organismo. Estas son cruciales en ese momento y a partir de entonces. De hecho, las ventajas o desventajas producidas por la presencia o ausencia de estos estresores pueden ser difíciles o imposibles de revertir a medida que crecemos.

"Entiendo. Sigue, por favor".

Para un actor el escenario y la audiencia son estresores clave. La mayoría de los actores profesionales reconocen que, más allá de su experiencia y de su habilidad, siempre sienten una cierta cantidad de estrés antes de una actuación. De hecho, sin ese nivel base de estrés, la calidad de su actuación sufre. Es ese nivel base de estrés el que les estimula a entrar en lo que solemos llamar "la zona". Es ahí donde la mente y el cuerpo se sienten fuertemente estimulados por esos estresores y listos para abordar la complejidad del desafío que encaran.

"¡Así que el estrés puede literalmente generar comportamientos o procesos beneficiosos!".

Sí. Algunos niños que nacen en familias adineradas no experimentan suficientes desafíos o estrés. Como consecuencia de ello, pueden transformarse en adultos a los que les falta algo de profundidad. Por otro lado, los niños que tienen que enfrentarse a duros desafíos y múltiples tipos de estresores, a menudo se convierten en adultos más completos y más profundos. Estos adultos poseen más equilibrio y son más habilidosos.

El estrés, por lo tanto, no es solamente un demonio peligroso, sino más bien un caballo salvaje, capaz de llevarte muy lejos, pero muy peligroso cuando se desboca.

"Como cuando un niño es expuesto a demasiado estrés. Esto puede ser muy dañino y producir el resultado opuesto".

Sí, porque cuando este caballo se desboca sus efectos dañinos pueden ser devastadores, igual que ocurre con cualquier otro estímulo llevado al límite.

"Entonces, existen diferentes tipos de caballos estresores y algo de estrés es inevitable, luego, ¿cómo podemos influir sobre qué tipo de caballo estresor vamos a cabalgar?".

Diferentes actividades y estrategias mentales se relacionan típicamente con diferentes tipos de caballos estresores:

- El PA alienta los tipos nerviosos. Estos caballos tienen miedo de lo desconocido, son intranquilos y difíciles de gestionar. Han de ser controlados con tensas correas.
- El PC alienta otro tipo de caballo estresor más calmado. Estos caballos son flexibles y sueltos en sus movimientos. Les encanta explorar y es más fácil manejarlos a menos que se suelten demasiado. Si se sueltan demasiado podemos perder el control sobre ellos.

Ambos tipos tienen el potencial de ayudarnos. Ambos pueden dañarnos. Pero, debido al énfasis que nuestra sociedad pone en nuestro PA, los caballos estresores del PA pueden perder el control y volverse contra ti más a menudo que los caballos estresores del PC (y con consecuencias más dañinas).

"Luego necesitamos cabalgar sobre los tipos buenos y mantenerlos controlados".

Sí, no desees un mundo sin estrés, pues necesitas estresores para prosperar y crecer. Desea un mundo sin estrés extremo ni desequilibrado. Evita especialmente el tipo de estrés que nace de estrategias de pensamiento que se inclinan demasiado hacia el análisis extremo y las estrechas reglas de la lógica.

"Nuestros caballos estresores pueden entonces ser beneficiosos en vez de dañinos".

Sí, mantén tus caballos estresores sueltos y relajados y te recompensarán con inspiradora estimulación, con entusiasmo y dinamismo.

## Ejercicio

Obsérvate durante tres días e identifica un estresor útil y otro dañino con los que hayas estado lidiando esos días o con los que hayas tenido que lidiar en el pasado. Busca formas de estimular el útil y limitar la presencia del dañino. Por ejemplo, tener que estudiar para mi examen de italiano me estresa, pero estoy realmente motivado para aprobar el examen y día a día me siento más cómodo con lo que estudio. El efecto final es positivo, luego me recordaré a mí mismo que este estresor me está trayendo cosas buenas y seguiré avanzando. Por otro lado, interactuar con mi amigo X me estresa debido a su actitud negativa. Esto puede dañar mi salud. Evitaré a esta persona o le pediré que cambie su actitud.

# Comodidad
## El círculo vicioso de la comodidad

El ascensor de profundidad del estrés nos conecta con el de la comodidad. Uno podría pensar que la comodidad es el antídoto del estrés dañino. Sin embargo, demasiada comodidad puede terminar activando peligrosos tipos de estrés.

"Me gusta la comodidad".

¡Por supuesto! ¿Sabías que las parejas que alquilan alojamientos lujosos pueden tener un riesgo superior al normal de terminar rompiendo?[43]

"Cancelaré mi reserva de inmediato".

¿Por qué la comodidad extrema es a menudo peligrosa?

Por su propia naturaleza, la comodidad no combina bien con el esfuerzo, y enfrentarse a escenarios inciertos, complejos y borrosos podría requerir algo de esfuerzo.

"¿Qué es lo complejo en unas hermosas, relajantes y lujosas vacaciones?".

Es la vida en sí misma la que es compleja. Nuestras interacciones, relaciones y acciones diarias están llenas de complejidad.

"¡Ja! Supongo que estaba siendo vaga ignorando lo profundo que se esconde bajo la superficie".

Esa es una de las características de la pereza y la comodidad extrema, que es, por lo tanto, anti-creativa. No favorece a nuestro PC e inclina el balance mental hacia el PA, la red de preocupaciones analíticas.

"Luego la pereza y la comodidad extrema no combinan bien con la complejidad".

Así es, y eso alienta a nuestro PA a que domine, simplificando la realidad y buscando el gozo a través de los trucos de la lógica, las abstracciones y los juicios prematuros.

"Por desgracia, la vida real es compleja".

Claro, está hecha del otro 99% que rodea nuestras abstracciones mentales. La vida es incierta, impredecible y borrosa. Antes o después la burbuja abstracta y analítica explota.

"¡Ups!".

Y entonces nos vemos desnudos en medio de una tormenta mental.

"Así que la pereza y la comodidad extrema fortalecen al PA e interfieren con nuestro PC".

Sí, piensa en tantos creadores e innovadores que se hacen ricos y famosos. Una vez que son dominados por la fama, la comodidad y la adulación, a menudo pierden mucho de su potencial creativo.

Considera el contraste entre los primeros trabajos innovadores de algunas estrellas del pop y del rock con sus siguientes trabajos, cuando la fama y la comodidad han tomado el control de sus vidas. Cuando dejan de abrir nuevas rutas mentales y continúan repitiendo sus viejos patrones y los de otros, la creatividad y la innovación sufren.

"Comodidad frente a esfuerzo. Interesante".

Otros, que se hacen ricos de la noche a la mañana, heredan grandes fortunas o se enriquecen a través de los negocios, de premios u otros eventos, son en muchos casos incapaces de encontrar la paz mental al poco de haber adquirido tales beneficios. ¿Por qué sucede esto? La comodidad extrema puede generar actitudes y perspectivas irreales. La realidad muta constantemente y la comodidad material extrema, que es de lo que estamos hablando, genera a menudo un estado de alerta constante para detectar todo aquello que pueda modificar o cambiar el estado de las cosas.

"Nos asusta perder lo que hemos acumulado".

El miedo refuerza nuestro PA, alejándonos de la paz y el espacio mental necesario para ejercitar nuestros músculos creativos.

"Supongo que pasar mucho tiempo con nuestro PA puede volverse muy estresante…".

El problema de pasar la mayor parte de nuestro tiempo en los bucles del PA es que las visiones fantasiosas y el PA no son buenos amigos. El PA está constantemente buscando desafíos que resolver.

"¡Y los quiere resolver rápida y fácilmente!".

En cuanto has resuelto o fingido resolver uno de estos desafíos, el PA insiste en encontrar otro.

"¡Es un círculo vicioso!".

Esto pronto se vuelve estresante. Es como tener una mascota dragón bajo la mesa: el dragón continúa escupiendo fuego y tú continúas apagándolo. ¿Por qué no pensamos en deshacernos del dragón o al menos conseguir que pase la mayor parte del tiempo en otro lugar?

O quizás todo lo que el dragón necesita es un compañero, un socio.

"Alguien que complemente y pacifique nuestro dragón".

El fuego de nuestro PA es lo que sucede cuando nuestra mente pierde el equilibrio, cuando nos falta la otra mitad.

## Ejercicio

Describe dos momentos de tu vida. Uno en el que tu vida era realmente fácil, hasta el punto de hacer que te volvieras más perezoso, y otro en el que tu vida era un desafío constante, lo cual sacó fuera lo mejor de ti.

¿Cuándo te sentiste más vivo, excitado y entusiasmado? ¿Cuál de esos momentos te hizo crecer más como persona? Medita sobre ello.

# Un PA dominante

Hemos reflexionado sobre el estrés y la comodidad y su conexión con el PA y el PC.

Profundicemos ahora sobre por qué un PA muy dominante puede ser tan problemático para nuestra salud.

## Encuentra el violín en la tormenta

Es clave aprender a evitar y calmar nuestro parloteo analítico consciente.

Nuestro PC es como un delicado violín en medio de una salvaje tormenta mental. Necesitas encontrar formas de calmar la tormenta para así poder escuchar este hermoso violín.

## Ejercicio

Hazte más consciente de los momentos en los que tu mente está dominada por el parloteo analítico y lógico. Nota tus niveles de estrés cuando entras en estos círculos viciosos. Toma conciencia. Es el primer paso para recuperar el equilibrio.

## Un mundo de problemas

Nuestra mente analítica está principalmente centrada en aquellas cosas que consideramos problemáticas. Podemos verla como una red de preocupaciones.

"¡Persiguiendo problemas, o inventándolos!".

Por ello, gastar la mayoría de tu moneda mental en el PA puede conducirte a un estrés y una ansiedad dañinos.

"Me recuerda a cuando veo las noticias de la televisión demasiado tiempo".

Sí. Es como si estuvieras mirando las noticias de la televisión constantemente, analizando problema tras problema. Al mismo tiempo, intentas encontrar soluciones usando herramientas que a menudo son incapaces de trabajar con la complejidad de esos problemas.

"La mayoría de los desafíos son demasiado complejos para que la lógica y el análisis trabajen con ellos por sí solos".

Necesitamos ayuda. El PC equilibra nuestro PA, alejándonos de esos círculos viciosos hacia aguas más calmadas, donde podemos entrar en contacto con la auténtica complejidad de la situación, alejados de juicios prematuros estresantes.

## Un círculo vicioso

El PA genera presión, la presión de resolver el "problema".

"Conozco esa presión… Se puede sentir como un círculo interminable…".

Cuando trabajamos bajo presión, la ansiedad se une a la fiesta. Llega la urgencia e intentamos conscientemente apresurar soluciones empleando procesos PA. Estos siempre van unidos a la red de preocupaciones.

"No me puedo imaginar al PC muy feliz en esta situación".

Claro, un entorno de ese tipo inhibe al PC. Entramos en un círculo vicioso en el que el estrés activa el PA, el cual inhibe al PC, empujándonos a sentirnos más estresados, lo cual refuerza aún más los procesos PA.

El estrés y un PA extremo. Juntos nos alejan de la creatividad y la innovación.

## Parcheando el problema

Pasar la mayor parte de nuestro tiempo en el abstracto y estrecho mundo del PA hace que nos perdamos la riqueza y viveza que la complejidad de la vida nos puede ofrecer.

Para el PA, la percepción deber ser siempre simplificada, abstraída, empaquetada, categorizada, juzgada y evaluada. ¿Es útil? ¿Es peligrosa?

"Pasar demasiado tiempo con el PA hace que me sienta bastante vacío".

La gente siente que algo les falta cuando viven en exceso en mundos mentales demasiado planos y superficiales, rodeados de juicios y atrapados en las restricciones del lenguaje, los símbolos y las abstracciones. Para compensar, a menudo se involucran en actividades llenas de adrenalina, como juegos violentos, atracciones en parques recreativos, drogas, fiestas salvajes, pornografía, etc.

"Podría ser divertido durante un rato…".

Como el azúcar, es un subidón temporal que pronto se desvanece, devolviendo a estas personas a sus sensaciones de vacío habituales.

"Falta algo más profundo".

Ese algo es la mitad de su potencial. La mitad que les acerca a la interminable riqueza y complejidad de la vida.

"Luego, la solución a la sensación de vacío no está necesariamente ahí fuera…".

La solución está aquí mismo, dentro de nuestras mentes, comenzando con alentar, cuidar y nutrir nuestros procesos de pensamiento creativo.

## Ejercicio

Durante un día completo intenta observar tus propios pensamientos cuando te sientas preocupado por algo. Observa tus procesos PA en funcionamiento mientras recorren tus asuntos buscando soluciones. ¿Con qué frecuencia te encuentras en ese estado? ¿Cómo te sientes en esos momentos? Toma conciencia de todo ello. Anota cualquier sensación de ansiedad o estrés, así como otras emociones que sientas.

# Sanando

## Comenzando a sanar

Encontrar el equilibrio en tu pensar comienza por darte cuenta y reconocer que eres más que tu red de preocupaciones.

"No tiene que controlarme".

Aprender a contemplar y ver tus pensamientos conscientes, juicios, preocupaciones y miedos como abstracciones imprecisas de la realidad, y no como la realidad misma, nos ayuda a escapar de los círculos viciosos y distorsiones generadas por el PA. Observar el funcionamiento de nuestra propia red de preocupaciones puede suavizar su influencia.

"¡Genial! ¿Y qué más podemos hacer?".

Fortalece tu PC para alejarte de los hábitos mentales dañinos. El PC te aleja de tu ego, de tu sentido de identidad y de tu red de preocupaciones.

"Eso debería traerme más paz…".

Sí. Exploremos por qué.

## La comprensión como parte de la curación

El primer paso en el camino a la libertad mental está en comprender lo que sucede y por qué sucede. Comprender cómo nacen los hábitos y cómo evolucionan te puede ayudar a trabajar con cosas como fobias, traumas o depresiones. En la raíz de todas ellas existen patrones de pensamiento que han arraigado profundamente en nuestras mentes.

"¡No puedo parar de pensar en ello!".

Estos patrones están tan arraigados que cualquier potencial alternativa se enfrenta a grandes dificultades para desplazarlos.

"Supongo que se necesita persistencia".

Una idea que está profundamente arraigada en tu mente puede ser desplazada por nuevas alternativas. Estas alternativas son débiles al principio, pero podrían encontrar formas de sobrevivir si sus contribuciones son lo suficientemente atractivas y si estás motivado para impulsarlas.

## Ejercicio

Cuando te sientas incapaz de dejar de pensar sobre un desafío, coge un papel y describe un escenario alternativo donde resuelves el desafío y lo dejas atrás. Escríbelo y léelo tan a menudo como necesites. Poco a poco, tu subconsciente comenzará a trabajar en la dirección de este nuevo contexto. Lentamente estás haciendo crecer un nuevo patrón mental en tu mente y tu atención se alejará del patrón previo gradualmente. No es fácil. Requiere esfuerzo y perseverancia. Pero se puede lograr en casi todos los casos.

# Necesitas una nueva perspectiva
## Desafíos frente a problemas

Nos centramos ahora en la rutina diaria, buscando otras causas de nuestra ansiedad y estrés.

Cómo describes las cosas tiene un impacto enorme en tu bienestar mental. Piensa en desafíos, no en problemas.

"Espera, veo un problema con eso. Ups, quiero decir un desafío".

Los desafíos son invitaciones positivas que nos impulsan a generar nuevas soluciones. Los problemas son invitaciones negativas que nos llevan al pánico.

"Gracias por el recordatorio, ¡estaba comenzando a sentir pánico!".

Cuando piensas sobre algo como si fuera un desafío, adoptas una actitud constructiva centrada en crecer y evolucionar a través del proceso. Esto es positivo al margen del resultado final.

Pensar en problemas a menudo revela más sobre la personalidad del observador que sobre la naturaleza del desafío.

"Entiendo, ver problemas en todas partes dice algo sobre mi personalidad...".

La palabra problema huele a derrota.

"Que la derrota ya esté presente en el planteamiento no es una buena forma de comenzar a buscar una solución".

Un desafío es una puerta a nuevas enseñanzas y aprendizajes, mientras que un problema es un obstáculo que te detiene por completo.

"Entiendo. Los desafíos me empujan a convertirme en una persona mejor en todos los sentidos. Esto es positivo pase lo que pase al final".

Es lo dinámico frente a lo estático, el flujo natural de la vida frente a la parálisis del miedo. Vida frente a muerte, desafíos frente a problemas.

"Me has convencido. Pensando en mi salud, ¡elijo desafíos!".

Si eliges los desafíos, entonces estás eligiendo también el fortalecer tu PC.

El PC, por su propia naturaleza exploratoria, dinámica y altamente productiva, te enseña a ver la vida positivamente, como una serie de desafíos.

"Comprendo. Se trata de encarar una serie de desafíos que se convierten en pasos intermedios en nuestro camino hacia las soluciones innovadoras".

Sí, encontrar soluciones innovadoras requiere experimentación constante y una productividad sostenida. Una serie de desafíos que te animan a ser positivo y a disfrutar el proceso de trabajar con ellos.

## Ejercicio

Piensa en algo que interpretas como un problema en tu vida. Replantéalo como si fuera un desafío que te invita a crecer y a evolucionar de forma positiva a medida que trabajas con él.

# Fracaso
## Necesitas fracasar

La necesidad de replantear los problemas como desafíos es esencial para nuestra salud, porque como innovadores necesitamos "fallar" y "fallaremos" a menudo.

"Solo es posible sobrevivir a esos fracasos si no los interpretamos como reveses y contratiempos dramáticos".

Así es. Algunos de los mayores logros de la historia nacieron de lo que muchos considerarían un "fallo". Reflexionemos sobre el concepto del fallo en sí mismo.

Considerar algo como un fallo es posible si interpretamos los eventos como entidades estáticas, desconectadas del pasado y del futuro, finales de un camino sin ramificaciones o alternativas, parte de un mundo estático e inflexible.

"Ya veo. Un fallo duele aún más cuando lo sentimos de forma aislada, separado del pasado y del futuro".

Pero ¿qué sucede cuando contemplamos la situación en relación al tiempo?

"¿Te refieres a mirar hacia adelante, el futuro, y hacia atrás, el pasado, desde donde nos encontramos?"

Imagina que estás perdido en la montaña por la noche. Hay tormenta. Estás perdido y necesitas regresar a casa.

"Pruebo diferentes rutas".

Estás desorientado y no puedes encontrar el signo que apunta hacia casa. Te caes muchas veces y te lesionas. Sientes miedo y entras en pánico.

"Suena familiar".

¿Vas a abandonar? Después de una de las caídas, aún dolorido, te das cuenta de que desde la posición donde caíste, desde ese ángulo, puedes ver una señal en la distancia, una señal que apunta hacia tu casa.

"¡Qué suerte haberme caído!".

Sí, y cuando finalmente llegas a casa, ¿cómo te sientes respecto a la caída que magulló tu pierna? ¿La consideras un evento desafortunado? ¿O valoras que aceleró el proceso de encontrar el camino a casa? La caída te ayudó a evitar peores consecuencias, permitiéndote encontrar una señal que podría haber permanecido oculta a la vista durante demasiado tiempo.

"Así que no deberíamos separar los eventos de lo que pueda suceder inmediatamente después".

Así es, y aunque no podemos controlar lo que acaba de suceder, sí podemos controlar casi todo lo que va suceder a partir de ahora.

"Y puede que un día rastreemos de vuelta los pasos de nuestro camino y nos demos cuenta…".

De que al final lo que sucedió fue para bien.

La miseria vive en la palabra "fallo". Eliminarla de nuestro diccionario mejorará nuestra salud en todos los sentidos.

"¿Fallo? Nunca oí esa palabra en mi vida".

Para el gran inventor Edison un fallo significaba llegar a un lugar diferente, a una respuesta diferente que no solo tenía gran valor en sí misma sino que podía ser aún más valiosa que aquella que buscábamos.[44]

"Debido a las inesperadas conexiones y revelaciones/ideas que podría traernos…".

Recuerda una de las historias al principio de este libro: has cruzado el campo nevado en una dirección diferente y has llegado a otro lugar. Es tu actitud la que transformará tu nuevo destino en algo útil y memorable o en un espacio vacío.

Piensa en algunas de tus vacaciones, en esos momentos en los que te perdiste durante el viaje, cuando al perderte encontraste algo totalmente inesperado, algo interesante o valioso.

"¡Me encanta cuando eso sucede!".

Puede que hayas reaccionado con frustración y enfado si tu mente estaba obsesivamente centrada en su meta inicial.

"Eso suena muy típico del PA".

Pero cuando tu mente funciona de forma abierta y equilibrada podrías descubrir en el inesperado destino algo tan valioso (o más valioso aún) que lo que estabas buscando.

"Intuyo cómo el PC puede ayudarnos a relajarnos cuando algo inesperado sucede".

El equilibrio, como siempre, es la clave. Algunos eliminan la palabra "fracaso" de sus diccionarios, pero van demasiado lejos y viven en un espejismo.

"Cuando ignoramos estos eventos y simplemente continuamos como si no hubiera pasado nada".

Lo que separa a los innovadores exitosos de aquellos que viven en un mundo de fantasía y espejismos es la habilidad de aprender del pasado. Si interpretas los "fracasos" como oportunidades para aprender y mejorar estás en el camino correcto. Pero si ese aprendizaje no tiene lugar, si simplemente ignoras las consecuencias de tus acciones y las opiniones que recibes, no estarás siendo creativo, sino viviendo un espejismo.

## Ejercicio

Piensa en los "fracasos" que tuviste en el pasado. Reflexiona sobre algo positivo que haya sucedido después de uno de ellos. ¿Cómo contribuyó tu actitud a que eso sucediera? Ahora piensa en algo negativo que haya sucedido después de uno de esos fracasos. ¿Cómo contribuyó tu actitud en ese caso?

¿Cuántos de tus "fracasos" pasados parecen desde la perspectiva de hoy sucesos que fueron positivos y necesarios?

# Cambio
## Tu actitud hacia el cambio

Aceptar esos "fracasos" como algo positivo tiene mucho que ver con nuestra actitud hacia el cambio.

"Estoy bien como estoy, gracias. No necesito cambios".

Espera un poco, mente. Piensa en tu vida como si fuera un coche en una carretera llena de millones de otros vehículos. Todos, incluyéndote a ti, se desplazan velozmente. Desde el interior de tu coche todo parece bastante estacionario y cómodo cuando miras los vehículos que te rodean.

"Eso es porque todos los coches se mueven a velocidades similares".

Sí, así que es difícil que nos demos cuenta de lo rápido que nuestra posición está cambiando.

"Mm, cierto. Pero si pudiéramos detenernos un segundo…".

Si pudieras detenerte un momento y mirar las cosas desde fuera, obtendrías una perspectiva mucho mejor sobre la situación.

"Pero si todos se mueven tan rápido y la carretera está llena, no va a ser fácil detenerse…".

Cierto. Detener el coche requiere mucho esfuerzo. Todo está en movimiento y no es fácil salirse del constante flujo de la vida. Pero cuando finalmente consigues detener el coche a un lado de la carretera y sales fuera un rato, tu perspectiva cambia enormemente.

"Me daré cuenta de lo rápido que todo se mueve…".

Sí. Rápidamente notaras lo constante que es el cambio. Comprendes cuánto varía el contexto momento a momento y aceptas ese cambio como algo natural.

"Es parte de la experiencia de conducir".

Y tú eres el conductor de tu vida.

"Pero ¿y si no quiero o no consigo detenerme para llegar a una posición desde donde pueda comprender lo que está sucediendo?".

Eso no modifica el hecho de que el cambio está teniendo lugar, todo el tiempo, rápido y constante.

"Este cambio constante me hace sentir algo ansioso…".

Mucha gente equipara cambio con inestabilidad, pero no tiene por qué ser así. El cambio en sí mismo es inevitable.

"Entiendo. Lo que importa es cómo lo manejamos".

Sí. Los coches necesitan un buen pavimento libre de agujeros y de otros peligros potenciales para moverse y cambiar su posición cómodamente. De forma similar, para integrar los cambios de forma natural en nuestras vidas necesitamos la actitud correcta y una mente equilibrada donde el PA y el PC trabajen juntos como buenos compañeros.

"Una mente con fuertes músculos creativos es una mente que acepta el cambio como algo natural".

Los innovadores dan la bienvenida al cambio. No como algo que necesitan, sino simplemente como uno de los ingredientes básicos de la vida, uno que no podemos evitar.

"Aunque podemos engañarnos a nosotros mismos y pretender que sí lo podemos evitar".

## La ilusión de lo permanente

Nuestro PA puede crear un espejismo de permanencia. Al aislarnos de los finos detalles de la vida, interpretamos el mundo que nos rodea como una serie de entidades genéricas y aparentemente estables. Y pensamos de igual manera sobre nosotros y nuestra existencia.

La realidad es que todo cambia y evoluciona constantemente: desde cada célula de nuestros cuerpos a cada una de nuestras interacciones con el mundo, los acontecimientos en los que nos involucramos, los mercados y audiencias potenciales de nuestras creaciones y todo lo demás que forma parte de nuestra existencia. Momento a momento, la vida sigue su camino.

Cuando comenzamos a mirar las cosas como si estuviéramos contemplando una criatura viva que no para de evolucionar, la forma en que pensamos puede cambiar enormemente. Pensar en nuestras vidas como si fueran criaturas vivas mantiene nuestra atención e interés y motiva nuestras acciones. Mientras que interpretar los acontecimientos como entidades estáticas y permanentemente estables alienta la inactividad y la pereza.

El cambio es un ingrediente clave de la vida del que te puedes hacer amigo, para crecer con más profundidad como alma creativa y como ser humano.

## Ejercicio

¿Temes al cambio? Piensa en situaciones donde sentiste ansiedad debido a un cambio en tu vida. ¿Estaba tu mente dominada en esos momentos por el análisis de los potenciales problemas que te esperaban, o por interpretar el cambio como un desafío que podría llevarte a cosas mejores? Escoge una de esas situaciones y escribe lo que el PA y el PC dirían sobre ella. ¿Qué perspectiva prefieres?

# La capacidad de adaptación
## ¿Qué es lo que te causa alegría y satisfacción?

Sentirse cómodo con el cambio requiere capacidad de adaptación o lo que en inglés se denomina *resilience*. Wikipedia.org define resilience como la habilidad de un individuo para adaptarse de forma apropiada al estrés y la adversidad.[45]

"Me gustaría tener mejor capacidad de adaptación en esas situaciones. ¿Cómo puedo lograrlo?".

Tu capacidad de adaptación a la adversidad mejora cuando tu satisfacción personal depende de una variedad de valores y experiencias.

"Mm, ¿y si mi satisfacción depende principalmente de una sola cosa?".

La satisfacción de mucha gente depende de dos o tres cosas muy concretas. Cuando esas pocas cosas fallan es fácil sentirse extremadamente vulnerable, entrar en pánico y reaccionar con una depresión o con agresividad.

"Luego, lo que estás diciendo es que tengo que expandir el rango de cosas que me hacen sentir bien, y apuesto a que mi PC será de gran ayuda con eso".

Sí, ejercitar tus músculos creativos expande tus límites y el número de áreas y experiencias que añaden valor a tu vida.

"Sintiéndome más vivo y más conectado…".

Sentirnos más vivos está a menudo relacionado con hacer un mejor y mayor uso de todo nuestro potencial como seres humanos.

Cuando ejercitas todo tu potencial te sientes más conectado a los demás y a la vida misma.

"Las fuentes y causas de mi gozo personal aumentan…".

Te haces más resistente a la adversidad frente a los nuevos desafíos. Tu creatividad es una fuente constante de gozo y motivación que te sostiene en los tiempos difíciles.

"Puedo sentirlo. La creatividad me hace más resistente a la adversidad, protegiéndome frente a los impredecibles cambios de la vida".

Los seres humanos han sido creativos desde sus inicios. A veces lo son en conexión con su impulso de supervivencia. Otras veces, como en el caso de las pinturas rupestres, la creatividad era una forma de registrar eventos y maravillarnos sobre nuestra existencia, de explorar nuestra comprensión de la vida y sentirnos más conectados a ella y a los demás.

En nuestro frenético mundo, detener este proceso de exploración, admiración y conexión, estrecha y reduce nuestras fuentes de gozo a largo plazo y nos conduce al desastre mental.

## Ejercicio

Haz una lista de actividades, gente y otras cosas que te proporcionen satisfacción y una alegría intensa y duradera. ¿Cuán larga es tu lista? ¿Cuántos elementos de tu lista están conectados con otras personas y a cuántos puedes acceder por ti mismo, sin depender de los demás? La creatividad puede hacerte feliz incluso cuando los demás te fallan.

# Ejercitando los músculos
## Úsalo o piérdelo

Nuestro PC nos ayuda a incrementar el rango de actividades que nos proporcionan gozo y satisfacción. Y para afilar nuestra creatividad necesitamos ejercitar nuestros músculos creativos de la misma manera que ejercitamos los corporales para estar en forma.

"Soy un poco vago para ir al gimnasio".

Es típico que nos preguntemos si merece la pena ejercitar nuestros cuerpos y mentes. Recuerda de nuevo la historia de las huellas en la nieve al principio del libro. Teníamos dudas sobre si elegir la opción de seguir las huellas de otras personas o tomar el riesgo de abrir una nueva ruta. De la misma manera, cuando somos desafiados por otra gente o por nuestra propia curiosidad a hacer algo nuevo y diferente, la duda puede aparecer: ¿Merece realmente la pena?

"Te lo digo de verdad, me siento bien, no necesito tanto ejercicio".

Pensamos que tenemos buena salud, que tenemos lo que necesitamos. ¿Por qué gastar más energía y tiempo, que es dinero, para explorar algo cuyas consecuencias no están claras? ¿Por qué saltar a un océano de beneficios inciertos?

"Exacto, ¿por qué?".

La respuesta es sencilla: úsalo o piérdelo.

"Mm, lo sé, he estado comiendo mucho y haciendo poco ejercicio".

Piensa en tu mente como un músculo que puedes fortalecer y hacer más poderoso cuando lo ejercitas, o debilitar y llevarlo a la atrofia cuando no lo haces. Comprender esto puede ser clave para encontrar la motivación que necesitamos para mantener nuestros esfuerzos creativos.

"¡Definitivamente no quiero que mi mente termine como mi estómago!".

Hemos nacido con un cerebro increíble. Para mucha gente, el cerebro es solo un órgano que tenemos sobre nuestras cabezas y que dirige nuestros cuerpos de forma eficiente y autónoma. Aparentemente funciona bien lo tratemos como lo tratemos. ¿Pensamos de la misma manera sobre nuestras piernas, brazos o corazón? La verdad es que no.

"Me gusta cuidar mis brazos y piernas, y también mi corazón. Hago ejercicio y como menos azúcar y más vegetales".

Sí, ejercitamos nuestros cuerpos y comemos con cuidado porque sabemos que la salud de nuestro corazón y de nuestro cuerpo depende de ello. También hacemos estiramientos e intentamos no usar en exceso nuestras articulaciones porque podemos producir lesiones de movimiento repetitivo.

¿Y qué hay de la mente? ¿Es que acaso pensamos que podemos tener lesiones de estrés repetitivo en el cuerpo pero no en la mente? Si repites constantemente los mismos patrones mentales eventualmente te sentirás ansioso y estresado. A algunos les entra sensación de vacío y falta de paz.

"Esos bucles del PA terminan cansando".

Una mente que tiende al pensamiento repetitivo terminará teniendo problemas, de la misma manera que hacer movimientos repetitivos con tu brazo, al usar un ordenador por ejemplo, puede llevarte a lesiones de estrés en los tendones o en las muñecas.

"Siento dolor cuando repito los mismos movimientos demasiadas veces".

Un cuerpo cuyos movimientos son diversos y flexibles funciona mejor durante más tiempo. De la misma manera, ejercitar tus músculos creativos significa introducir variedad y riqueza en cómo piensas y cómo te comportas. De esa manera, la mente y el cuerpo se hacen más fuertes y más resistentes a la adversidad.

"Pero ¿y si no tengo tiempo para ejercitar mis músculos creativos?".

Invertir nuestros recursos energéticos y de tiempo con cuidado es importante, pero ejercitar tu mente es una inversión esencial y su ausencia puede llevarte a la infelicidad, la depresión y la muerte prematura.

"¡Ups! No quiero llegar a eso".

Por supuesto, todos los extremos son peligrosos.

"Quieres decir que demasiado PC podría ser igual de malo...".

Ejercitar tus procesos PC de forma descontrolada puede llevarte al insomnio y a una serie de patologías nacidas del no ser capaz de apagar el botón creativo.

Por otro lado, la falta de ejercicio mental atonta la mente, convirtiendo pensamientos habituales en profundos acantilados de los que se hace más y más difícil escapar.

"Así que estamos buscando ese saludable punto medio".

La variedad es una de las claves que nos acercan lo más posible a ese objetivo. Aléjate con frecuencia de las actividades repetitivas en las que estés involucrado. Agita tu cuerpo y tu mente con algo diferente. Esta es una medida de protección cuyo potencial no debes subestimar.

Cambiar el contexto que te rodea mantiene a tus neuronas ocupadas, conectando nuevos estímulos. Es una forma de rejuvenecer tu mente.

Luego, de la misma manera que puedes ejercitar tus músculos corporales en varios contextos y no solo en un gimnasio, piensa en formas de ejercitar tus músculos PC de manera regular:

- Haz algo inesperado cada día. Podría ser algo tan simple como escribir una historia que se te ocurra o improvisar una excursión después del trabajo.
- Aprende algo nuevo cada semana. Puede ser tan simple como investigar un nuevo tema en internet, algo que despierte tu curiosidad o algo de lo que no sepas nada. O puede ser algo más complejo, como apuntarte a un nuevo curso.

- Contacta cada semana con alguien con quien no hayas hablado en bastante tiempo. Podría ser un pariente o un amigo, o alguien que podría colaborar contigo en un negocio, o quizás alguien cuyo trabajo admiras.
- Añade algo excitante a tu vida cada mes. Evalúa cómo van las cosas y añade algo que aporte variedad y nuevos matices a tu camino.

Aparte de lo anterior, revisa los ejercicios del capítulo práctico para entrenar tus músculos creativos.

"¡La variedad será mi nuevo mantra!".

La variedad nos protege contra la visión de túnel, el estrechamiento de nuestras perspectivas y horizontes que gradualmente limita nuestra visión cuando permanecemos centrados en la misma tarea o área durante demasiado tiempo.

## Espontaneidad frente a estrechez

Así que, cuando la flexibilidad y la variación no están ahí, los patrones de pensamiento repetitivo pueden producir mentes tensas y estrechas.

Muchos adultos, teniendo que lidiar con sus responsabilidades y obligaciones diarias, se sienten tan consumidos por esos procesos que pierden parcial o completamente la habilidad de improvisar, ser espontáneos y sentir gozo inesperado.

"Gozo inesperado, quiero más de eso".

Ejercitar tus músculos creativos pone tus desafíos bajo otra perspectiva y te hace más consciente de la esencia y belleza de la vida. Cuando recuperamos la habilidad de sentir esa riqueza, ese potencial y esa belleza que hay en nuestra existencia, el gozo espontáneo retorna.

# Encuentra lo local en lo global

Encontrar esa riqueza y variación en los patrones de información con los que interactúan nuestros sentidos requiere ser sensible a lo que es único y diferente.

"A veces no es fácil encontrar lo que es único y diferente en un mundo tan globalizado, ¿verdad?".

La globalización puede producir en nuestras mentes un efecto similar a la anestesia. Experimentamos las mismas cosas en todas partes, a veces en puntos opuestos del planeta.

"Puedo imaginar al PC como un gran aliado para romper esa uniformidad creada por la globalización".

Cierto, cuando los servicios y negocios se clonan a sí mismos alrededor del planeta, el PC se hace aún más importante y necesario. Nos permite descubrir lo único de la realidad local dentro de estos contextos globalizados.

"Otra razón más para ejercitar nuestros músculos creativos".

Cuando tus músculos creativos están activos y en forma puedes aprovechar lo mejor que ofrece la globalización sin perder la riqueza y las perspectivas únicas que ofrece cada contexto local, las que te esperan detrás de la fachada global.

# Ejercicio

¿Cada cuánto ejercitas tu cuerpo? Nota cómo te sientes después de ejercitarlo. Y nota cómo te sientes cuando no haces nada de ejercicio, cuando pasas mucho tiempo sentado de la misma manera en el mismo lugar o haciendo trabajo tedioso y repetitivo.

La diferencia entre ambos será muy clara. Si esto sucede con tu cuerpo, date cuenta de que lo mismo sucede con tu mente. ¿Está tu mente ocupada siempre con los mismos pensamientos? ¿O está tu mente expuesta a una variedad de estímulos e involucrada en la exploración y el descubrimiento de cosas nuevas de forma regular? Hazte esa pregunta y anota tu respuesta.

Pasemos ahora a lo que sucede cuando perdemos esa variedad y esa riqueza, cuando nos sumergimos regularmente en procesos de pensamiento analítico repetitivos.

# Tiempo
## La presión que avanza

Cuando gastas la mayoría de tu moneda mental en los salones analíticos de la mente, vives bajo la tiranía del tiempo.

"¡Y el tiempo es presión!".

Así es. Y la presión es una fuente formidable de estrés.

"Soy muy consciente del paso del tiempo cuando analizo mis problemas".

El PA está basado en procesos lógicos que buscan la eficiencia. Cuando analizas eres muy consciente del paso del tiempo, de cómo avanza momento a momento.

"Puede ser agotador. ¿Qué sucede cuando nos liberamos de esos procesos analíticos?".

A veces habrás escuchado hablar de pianistas, pintores o científicos que, profundamente inmersos en sus desafíos, retornan a la "otra realidad" para darse cuenta de que 5, 10 ó 20 horas, o incluso días han pasado.

"Te entiendo. El PC trasciende el tiempo".

Más allá de lo temporal podemos encontrar un tipo especial de paz y tranquilidad. La presión de lo que debería suceder en el próximo minuto desaparece. Todo lo que permanece es la realidad pura, libre de etiquetas y símbolos.

"Siento que incluso mi identidad desaparece".

Tu identidad se disuelve y desaparece en el proceso. Tu ego puede finalmente descansar. Te sientes profundamente conectado con tu desafío.

"Suena como un lugar al que me gustaría ir a menudo".

El PA es un amigo esencial que se puede convertir en un terrible tirano cuando se vuelve demasiado dominante. Así que deja descansar a tu mente de vez en cuando, encerrando a ese tirano y sumergiéndote en las calmadas aguas del PC, donde un minuto y una hora son indistinguibles, donde la percepción y la complejidad te llevan más lejos de lo que las palabras pueden jamás alcanzar.

## Ejercicio

Escribe sobre algún momento de tu vida en el que perdiste el sentido del paso del tiempo. ¿Cómo te sentiste? ¿Qué estabas haciendo? ¿Cuán activos estaban tus procesos PA durante esos momentos?

Buceemos ahora en los efectos causados por el ruido incesante que el PA puede generar en nuestras mentes.

# Ruido
## Equilibrando el parloteo

El parloteo consciente de nuestras mentes es una fuente muy común de frustración, miedo, inseguridad y sufrimiento.

"Es difícil cerrar el pico de la mente, estoy de acuerdo".

El parloteo consciente del PA no es inútil. Es esencial cuando se usa de la manera correcta, por las razones correctas y en el momento correcto. Es clave para organizar nuestra vida diaria, para planear actividades, comunicar y transmitir información a otros. Es también esencial para grabar la sabiduría subconsciente en frases y declaraciones comprensibles para otros seres humanos, para transformar esas revelaciones del subconsciente en elementos que pueden servir como semillas para nuevos proyectos creativos.

"Entiendo, es la punta del iceberg".

Pero la vida es compleja. El PA nos permite simplificarla y reflexionar lógicamente sobre nuestra increíble existencia.

"Pero la abstracción tiene límites".

Cierto. La complejidad de la vida puede ser un reto demasiado grande para los lentos y metódicos procesos del PA.

Cuando experimentamos algo, cualquier cosa, nuestro subconsciente integra esa experiencia a través de un complejo y orgánico proceso de consecuencias impredecibles.

Ese proceso tiene una complejidad que es difícil de poner en palabras y de explicar con la lógica consciente.

Los procesos del PA nos hacen muy avanzados. Sin embargo, como todas las cosas poderosas, el PA es una espada de doble filo. Y uno de sus lados, cuando no se usa bien, ¡puede cortar muy profundamente!

"¡Pensar en círculos es doloroso!".

Sí. El PA puede interferir con el PC, pero el PC puede actuar como una gran ayuda para controlar los efectos secundarios de un exceso de PA.

"¡Hay esperanza!".

## Ejercicio

Intenta hacerte consciente de los momentos en que tu PA se obsesiona con un "problema", de cómo continúa caminando en círculos a su alrededor. Date cuenta de la cantidad de tiempo que se pierde en esos procesos. Nota cómo, a menudo, al final de esos procesos no sientes mucha claridad sobre la situación. No es inusual que te sientas más confuso.

Existen otras maneras de sentir y comprender con profundidad un desafío. Formas que involucran más a tu PC y menos a tu PA.

# Anti-estrés
## La píldora anti-estrés

Los procesos creativos no funcionan bien bajo presión. De hecho, ante una gran cantidad de estrés, la creatividad se desploma. El estrés y la presión activan procesos analíticos conscientes que bloquean nuestros ascensores de profundidad y limitan la comunicación fluida con nuestro subconsciente.

"Por eso me resulta tan difícil componer canciones cuando estoy estresado".

Ejercitar tu PC produce el efecto opuesto, reduce nuestros niveles de estrés y modera los procesos del PA.

## Equilibrando los polos

El PA y el PC son dos polos que se necesitan para poder rendir al máximo.

"Pero el equilibrio perfecto nunca se puede lograr, ¿verdad?".

Efectivamente. Los extremos son el problema. Cuando cualquiera de estos polos domina demasiado, nuestro rendimiento y satisfacción como seres humanos se deterioran.

Demasiado parloteo consciente genera estrés y ansiedad. Este parloteo tiene lugar en el reino del lenguaje y la lógica, cuyos intentos de interpretar la complejidad de la vida a menudo conducen a la frustración.

Por otro lado, vivir demasiado conectados a nuestro PC, nadando constantemente en la complejidad de la vida, puede volvernos incapaces de funcionar en nuestra sociedad: incapaces de comunicarnos eficientemente con los demás, de organizarnos, y también incapaces de transformar nuestras revelaciones subconscientes en las estructuras necesarias que puedan ser compartidas, trabajadas y transmitidas a los demás.

"Sé de un par de creativos que fueron demasiado lejos…".

Piensa en la necesidad de alcanzar el equilibrio.

En nuestra sociedad, fuertemente inclinada hacia el PA, el equilibrio comienza generando nuevas perspectivas en relación a cuestiones tradicionalmente moldeadas y controladas por el PA.

## Ejercicio

Piensa en gente que hayas conocido y que representen los extremos del PA y del PC. Por un lado, gente que es demasiado analítica y cuadrada en su pensar, muy predecible. Por el otro, personas que son demasiado expansivas, divergentes, caóticas e ineficientes en su vida diaria. Toma conciencia de los riesgos y los peligros que poseen ambos tipos de personalidades. Comprendiendo los peligros conectados con estos extremos es más fácil que apuntemos en direcciones que se alejan de ellos.

# Conectividad
## El aislamiento está en tu mente

El PC nos enseña que no hay nada realmente aislado o desconectado. Todo está conectado entre sí. Incluso las cosas que parecen opuestas. Y eso es liberador.

Si todo está conectado, siempre existe una ruta para ir de A a B, no importa lo que sean A y B, no importa cuán larga y retorcida pueda ser la ruta. De repente, el mundo parece estar lleno de posibilidades y oportunidades a todos los niveles, en lo personal y en lo profesional.

"Puedo imaginarme que muchos de los grandes descubrimientos de la historia sucedieron al conectar cosas aparentemente no relacionadas".

Así es. Volviendo al desafío del aislamiento: el aislamiento que proviene de un uso excesivo del PA está también relacionado con los numerosos bloqueos mentales con los que nos podemos topar.

## Rompiendo el bloqueo

A veces nos sentimos atrapados o bloqueados, incapaces de continuar.

"Me siento ansioso".

Esto podría suceder durante nuestro trabajo creativo o frente a decisiones importantes de nuestra vida. Todos los momentos de bloqueo tienen una cosa en común: la visión de túnel, el estrechamiento de tu enfoque.

A medida que las dudas aparecen, la ansiedad se une a la fiesta y estrecha rápidamente nuestro enfoque. Es una paradoja: cuanto más nos preocupamos, más lejos estamos de las potenciales soluciones. Esas soluciones podrían estar muy cerca, esperándonos en los bordes de nuestra conciencia. Pero nuestro enfoque se estrecha alrededor de las preocupaciones, incapaz de percibir cualquier otra cosa a su alrededor.

Estos bloqueos son típicos cuando nuestro PA es demasiado dominante.

"¡El testarudo PA se niega a ceder su dominio!".

El PA es altamente eficiente al ayudarnos a sobrevivir en la sociedad, pero sus herramientas son las abstracciones y simplificaciones, el lenguaje y la lógica, los cuales están muy alejados de la riqueza y variación de nuestra compleja realidad.

Sentirnos bloqueados significa a menudo ser incapaz de trascender nuestros filtros analíticos para acceder a los recursos informativos más ricos que esperan más allá de los procesos del PA.

"Debe haber una forma de evitar esos bloqueos".

Sí, a través de la historia la gente ha usado diferentes estrategias para domar a nuestro gigante analítico. Hemos visto muchas de ellas en el capítulo anterior.

En cuanto a nuestra salud mental, muchos innovadores recomiendan cambiar tu contexto cuando te enfrentas a un bloqueo mental. Sal de casa, haz un viaje o visita a alguien. Cambia completamente tu entorno y tu contexto. Esto detiene el círculo vicioso forzándote a centrar tu atención en otra cosa, sacándote del estrecho túnel donde tu mente se había metido.

Puedes usar otras soluciones sin salir de casa. Algunos de los mayores innovadores utilizaban la música y el arte para romper el oscuro hechizo y expandir de nuevo su conciencia.

La clave es que estás convergiendo demasiado y necesitas divergir de nuevo.

Todos hemos experimentado cómo hacer una pausa o esperar al día siguiente era lo único que necesitábamos para encontrar la solución al desafío que nos molestaba. Todo lo que necesitábamos era divergir un poco para salir del estrecho túnel de nuestro PA.

Cualquier cosa que involucre al PC, tu modo de pensamiento más amplio e intuitivo, te ayudará a comenzar a romper tu bloqueo. Por eso, trabajar y vivir en entornos interesantes y estimulantes puede ser altamente beneficioso y protector para tu salud mental. Un entorno donde el lenguaje se mezcla con la música, lo visual, el dibujo, los aromas y otras ricas y variadas fuentes de información, es una invitación constante a combinar y recombinar ingredientes en tu mente, a divergir, a expandir tu enfoque y tus horizontes mentales, a ampliar tus perspectivas y absorber la riqueza de cada momento. Esto estimula tus habilidades de pensamiento creativo, equilibra los arrolladores procesos analíticos y te protege contra los bloqueos de todo tipo.

"¿Y si no vivo en un entorno de ese tipo?".

Cuando llegue el bloqueo, levántate, sal de casa y encuentra un entorno/contexto tan diferente como sea posible a aquel en el que estabas. Haz de eso tu misión. La visión de túnel es como un hechizo que necesitas romper. Resetea tu mente, hazlo ahora.

"Así que divergir me ayuda a romper los bloqueos".

Imagina tus pensamientos como una colección de gafas que filtran tu realidad. ¿Qué prefieres: una montura pequeña, apretada e incómoda, o una amplia y expansiva?

Hay una hora para divergir y otra para converger. No sería bueno converger todo el tiempo. Converger estrecha tu vida. Si utilizas la montura estrecha durante demasiado tiempo, ¿qué sucede?

"Me empieza a doler la nariz".

Sí, y esa pequeña montura puede parecer engañosamente firme. Tus horizontes se estrechan, pero sientes que por fin sabes dónde están tus límites.

"¿Es esa una falsa sensación de seguridad?".

## Un tipo de seguridad mejor

Aunque a veces quisiéramos pensar de otra manera, la vida no deja de evolucionar. El pensamiento lateral y divergente es una habilidad vital que te ayuda a reaccionar mejor y más rápidamente a los inevitables cambios y desafíos de la vida.

"Así que estar acostumbrado a resolver desafíos creativos te entrena a encarar de mejor manera las mareas inesperadas de la vida".

Ponte esas amplias y expansivas monturas más a menudo. La rígida seguridad puede darte una falsa sensación de estabilidad, pero cualquier evento inesperado es capaz de romper esa fantasía rápidamente, de la misma manera que el tronco rígido de un árbol puede agrietarse fácilmente cuando se enfrenta a una tormenta huracanada.

Esto nos lleva a un desafío clave en nuestro camino: el ego.

"No creo que mi ego sea un problema".

¡Ahí está tu ego! ¿Lo oyes?

# Trascendiendo el ego

Hemos hablado previamente sobre la red de preocupaciones generada y reforzada por nuestro PA. Esto conecta con el ego.

"¿Y qué es el ego?".

El ego es la imagen que tenemos de nosotros mismos, una percepción distorsionada hecha de símbolos, etiquetas, comparaciones y juicios. Está muy conectado con el miedo, el estrés, las comparaciones y también la abstracción, el exceso de simplificación y el lenguaje.

"Puedo ver que el PA y el ego pueden ser amigos muy cercanos y peligrosos".

Un ego inflado y descontrolado, una mente que no cesa de hacer comparaciones, de preocuparse sobre potenciales peligros y de analizar cómo ser mejor que el vecino, suprime y elimina fácilmente su potencial creativo.

Ejercitar tus músculos creativos produce el efecto opuesto: modera el ego y lo mantiene controlado.

Cuando ejercitas tus músculos creativos dependes menos del lenguaje y del tiempo y tiendes a evitar los juicios mientras te mantienes a nivel perceptual en contacto cercano con la realidad. Este estado está muy relacionado con la meditación. Un estado donde el aburrimiento pierde su significado porque el tiempo se vuelve relativo. Un estado donde la concentración no requiere esfuerzo porque se apoya en la pasión y en un compromiso genuino, no en el fingido interés de aprovecharse de los demás.

"Pero es difícil mantener al ego controlado".

Lo es. Los primeros trabajos de muchos innovadores están llenos de creatividad y originalidad. Una vez que se hacen famosos, sus siguientes creaciones son a menudo menos creativas y más predecibles. Existen muchas razones para explicar esto. Una de ellas es que a medida que la gente se hace más famosa, recibe más atención, y ese exceso de atención es valioso pero también peligroso.

La atención trae consigo la sensación de tener poder sobre los demás. Este poder estimula a nuestro PA e incrementa nuestra vanidad, las comparaciones que realizamos y el miedo a perder ese control. Entramos en un círculo vicioso que continúa alimentando y alargando la red de nuestro ego.

A medida que mejora tu estatus social, el ego entra en un estado crónico de preocupación. Queremos mantener ese estatus. Innovar se vuelve algo secundario. El objetivo principal es mantener el prestigio, la reputación y el nivel de vida. Las prioridades cambian. El

PC se ve limitado y suprimido bajo el peso de tanto estrés, de las comparaciones, el miedo y la vanidad.

## Las orillas del aburrimiento

El ego favorece el aburrimiento. Tomemos el ascensor de profundidad para explorar un poco las raíces del aburrimiento. Nuestra red de preocupaciones y análisis tiende a crear círculos viciosos alrededor del mismo tema o de temas similares. Trabaja a niveles muy simplificados, abstractos y simbólicos. Eventualmente, llegas al límite de lo que puedes hacer en las orillas del océano de la vida.

El aburrimiento llega cuando te quedas atrapado en esa orilla. Cuando no logras lanzarte y bucear en la inmensidad de la experiencia completa, la que nunca deja de sorprenderte.

El aburrimiento no tiene ninguna posibilidad de emerger cuando estás total y profundamente comprometido con el presente, cuando tu conciencia es absorbida por cualquier actividad, cuando trasciendes tu PA y accedes a toda la complejidad y riqueza de la vida.

Por ello, ejercitar tus músculos creativos, entrar en contacto profundamente con la realidad, es la mejor inversión hacia un futuro libre de aburrimiento y más rico y variado, tanto a nivel personal como profesional.

Aprender cosas nuevas es otra estrategia para alejarte del aburrimiento.

## Aprendiendo a aprender

Las formas rígidas del PA restringen los procesos de aprendizaje, así como nuestro crecimiento personal.

El PC alienta un flujo libre de ideas, un campo abierto donde el aprendizaje florece y donde recogemos toneladas de confianza en nuestro propio potencial.

Ejercita tus músculos PC para reforzar y fortalecer tus procesos de aprendizaje.

## Gasta menos

La falta de ejercicio de tus músculos creativos no es solo una invitación a la depresión y la sensación de vacío, además hace tu vida más cara: el aburrimiento alienta que gastemos más en cosas externas para llenar el vacío que sentimos.

Ejercitar tu potencial creativo llena tu vida de pasión y emociones positivas a través de la exploración constante.

"¡Una forma diferente de viajar que es mucho más barata!".

Todos tenemos un umbral de satisfacción que necesitamos alcanzar para sentirnos llenos y gozosos. ¿Quieres depender de tu monedero para alcanzarlo? ¿O quizás prefieres llegar ahí a través de formas que no son solo baratas sino que además te pueden proporcionar regalos inesperados?

Por lo tanto, equilibrar el PA con el PC modera nuestro ego y evita el aburrimiento. Para comenzar a movernos hacia ese equilibro necesitamos hacernos más conscientes de lo que se mueve en nuestra mente.

## El espíritu adecuado

Date cuenta de que cualquier cosa que pasa por tu mente consciente, lo que analizas y juzgas, está hecho de simplificaciones y abstracciones muy alejadas de los complejos detalles de la realidad. Sé un observador paciente de este proceso. Evita quedarte atrapado en el parloteo y los círculos viciosos de tu PA.

Deja fluir las cosas, que vayan y vengan, como vientos que transmiten información y luego continúan su camino. No ignores esa información. Obsérvala y recógela cuando sea necesario, como parte de los ingredientes que tu subconsciente usa de forma regular.

No es una verdad absoluta, sino otra pieza en el complejo rompecabezas de la vida.

No queremos quedarnos en la superficie durante demasiado tiempo. Cuanto más ejercitamos el PC, más profundidad alcanzamos y más nos acercamos a la inmensa riqueza de la vida.

## Más cerca de la realidad

Los creativos interactúan de forma más profunda con la vida, más profunda que aquellos que pasan la mayoría de su tiempo haciendo malabarismos con las abstracciones y los símbolos del PA consciente.

Y el innovador eficiente no está siempre navegando las profundidades, sino que viene y va entre la complejidad subconsciente y las abstracciones y símbolos conscientes.

En resumen, en la mayoría de los casos la persona creativa tiene una mente más equilibrada que el tipo de persona menos creativa.

Por supuesto, no olvidemos que cuando llegamos a los extremos, ser demasiado creativo puede ser tan peligroso como ser demasiado analítico.

A medida que nos aproximamos a un equilibrio saludable entre el PA y el PC, los beneficios aumentan y permanecen con nosotros a largo plazo, evitando los efectos dañinos típicos de otras estrategias.

## Una droga saludable que perdura

¿Y si la droga más saludable del mundo fuera tener una mente equilibrada, una donde el PA y el PC vivieran en armonía, ayudándose y apoyándose el uno al otro?

La *Wikipedia* define la droga como "una sustancia química que tiene efectos biológicos conocidos en humanos o animales. Los alimentos son excluidos de esta definición a pesar de sus efectos fisiológicos conocidos en la mayoría de las especies animales".[46]

Una misma sustancia puede ser considerada droga, comida o ninguna de las dos cosas según la cultura de la que se trate. El punto clave es que en la mayoría de las sustancias que identificamos como drogas peligrosas los riesgos y los efectos dañinos para el ser humano tienen mayor peso que los beneficios.

El uso de drogas recreativas se dirige mayormente a producir o añadir algo que sentimos que falta en nuestras mentes o a eliminar algo que no queremos encarar o experimentar.

A veces, la gente toma drogas para escapar del aburrimiento, el miedo o el estrés. Otras veces las toman para soltar y expandir sus mentes, para escapar de la tiranía del análisis y el pensamiento estrecho.

Curiosamente, lo anterior encaja perfectamente con los efectos producidos cuando ejercitas tus músculos creativos. Ejercitar tu creatividad modera los procesos del PA y, por lo tanto, tu red de preocupaciones, tu ego, reduciendo el miedo, el aburrimiento y el estrés. También expande los horizontes de tu mente, equilibrando el PA con las habilidades y los procesos del PC.

Ambas rutas, el uso de drogas externas y el ejercicio de los músculos creativos, parecen en apariencia fortalecer tu creatividad y ayudarte a equilibrar el PA y el PC.

Pero existe una gran diferencia entre ellas: el efecto de las drogas externas dura normalmente poco tiempo y a menudo crea dependencia crónica. En general, como los subidones de azúcar, se desvanece pronto, requiriendo una dependencia constante de una fuente externa de placer. Y ni siquiera hemos mencionado los dañinos efectos secundarios.

La alternativa es ejercitar nuestros músculos creativos. Como al entrenar cualquier otro músculo, el proceso acumula beneficios progresivamente. Sus efectos permanecen durante mucho más tiempo en tu sistema y si crea cualquier tipo de dependencia, es, excepto en casos extremos, una dependencia saludable que genera satisfacción y un gozo que nace de nuestro interior. Una satisfacción que no depende de fuentes externas y que se combina de forma natural con el resto de tu ser, contribuyendo a sostener tu confianza y energía.

No faltan artistas que defienden el uso de drogas externas, sean cuales sean, como motores de su creatividad. Al final, todo se reduce a una decisión personal.

Cuando deseas aumentar el tamaño de tus músculos corporales, ¿prefieres depender de procesos graduales que aumenten tu aguante poco a poco, ayudando de forma natural a que tu cuerpo se adapte a los cambios? Estos procesos se van haciendo gradualmente autosuficientes. ¿O prefieres hincharte de esteroides y otras sustancias similares de efecto rápido que pueden producir ganancias veloces a corto plazo en tus músculos, siendo estas ganancias, sin embargo, mucho más duras de sostener y mantener a nivel mental y físico a lo largo del tiempo? (y no entramos a considerar los otros riesgos asociados a esas soluciones de acción rápida).

Lo mismo sucede con la creatividad y la innovación. Algunas drogas podrían ciertamente facilitar el PC en ciertas situaciones. Lo que te tienes que preguntar a ti mismo es si realmente quieres depender a nivel físico y mental de tales ayudas externas (potencialmente dañinas para tu salud) para llegar a tu objetivo. Personalmente, yo no lo haría, aunque es una decisión personal. Algunos dirán que ya dependemos de muchas ayudas externas, por ejemplo las gafas para ayudar a nuestros ojos a enfocar bien en el caso de la miopía. Pero los efectos secundarios asociados con todas estas ayudas externas son diferentes. Es ese equilibrio entre los beneficios y las consecuencias dañinas el que debería tenerse en cuenta antes de tomar una decisión.

"Estrategias más rápidas y arriesgadas frente a más lentas y seguras".

Cuanto más rápido y más alto escalas, más dura es la bajada y más difícil es estar alerta a los potenciales obstáculos y desafíos que puedes encontrarte en el camino.

Cuanto más despacio y con más cuidado escalas, más fácil es estar preparado para todas las eventualidades, y más fácil es establecer una presencia permanente en la montaña y permanecer en ella mucho tiempo.

Las estrategias que tienen en cuenta la totalidad de nuestro ser, tanto la perspectiva mental como la física, durante largos periodos de tiempo, tienen más posibilidades de producir resultados equilibrados, seres humanos que rinden bien no solo a nivel creativo o profesional, sino también a nivel emocional e interpersonal.[47]

La mejor forma de llegar a nuestra meta no son los subidones de azúcar, los empujones que no logran sostener la transformación que estamos buscando, sino el uso y disfrute de una mente equilibrada, una mente que explota al máximo las posibilidades del PA y del PC.

El objetivo no es solo producir grandes artistas, ingenieros o profesionales. El objetivo es producir seres humanos equilibrados y completos, capaces de rendir profesionalmente, pero también de sentir empatía, de comunicar y de relacionarse con profundidad con otras personas. Llegamos a ello a través de una mente equilibrada, capaz de ejercitar su creatividad en una coexistencia pacífica y armoniosa con nuestros poderosos y esenciales procesos de pensamiento analítico.

Para cerrar este capítulo, reflexionemos un momento sobre la dualidad profundo-superficial.

## Desde la orilla a las profundidades y de vuelta

A Pedro le gusta sentarse al borde del lago, contemplando su suave y brillante superficie. Su amigo Curioso se une a él en ocasiones. A Curioso le gusta imaginar lo que se esconde bajo la superficie de las aguas y las explora en cuanto puede.

El equilibrio entre el PA y el PC puede ser valorado también desde la perspectiva de lo superficial frente a lo profundo. Contemplar la realidad desde las orillas del PA te da una visión de alto nivel más genérica y abstracta, una perspectiva superficial que requiere poco esfuerzo, pero que proporciona poca recompensa.

Profundizar en la vida, en su complejidad, requiere un esfuerzo especial en términos de energía, tiempo y recursos, pero las posibles recompensas son mucho mayores. Una vez que profundizas se hace más fácil retornar más tarde a esos niveles, donde existe el mayor potencial para el aprendizaje y el desarrollo personal.

Esto podría sonar al típico escenario de "sin dolor no hay ganancia" pero, de hecho, a menudo es lo opuesto. Los esfuerzos proactivos para acercarnos a la riqueza más profunda de la vida nos mantienen conectados y despiertos, relajan nuestra mente y pueden proporcionar una fuente constante de motivación y alegría. A largo plazo obtenemos más placer y gozo en vez de dolor.

Y, de la misma manera que los buceadores no pueden quedarse para siempre debajo del agua, tampoco podemos ejercitar nuestros músculos creativos continuamente. Gastaríamos demasiados recursos y además seríamos incapaces de atender a las obligaciones diarias que nos llaman desde la orilla.

Encuentra el equilibrio entre cumplir con tus obligaciones en la orilla y bucear en el amplio océano de la vida para recoger las riquezas y los tesoros que te esperan.

## Segunda parte

Los siguientes capítulos contienen información complementaria que amplía el contenido previo. Son ideales para aquellos que quieran profundizar más en algunas de las áreas tratadas.

# CAPÍTULO 8:
# Narrativa creativa

> *"Sin jugar con fantasía no ha nacido jamás un trabajo creativo. La deuda que tenemos con el jugar de la imaginación es incalculable".*
>
> **— Carl Jung.**

Mijae se acurrucó en una oscura esquina esperando a que las tropas pasaran. Quedaba poco tiempo. Recordó las palabras de su padre: "Ten cuidado cuando abras la caja, se autodestruirá en apenas unos segundos…".

El silencio retornó al corredor. Mijae respiraba con dificultad, su pierna era un desastre ensangrentado. Se oían ruidos de nuevo. Mijae puso la caja en el suelo y la abrió de inmediato. Los números brillaban en su interior: veinte, diecinueve, dieciocho… Mientras las tropas se acercaban a su posición, intentó memorizar lo que veía. En el centro de la caja había un grabado muy curioso, un elefante subiendo unas escaleras y, arriba del todo, una nave espacial. Dentro de la nave espacial se encontraba un código escrito: 67-54-399. Recorrió con la vista los números y el grabado una y otra vez mientras el contador avanzaba: nueve, ocho, siete… Las tropas estaban ahora muy cerca y Mijae susurraba: 67, 54, 399… 67, 54, 399… Al llegar el contador a cero, el grabado se desvaneció y Mijae se alejó justo antes de que las tropas llegaran. Tenía la escena y el número fijados en su mente. Su padre estaría orgulloso.

"¡Vaya historia, me tuvo enganchada de principio a fin!".

Ahora imagina si te dijera el código y sus detalles sin combinarlo con una historia. Date cuenta de cómo es mucho más fácil recordar la información cuando la encuadramos en una narrativa.

"¿Por qué sucede esto?".

Aún nos falta mucho para entender por completo cómo funciona la memoria humana, pero sabemos que un concepto clave es la asociación.

Imagina que estás en el fondo de un acantilado, en un profundo valle. Imagina que necesitas escalarlo para llegar a un valle diferente, a otro canal específico, uno entre millones de otros.

"Encontrarlo será difícil".

Si rodeas esa localización con una narrativa, creas todo tipo de señales, puntos de referencia y ganchos a los que te puedes agarrar. Te apoyan y te guían en tu camino a esa nueva localización.

"Marcas, enganches y puntos de referencia".

Sí. Ese es el secreto de los logros más impresionantes relacionados con nuestra memoria: crear puntos de referencia en la autopista de tu mente.

Pero a medida que profundizamos en la esencia de la mejor narrativa encontramos muchas otras cosas interesantes aparte de su potencial para crear esos puntos de referencia.

¿Cuál es la esencia de una historia? Más allá de su extraordinaria utilidad a la hora de recordar información, ¿por qué nos fascinan tanto?

Todos resonamos con la imagen de niños y adultos reunidos en torno al fuego, embriagados por la magia que teje una buena historia en los lienzos de sus mentes.

Comprender cómo y por qué funcionan las historias te puede beneficiar de maneras sorprendentes.

"Las buenas historias son fundamentales para tantas cosas…".

Sí, del marketing a la política, el arte y la ciencia. Una buena historia flexiona y ejercita tus músculos creativos, acercándote a los demás y comunicando información de manera muy poderosa y profunda.

"¿Cuáles son algunas de las características que las grandes historias tienen en común?".

Reflexionemos sobre algunas de ellas y sobre cómo nos afectan.

## La tensión y el conflicto

El conflicto atrae nuestra atención. Somos sensibles a él por el bien de nuestra propia supervivencia o por la información útil que comunica.

"La tensión nos despierta".

Los conflictos ayudan a que la mente se mantenga enganchada a la narrativa. Una historia sin tensión puede funcionar en ciertos casos y con ciertos temas y audiencias. Pero la mayoría de las historias de éxito incluyen algún tipo de conflicto que necesita ser resuelto.

"Crear y resolver conflictos es clave".

Los conflictos enganchan y generan suspense.

## Misterio

Desde los inicios de la humanidad, del nacimiento a la muerte, estamos rodeados de misterios. Algunos son potencialmente peligrosos, otros no. En todos los casos, un misterio es una invitación a que la mente explore.

"¡Suspense!".

La mente se ve empujada a recoger información, que podría ser relevante bien para nuestra supervivencia, bien para nuestras interacciones con los demás. El misterio es irresistible; nos atrae y captura nuestra atención.

"No nos gusta que las cosas sean demasiado obvias".

Las películas que presentan toda la información clara y abierta desde el principio pueden tener éxito en algunos contextos, pero la mayoría de las historias exitosas crean misterios en la narrativa, huecos que a menudo se rellenan hacia el final de la historia.

"Mantén a las audiencias queriendo y ansiando saber más hasta el mismísimo final".

Los misterios son para la mente como la comida para el cuerpo, los deseamos. Crea huecos en tu historia y tómate tu tiempo para rellenarlos.

## Universos paralelos

Tenemos solo una vida. Y hay un límite a cuánto podemos hacer en nuestra existencia. Las historias crean personajes a través de los cuales podemos experimentar una vida diferente.

"Convertirnos en un explorador, un ladrón, un presidente, un escritor…".

Las historias ejercitan nuestros músculos creativos transportándonos unos minutos o unas horas a un contexto completamente diferente. Durante esos momentos nuestras mentes y el nuevo contexto se combinan. Esto añade nuevos ingredientes a nuestro subconsciente, los cuales podrían eventualmente ayudarnos a incubar y producir nuevas revelaciones e ideas.

"¡Las buenas historias son comida para la mente y entrenamiento para nuestros músculos creativos!".

Sé atrevido, usa las historias para experimentar vidas diferentes y expandir el contexto y los horizontes de tu audiencia y los tuyos propios.

## Un gran canal de expresión

Recuerda algunos de los mejores discursos hechos por grandes figuras de la historia, los grandes monólogos de tus películas preferidas o esa conferencia tan única de tu profesor favorito. Toda gran historia necesita un gran vehículo, un transmisor para llegar a la audiencia de forma poderosa. Ese transmisor podría ser una actriz, un político, un profesor, o podrían ser las páginas de un libro.

En todos estos casos encontramos que trucos similares a los anteriormente descritos son usados para mantener la atención de nuestras mentes, las cuales tienden a distraerse fácilmente.

Un gran orador crea suspense mediante la forma en que se expresa, utilizando pausas dramáticas y cambios de entonación y ritmo. Lo mismo sucede en el caso de las mejores composiciones musicales, llenas de contraste y variación.

"Contraste, suspense, giros, sorpresas".

Imagina un libro que tuviera un solo capítulo y que durante sus 300 páginas no tuviera ninguna variación en su formato, estructura y paginación. Las posibilidades de que ese libro triunfe no son muchas.

"¡Definitivamente!".

Los libros de éxito crean suspense en su índice, en cómo estructuran sus capítulos, en cómo los introducen y en cómo los cierran, anticipando el misterio que va a llegar en la siguientes páginas.

Ten en mente la importancia del contexto, el formato, la estructura y el canal de comunicación de tu historia. Son parte clave de su éxito.

## El contraste

Centrémonos un poco más en el contraste:

En la narrativa, el contraste es un elemento clave en relación con los personajes y sus experiencias.

Algunas de las historias que más nos han impactado son aquellas en las que las circunstancias y las vivencias de los personajes cambian de forma dramática a través de la narrativa. Los cambios pueden ser exteriores o interiores. Pueden suceder en la vida interior de nuestros personajes y no necesariamente en sus circunstancias externas.

Cuando estés creando una historia, enriquece su contexto con personajes adicionales que puedan proporcionar tensión y contraste.

Mientras preparas la línea temporal de un suceso, piensa en otros anteriores y/o posteriores que puedan añadir contraste para que ambos se vean reforzados.

Las historias sin contraste pueden enganchar a las audiencias también. Existen películas donde los cambios y las variaciones son muy sutiles y, sin embargo, enormemente profundos.

En cualquier caso, las historias tienen que enganchar y atraer y nada engancha tanto como el contraste.

"Encuentra tu contraste y enfatízalo".

Y recuerda, no estamos hablando aquí solo sobre películas o libros. Las historias son clave en todos los campos, desde el *marketing* de una empresa a la política, la educación, etc.

## Un hilo común

Cada uno de los puntos anteriores trabaja de forma diferente con ese elemento clave: la información.

"La materia prima que lo alimenta todo".

El cerebro busca y ansía la información porque tener la información correcta puede significar sobrevivir, encontrar el compañero adecuado, ganar una competición o descubrir esa fórmula crucial.

"La buena información es oro para nuestras mentes".

Pero encontrar información requiere mucha energía y tiempo, y mantenernos comprometidos con ese proceso es difícil para una mente que tiene que monitorizar constantemente múltiples *inputs* y experiencias.

"Las historias hacen ese compromiso más fácil".

Las historias estructuran y empaquetan la información en unidades fáciles de digerir. Crean variación en cómo se revela la información, haciendo uso de la anticipación, los misterios, los conflictos, etc.

"Mantienen a la mente enganchada".

Ayudan a mantener nuestra atención durante el tiempo suficiente para transmitir por completo su mensaje. Y generan señales originales que destacan en los océanos de tu memoria y hacen más fácil recordar su información.

## Creando personajes

Las buenas historias tienen textura, riqueza, variación y detalle. Los buenos personajes necesitan tener detalles específicos para crecer y desarrollarse.

"Cuantos más detalles proporcionas, más crece el personaje y más fácil es engancharse a él".

Imagina que queremos escribir un guion para una película sobre un hombre joven. Sabemos que el guion debería tener tensión, misterio, suspense, giros y un final memorable. Paseamos por la habitación reflexionando, pensando, recordando otras películas, y, sin embargo, no se nos ocurre nada.

"Las buenas historias nacen de…".

El hecho es que es difícil que se nos ocurra algo si empezamos con nada.

Hasta ahora todo lo que sabemos es que queremos escribir un guion sobre… ¿un hombre joven?

"Un hombre joven es algo demasiado genérico".

Con un objetivo tan difuso no es de extrañar que no podamos encontrar una manera de convertir este inicio en una historia.

Crear personajes detallados e irresistibles es la base de las buenas historias y, en general, la base de muchos proyecto creativos.

"Un buen personaje establece una dirección y un contexto".

Podrías estar creando una película, una pieza musical, una escultura, una pintura o cualquier otra forma de arte. El personaje es donde todo comienza.

O podrías estar diseñando un negocio *online* o una empresa alrededor de un producto/servicio y entonces los personajes se convierten en tus usuarios, tu audiencia. Tienes que llegar a conocerlos como si fueran tu propia sangre.

Crear un personaje detallado y bien desarrollado o llegar a conocer en profundidad a tus usuarios/audiencia reforzará el resto de tu camino creativo.

¿Cuál es el pasado de este hombre? ¿Qué ha sucedido en su vida, desde sus inicios hasta el momento en que arranca la historia? ¿Quiénes son las personas que más le importan? ¿Cuáles son los desafíos que ha encarado en el pasado y los que encara ahora? Estas y muchas otras preguntas deben ser respondidas antes de que puedas comenzar a desarrollar tu historia por completo.

"Me imagino que los actores tienen que seguir un proceso similar".

Sí, a un actor nunca se le ocurriría representar un papel sin haber estudiado cada pequeño detalle del personaje.

El guionista o el escritor de una historia afrontan exactamente el mismo desafío. Escribir sobre un personaje que nos es totalmente desconocido es como intentar crear una pintura sobre un tema que aún no hemos decidido.

Así que intentémoslo con este personaje. Enriquezcamos su historia de fondo. La escritura puede ser fragmentada y no tiene que tener sentido por completo. Estás haciendo *brainstorming*. Simplemente comienza a conocerle con tus propias palabras.

Ricardo es un hombre joven, de treinta y tres años para ser preciso.

"Luego, intento ser específico con los detalles".

Sí, cuanto más, mejor. Usa números y nombres concretos. Te ayudan a crear señales, puntos de referencia y enganches en tu mente.

Ricardo nació en Palermo, en la isla italiana de Sicilia, donde todavía viven sus padres. Tiene dos hermanos.

Durante su infancia, Ricardo soñaba con viajar pero su familia, siendo muy pobre, no podía enviarle fuera. Además, era el más joven de los 3 hermanos y a menudo el último a la hora de repartir las pocas cosas que la familia se podía permitir.

"¡Esto es un inicio, estamos comenzando a ver el rostro de este joven Ricardo!".

Continuemos, queremos saber más sobre sus emociones y sentimientos.

Ricardo amaba los espacios abiertos, como la costa de su nativa Sicilia. Siendo un isleño, ansiaba descubrir otros lugares. Era también muy artístico y le encantaba crear esculturas de arena en las playas cerca de su casa.

A los veinte años conoció a Marina, una hermosa chica siciliana que se convirtió en su novia.

"Estamos conociendo más y más a Ricardo. Pero ¿qué hay de sus desafíos?".

El padre de Ricardo, Antonio, proyectaba a menudo sus frustraciones en Ricardo. Siendo el más joven y el más sensible, Ricardo era siempre el objetivo de la ira de su padre cuando las cosas no iban bien financieramente.

Los hermanos mayores ya estaban haciendo pequeños trabajos alrededor de Palermo y Ricardo era el único que aún luchaba con sus estudios y no traía ningún dinero a casa. Por ello, la relación entre Ricardo y Antonio se hizo más y más tensa a lo largo de los años.

"Hasta aquí vamos bien. Ahora necesitamos comenzar a crecer y a fortalecer la base".

Antonio quiere que Ricardo se case con Marina. La familia de Marina tiene una posición económica decente y Ricardo no cree en el futuro financiero de su artístico hijo.

"Presiento conflicto a la vuelta de la esquina…".

Con los años, Ricardo se ha cansado de Marina. Siente que casarse con ella le encadenará para siempre al pequeño mundo de Sicilia. Lo que él desea es algo completamente diferente.

"Es la hora de actuar".

Una noche, Ricardo toma sus utensilios artísticos, una mochila y un poco de comida y se dirige en silencio al puerto, donde su amigo Emmanuel le está esperando en un pequeño bote.

Ricardo abandona Sicilia con su amigo. Navegan hacia el continente italiano.

"Espera un minuto. Estábamos escribiendo sobre la historia de fondo de Ricardo pero de repente es como si hubiéramos pasado a escribir la historia más amplia que buscábamos desde el inicio. ¿Qué está sucediendo?".

Eso es lo genial de escribir la historia de fondo de un personaje. Tan pronto como se vuelve lo suficientemente rica y profunda, la columna vertebral de una historia puede aparecer en cualquier momento.

"¡Buenos personajes se convierten en buenas historias!".

El pasado, la personalidad y el contexto de un buen personaje son la base de infinitas historias, y es cuestión de tiempo que cuando comienzas a desarrollar ese personaje una historia comience a surgir por sí misma.

"Siento que cuanto más específico sea, más posibilidades habrá de que eso suceda".

Sí, sé tan específico como puedas con los detalles. Escribe nombres, números y localizaciones reales. Explica el aspecto de las cosas y cómo los personajes sienten y se comportan. Cuanto más específico seas, más posibilidades habrá de que una historia comience a surgir de este proceso.

"Las historias son un gran entrenamiento para mis músculos creativos".

Ejercitan tus músculos creativos y te ayudan a comunicar de forma poderosa los mensajes que pueden fortalecer tus productos, servicios y relaciones interpersonales.

"¡Eso sí que es una buena historia!".

# Déjalo fluir

Cada palabra es un universo. De simples palabras han nacido historias. Una palabra. Un pensamiento. Un inicio. Una semilla.

La vida es una página, vacía al inicio, rica en anécdotas e historias al final. Y, como en un fractal, las páginas se superponen a medida que las historias nacen las unas de las otras y retornan al camino principal de nuestras vidas.

Deja que tus palabras fluyan y crea increíbles historias para fortalecer tu vida personal y profesional.

CAPÍTULO 9:
# La evolución de las ideas

*"La mejor forma de tener una buena idea es tener muchas ideas".*

**— Dr. Linus Pauling.**

Los procesos de ideación tienen sorprendentes paralelos con la evolución Darwiniana. En esta sección jugamos con algunas analogías que nos ayudan a comprender aún mejor el fascinante mundo de las revelaciones y las ideas. Contemplemos el proceso de nutrición de la creatividad desde una perspectiva evolutiva.

Como mencionamos anteriormente, en su libro *El gen egoísta*, Richard Dawkins introdujo el concepto de los memes, unidades culturales que representan ideas o comportamientos que se transmiten de persona a persona.

En los próximos párrafos estableceré algunos paralelismos entre la biología y el mundo de las revelaciones/ideas. No es mi intención establecer comparaciones directas entre los procesos evolutivos de la biología y otros que puedan suceder en el mundo de las ideas. Son tan diferentes… Simplemente usaré la biología para reflexionar y extraer interesantes conclusiones sobre cómo se comportan las ideas.

## La productividad, el sexo de las ideas

Las mutaciones son parte de nuestras teorías sobre el origen y la evolución de la vida. Estas mutaciones producen cambios en los seres vivos. Y los cambios que contribuyen de forma positiva a la supervivencia de esos seres se extienden y permanecen en las siguientes generaciones.

La reproducción sexual en la naturaleza ayuda a combinar y extender las mutaciones que pueden beneficiar a genes específicos. En la cultura, las ideas se pueden mezclar y combinar con otras ideas, generando nuevas revelaciones/ideas que pueden arraigar firmemente en una mente y extenderse rápidamente a través de muchas otras.

Conectemos ese proceso que acabamos de describir con la productividad de los innovadores. Los innovadores producen cantidades masivas de experimentos, combinaciones, prototipos y variaciones. Los mejores sobreviven. Se suceden iteraciones y el proceso se reinicia una y otra vez. Por ello la productividad es tan importante: acelera la evolución de las ideas al seleccionar de forma natural las mejores variaciones, descartando las que no son tan útiles.

"Es como si una competición subconsciente tuviera lugar en nuestros circuitos neuronales".

Piensa en una idea como en una serie de intensidades eléctricas presentes en diferentes puntos de conexión, en las sinapsis, por ejemplo. Diferentes patrones de activación son reforzados o bien se desvanecen dependiendo del contexto en el que vivimos.

Cuando nuestro contexto resuena con un patrón mental, una idea, ese patrón se hace más fuerte en nuestros cerebros y puede comenzar a imponerse a otros que se van debilitando.

Recuerda la frase "Uno por ciento de inspiración, noventa y nueve por ciento de transpiración". Piensa en los procesos creativos como procesos evolutivos. Llevan su tiempo y requieren esfuerzo y trabajo. La creatividad es un proceso gradual de nutrición, refinamiento, poda y moldeado de revelaciones/ideas. Un proceso que a veces sucede en aislamiento y otras veces sucede en colaboración con compañeros, amigos, parientes y extraños.

Desde la perspectiva de un innovador, las revelaciones/ideas que merece la pena preservar son aquellas que te mantienen en la senda que conduce hacia una solución innovadora.

Y, de la misma manera que el proceso evolutivo requiere un contexto diverso que rodee a la unidad de selección, nuestra mente también necesita recoger una diversidad de ingredientes de calidad para incubar grandes ideas.

## Un entorno cambiante alimenta una evolución constante

Haciendo otro interesante paralelismo con la biología, la evolución en la naturaleza no se detiene una vez que una buena combinación se extiende a la siguiente generación. El entorno continúa cambiando y, por lo tanto, los procesos evolutivos también. De forma similar, nuestras ideas siguen evolucionando junto al dinámico contexto que las rodea. No existe la idea final, solo soluciones que deben seguir cambiando a través del tiempo a medida que el contexto que las rodea evoluciona.

## Sobrevivir significa mantenerse relevante

Podemos establecer otro paralelismo en relación a la supervivencia: cuando el entorno cambia es posible que haya genes que evolucionen para adaptarse a esos cambios. Los organismos que poseen esos nuevos genes tienen más posibilidades de sobrevivir.

De la misma manera, las ideas necesitan seguir evolucionando y adaptándose a los mercados, entornos de negocio o contextos personales cambiantes. Las ideas que dejan de evolucionar mientras el entorno cambia pronto se vuelven irrelevantes.

"Nuestro contexto nunca deja de cambiar".

## La evolución necesita variación

Otra analogía útil está relacionada con las mutaciones y variaciones. La evolución natural no puede suceder sin esos "errores" que llamamos mutaciones, y nosotros también necesitamos promover la evolución de nuestras ideas introduciendo variación a través de diferentes estrategias.

"La divergencia, por supuesto".

Algunas de estas estrategias pueden incluir:

- **Adaptar:** adaptar ideas a contextos diferentes.
- **Reconfigurar, modificar:** modificar ideas, reconfigurar su estructura.
- **Combinar:** mezclar ingredientes o ideas aparentemente no relacionadas.
- **Sustituir:** reemplazar partes de una idea con otros elementos.
- **Añadir/Eliminar:** añadir o eliminar elementos de una idea.
- **Invertir:** dar la vuelta a las ideas, desafiar las perspectivas.

Los ingredientes aleatorios, como las mutaciones, nos ayudan a divergir antes de converger, y pueden facilitar la apertura de nuevas rutas, el crecimiento de nuevos patrones de activación en nuestras mentes.

Las nuevas ideas son muy frágiles al principio. Es difícil mantenerlas vivas mientras compiten con otras ideas más establecidas. Su intensidad de activación es aún demasiado débil.

"A menudo no puedo recordar lo que estaba pensando hace una hora...".

Si no hemos invertido suficiente esfuerzo en fortalecer un nuevo patrón, los habituales vientos de la mente borrarán esas frescas y suaves marcas en poco tiempo.

Pero una idea débil que contribuya de forma positiva a nuestro contexto actual se hará pronto más fuerte y comenzará a desplazar otras ideas y pensamientos.

Y, de la misma manera que nuevas adaptaciones en la naturaleza no comienzan desde cero, sino que extienden configuraciones existentes, las ideas no comienzan de cero tampoco. Algunas son expansiones de tus patrones de activación existentes. Otras son adaptaciones de ideas iniciadas por otros. Trabajar con una mezcla de tus propios procesos de ideación y los de otros acelera la evolución natural de tus ideas.

## Atrapados

Otra interesante analogía es la relacionada con los hábitos, patrones que han arraigado profundamente en nuestras redes neuronales. Las revelaciones e ideas que arraigan fuertemente en nuestras mentes, creando profundos canales y rutas de activación, pueden ser difíciles de moderar y eliminar. Es difícil eliminarlas incluso si estos patrones han dejado de resonar con el entorno cambiante.

"Lo mismo sucede en algunos procesos evolutivos. ¿Y qué podemos hacer sobre ello?".

Podemos desafiar y luchar contra esos hábitos usando diferentes estrategias. La mayoría de ellas están basadas en divergir y las puedes encontrar en los ejercicios previos descritos en el libro.

Para concluir, recordemos de nuevo la importancia de las mutaciones aleatorias: nuestros procesos de incubación generan combinaciones, mutaciones y variaciones nacidas de nuestros ingredientes acumulados. Las nuevas ideas son entonces verificadas y evaluadas por nuestros procesos analíticos.

Lo genial de nuestra mente es que las mutaciones que se producen no son conjeturas ciegas. Están basadas en la interacción guiada de los ingredientes que han sido intencionadamente elegidos durante un buen proceso de nutrición. Esto incrementa la velocidad y el potencial para desarrollar nuevas y únicas ideas.

# CAPÍTULO 10:
# La educación natural

> *"Un inventor es simplemente una persona que no se toma su educación demasiado en serio. Verás, desde que una persona tiene seis años hasta que se gradúa tiene que hacer tres o cuatro exámenes al año. Si falla una vez, está fuera. Pero un inventor está fallando casi siempre. Prueba y falla quizás mil veces. Si tiene éxito una vez, entonces lo ha conseguido. Estos dos escenarios son totalmente opuestos. A menudo decimos que el mayor trabajo que tenemos es enseñar al nuevo empleado a fallar inteligentemente. Tenemos que entrenarle a experimentar una y otra vez y a seguir intentándolo y fallando hasta que aprenda qué es lo que funciona".*
>
> **— Charles Kettering.**

La incubación de ideas creativas nos puede ayudar a reflexionar sobre ese tema tan enormemente importante, la educación.

Para ello, con la ayuda de la física vamos a crear una hipótesis de cómo y por qué funcionan los procesos de incubación.

La acústica nos enseña que los objetos tienen diferentes frecuencias naturales de vibración dependiendo de sus características físicas. Para un objeto es fácil vibrar a sus frecuencias naturales o resonantes.[48]

Podemos usar una analogía para pensar en la información, fresca o almacenada, como si fuera una onda vibratoria de una frecuencia y longitud de onda específica.

A medida que las entidades de información interactúan entre ellas llegamos al fenómeno que se conoce como interferencia constructiva.

La interferencia constructiva sucede cuando las ondas encajan y armonizan, produciendo un efecto acumulado más amplio como resultado. Ese resultado acumulado es, por lo tanto, más fácil de detectar por nuestra conciencia. Puede traspasar más fácilmente ese umbral que separa lo consciente de lo subconsciente.

Pensar en este proceso en términos de ondas nos ayuda a comprender mejor lo que aún continúa siendo misterioso a muchos niveles.

Las implicaciones de la analogía de la resonancia alcanzan de lleno el campo de la educación.

## El niño es la semilla

Piensa en la mente de un niño como una colección de ondas que representan información. Estas ondas pueden interactuar con otras ondas de información a su alrededor. Algunas de estas interacciones producirán efectos de interferencia constructiva y otras producirán efectos de interferencia destructiva, o no-constructiva.

A medida que la mente del niño evoluciona, el tipo de ondas externas que producirá interferencia constructiva cambiará constantemente. La buena educación puede ser vista como el proceso de rodear al niño con suficientes entidades de información que produzcan interferencia constructiva.

La interferencia constructiva es autosuficiente. Se alimenta a sí misma. La motivación y el entusiasmo son sus compañeros y efectos secundarios.

Forzar a la mente de los niños a interactuar con ondas de información que no resuenan con las suyas produce interferencia destructiva y mata la motivación y el entusiasmo. Sin embargo, rodear al niño con las entidades de información adecuadas es un proceso delicado.

"No es tan simple".

Tiene que existir un equilibrio entre ambos tipos de interferencia. Un equilibrio que con el tiempo debería inclinarse hacia el lado constructivo.

Al principio, el niño necesita una cantidad saludable de interferencia no-constructiva, debido a la necesidad de exponerle a nuevas áreas y explorar una variedad de rutas. A medida que la mente se desarrolla, la motivación y el entusiasmo han de mantenerse con una buena cantidad de interferencia constructiva, mientras mantenemos la mente abierta a otros tipos de patrones de interferencia que puedan surgir, y surgirán, al interactuar con situaciones imprevistas y otros desafíos.

De hecho, podríamos argumentar que exponernos a una cierta cantidad de interferencia negativa podría ser tan importante para nosotros como lo es el exponernos a los gérmenes para nuestro sistema inmune.

"Necesitamos estar expuestos a algo de polaridad para estar preparados para encarar los desafíos del mundo real".

Lo que importa es la suma global del proceso. ¿Quién gana, la interferencia constructiva o la destructiva?

Los expertos argumentan que es bueno para los niños estar expuestos a una cierta cantidad de gérmenes, pero también necesitamos asegurarnos de que los gérmenes no amenacen en exceso su organismo. Necesitamos encontrar un equilibrio similar con los tipos de ondas de información a los que somos expuestos durante nuestra infancia. Muchos de los problemas de la infancia están relacionados con que los niños se ven abrumados y saturados por demasiadas ondas de información que no resuenan de ninguna manera con sus personalidades.

Si quieres encender un fuego, ¿intentas combinar aleatoriamente cualquier cosa que encuentras a tu alrededor? ¿O buscas materiales específicos sabiendo por adelantado que tienen el potencial de provocar un fuego cuando reaccionan entre ellos? ¿Qué estrategia tendrá más éxito?

La primera es una estrategia holgazana, similar a las estrategias utilizadas por muchos programas educativos del pasado. La segunda requiere más esfuerzo por adelantado, pero produce un mayor beneficio final.

## La semilla humana

El niño puede verse también como la semilla inicial en el proceso creativo de producir una mente adulta flexible y armónica. Para producir esa mente adulta tenemos que comenzar desde la mente de un niño cuya motivación y entusiasmo debe ser orgánica y natural, no forzada.

En resumen, el aprendizaje y el crecimiento son sociales e interactivos. Prosperamos y florecemos cuando nos rodeamos de un contexto con el que resonamos.

Las buenas semillas para las nuevas ideas nacen de la armonía que surge a medida que ingredientes de calidad, frescos y almacenados, se combinan entre sí. Y una mente adulta armónica es la consecuencia de la mente de un niño que florece en un entorno armonioso, combinando patrones de información externos y almacenados de forma principalmente constructiva.

Finalmente, recordemos las hermosas palabras del oscarizado actor Daniel Day Lewis en relación al concepto de la resonancia.

"No puedo explicar por qué siento la necesidad de explorar una vida en vez de otra, pero sí sé que solo puedo hacer este trabajo si siento que prácticamente no tengo elección, que un sujeto coincide inexplicablemente con una necesidad muy personal y un momento muy específico en el tiempo".[49]

A eso lo llamo yo resonancia.

CAPÍTULO 11:
# Producciones creativas

*"El genio es uno por ciento inspiración, y noventa y nueve por ciento transpiración".*

**— Thomas Edison.**

Exploremos ahora los cimientos de los proyectos creativos y artísticos a través de diferentes principios generales que comparten muchos de ellos.

La mayoría de los proyectos creativos pueden ser divididos en las fases de preproducción, producción y posproducción.

Todo proyecto comienza con una idea. La idea se puede desarrollar a través de una combinación de diferentes técnicas y estrategias. Decidir qué técnicas se usarán en un proyecto debería ser la última parte de una fase de preproducción profunda. Una fase que tiene que ayudarnos a decidir qué canales expresarán mejor nuestro mensaje.

Estudiemos en detalle estas tres fases.

## Las tres fases

La fase inicial, la preproducción, establece una base firme. Esta base debería ser flexible. Se sostiene en la comunicación cercana con los futuros usuarios o audiencias. Debe proporcionar unos buenos cimientos pero ser también capaz de pivotar y cambiar en respuesta a los movimientos de los mercados y las audiencias.

Tradicionalmente, las etapas de preproducción eran diseñadas de forma bastante rígida y estática. Esto funcionaba en los tiempos en los que las dinámicas y los comportamientos de los mercados y las audiencias cambiaban con lentitud. Hoy, la preproducción necesita ser ágil y flexible. La comunicación y el *feedback* de los futuros clientes son esenciales desde el primer día.

La preproducción es esencial incluso en los proyectos creativos que parecen ser más espontáneos y aleatorios. No se trata de cuánto tiempo necesitamos. La preproducción puede llevar segundos o años. Se trata de establecer unos buenos cimientos iniciales que aumenten las posibilidades de que nuestra producción triunfe.

Después de la preproducción, la etapa de producción implementa el plan. Posteriormente, la etapa de posproducción refina el resultado. Ambas dependen crucialmente de la base establecida por la fase de preproducción.

La preproducción puede ser tan simple como decidir el tema o la localización, el tipo de perfil en el que estamos interesados, el rango de recursos que requerimos, las características de nuestro equipo y el calendario del proyecto.

En el caso de producciones más complejas, el número de personas y elementos involucrados pueden crecer de forma significativa.

En general, lo que estamos intentando hacer durante la fase de preproducción es llenar los huecos que podamos tener en relación con nuestro desafío. Esto facilita y hace mucho más fluida la fase de producción.

Hay varias áreas que tenemos que considerar cuando trabajamos en nuestra preproducción.

## Concepto

La idea es lo más importante y todo debería estar conectado con ella. El equipo, la localización, el personal, el calendario y todos los demás detalles dependen de esa semilla inicial.

A algunos creativos e innovadores les gusta dejar su idea y su plan inicial en un estado borroso e impreciso. Tras preparar el personal, la localización, los accesorios y el calendario, mantienen la suficiente flexibilidad y libertad para pivotar la idea final en diferentes direcciones a medida que la producción se desarrolla.

Yendo más allá, comenzar un proyecto creativo sin tener ninguna idea es también una posibilidad y algunos creativos trabajan de esa manera. Lo que estás haciendo en esos casos no es tanto comenzar sin una idea, sino aplazar el encontrar tus ideas clave hasta que te encuentras de lleno en la fase de producción. Para que esto sea posible, el equipo y el líder a cargo del proyecto necesitan tener unos músculos creativos saludables y en forma. Aplazar la idea completa o partes de ella a la fase de producción tiene riesgos obvios, pero también beneficios potenciales únicos.

"Esto me recuerda la importancia del contexto".

Sí, algunas ideas clave surgen solamente cuando los participantes están en el escenario, cuando el contexto final les rodea y la presión del evento está presente. Por ello, a muchos creativos les gusta moldear y cambiar sus ideas y guiones durante la fase de producción en respuesta a las nuevas revelaciones que se generan en ella.

"¿Y que hay sobre los ensayos?".

Los ensayos están, por supuesto, conectados con lo anterior. Pero a menudo no pueden reemplazar la mezcla única de emociones, vibraciones y acontecimientos que tiene lugar durante la producción final. No es fácil imitar la atmósfera y el contexto de la producción real, cuando los actores se entregan por completo, cuando los conferenciantes proyectan toda su intensidad, cuando nos la jugamos al todo o nada.

En algunos casos únicos es posible juntar a un equipo talentoso y los recursos necesarios, crear un contexto estimulante e incubar ahí mismo las ideas clave en las que trabajará el equipo.

Esto no es para los temerosos y requiere unos músculos PC bien desarrollados, pero es extremadamente estimulante, inspirador y motivador cuando funciona. Muchos innovadores exitosos se involucran en procesos similares.

"¡Definitivamente un desafío excitante!".

Estos son ejemplos extremos. La mayoría de los proyectos y de los innovadores prefieren sacrificar esa frescura extrema e involucrarse en un camino más tranquilo y predecible.

Piensa en los caballos. El PC es un caballo más impulsivo e impredecible, es poderoso y está lleno de posibilidades. El PA es un caballo más controlable, pero también más lento. Combínalos de diferentes maneras para crear tus propias estrategias.

Al final, pocas cosas superan el preparar bien una producción por adelantado, sobre todo si existen detalles específicos que son esenciales para el éxito del proyecto. La localización, el personal y muchas otras cosas son difíciles de improvisar si el objetivo es conseguir una gran calidad o resultados muy concretos. Por lo tanto, definir nuestras ideas en gran detalle, y preparar todos los aspectos de la producción con tanta precisión como sea posible son procesos muy útiles, siempre que mantengamos la mente abierta a considerar además las muchas oportunidades inesperadas que pueden surgir durante la fase de producción.

"Cimientos flexibles".

La flexibilidad es esencial siempre, porque a menudo solamente la interacción en tiempo real con el sujeto y las localizaciones es capaz de despertarnos a diferentes ángulos o perspectivas inesperadas de nuestra idea que podemos no haber advertido durante la preproducción. Estar listo para capturar esas burbujas reveladoras cuando aparecen es clave.

## Convirtiéndonos en el sujeto

Conocer a nuestro sujeto, comprenderlo, montar en sus ascensores de profundidad, es una parte clave del proceso de preproducción.

Si estamos pintando o filmando un paisaje, debemos primeramente visitarlo y estudiarlo desde múltiples ángulos. Si nuestro proyecto creativo está centrado en una persona, podemos organizar varias reuniones para crear una conexión con ese individuo y explorar la esencia de ese personaje tanto como sea posible.

Conviértete en el sujeto, conócelo en profundidad.

## El equipo y el material

Nuestro equipo y nuestros recursos son factores clave para traducir nuestra visión en un producto final. Al comenzar nuestro camino como creativos a menudo nos preocupamos mucho por encontrar material que nos pueda servir para múltiples propósitos.

"Para todos los propósitos imaginables, si es posible".

Observa cómo podemos establecer aquí una analogía con las simplificaciones y abstracciones genéricas del pensamiento analítico. Cuantos más propósitos sirve una herramienta, más compromisos tiene que hacer y más alejada está del comportamiento y las características específicas que realmente necesitamos.

El equipo que necesitamos para fotografiar tigres salvajes en la jungla tiene características y metas diferentes del que necesitamos para hacer fotografía macro de flores o retratos de niños.

Y el rango de colores, superficies y otros materiales que un artista puede usar cambia dependiendo del medio que utilizamos, por ejemplo acrílico, oleo o acuarela. Lo mismo sucede en otras áreas creativas.

Para obtener los mejores resultados, tu equipo debería encajar estrechamente con el desafío que estás abordando.

## La esfera de acción

Es muy posible llevar con nosotros el equipo que podría en teoría cubrir todos los escenarios que nos podemos encontrar, pero será difícil encontrar el equilibrio entre el exceso de peso, tiempo y otras complicaciones requeridas por el material extra y la calidad final que buscamos en nuestros resultados.

Ser multidisciplinar y mantener una buena calidad en muchas áreas es posible, pero mucho más difícil en términos de la energía y el tiempo invertidos que si nos especializamos en una sola cosa. Como dice el proverbio: "Aprendiz de todo, maestro de nada" (en inglés: *jack-of-all-trades, master of none*).

Intentando hacerlo todo no envías un mensaje claro a los mercados y las audiencias sobre el significado de tu mensaje. ¿Qué te hace diferente y único? ¿Qué te hace instantáneamente reconocible? Al diversificar en exceso, el rango y la variedad de tus trabajos pueden convertirse en una distracción. Hacen que todo sea más difícil de interpretar, etiquetar y categorizar, más difícil de poner en palabras. Y las palabras, al fin y al cabo, son nuestro canal principal de comunicación con los demás.

La calidad y la cantidad raramente son compañeras de viaje. Para centrarnos en la calidad y desarrollar soluciones que lleguen a los corazones y las mentes de la gente, necesitamos identificar desafíos específicos dentro de comunidades específicas, desafíos que necesiten nuevas soluciones innovadoras. Y necesitamos respirar esos contextos, explorarlos y hacernos uno con ellos.

"¡Necesitamos profundizar!".

Sí, al descender en ascensores de profundidad específicos, tu estilo se vuelve más concreto, distinto y claro, ayudándote a destacar frente a los competidores.

Cuando permaneces en la superficie, en la orilla desde la que puedes ver múltiples áreas y disciplinas, tus competidores son muchos. Las aguas superficiales son fáciles de caminar y la mayoría de la gente pasa ahí su tiempo. Cuando inviertes el esfuerzo y el tiempo necesarios para adentrarte más en el masivo océano de posibilidades, la competición disminuye significativamente. No hay muchos que deseen o sean capaces de abandonar la comodidad y la seguridad de las aguas superficiales para navegar a través de los complejos desafíos y las tormentas de ese océano.

Descendiendo en los ascensores de profundidad tu logística también se simplifica. El equipo que necesitas usar o llevar será el que encaje específicamente con el proyecto que abordas.

"Me preocupo a menudo por el equipo y la logística…".

Es natural que los innovadores principiantes enfaticen la importancia del equipo, porque al inicio nos concentramos sobre todo en explorar. Como niños en un patio de recreo, descubrimos qué técnicas disfrutamos más y experimentamos con las posibilidades que nos ofrecen diferentes herramientas.

"Estamos conociendo en profundidad las herramientas de nuestro oficio".

Como profesionales, las ideas y los conceptos son la prioridad principal. Una vez que la idea ha sido encontrada procedemos a elegir el equipo que mejor expresa esa idea.

"El equipo sigue a la idea, no al revés".

Sí, ese es el mejor camino hacia la calidad y la eficiencia.

En resumen, una buena preproducción debería prepararte y ayudarte a alcanzar tus objetivos usando la menor cantidad de recursos y equipo posible mientras mantienes un nivel de calidad adecuado en todas las partes del proceso.

## Localización

La localización es contexto. El contexto refuerza el significado y proporciona profundidad. Es clave para todo tipo de proyectos creativos, desde producciones audiovisuales a reuniones de negocios, sesiones de *brainstorming* y otras actividades.

Elegir una localización por adelantado nos permite concentrarnos en lo que realmente importa: expresar nuestra idea o concepto de la mejor manera posible.

La localización puede ser un interior, como una sala de reuniones o un estudio de cine, el taller de un pintor o un viejo edificio. O puede ser un exterior: un campo o las calles de una ciudad.

En algunos proyectos, la localización puede no ser tan relevante para el trabajo en sí, pero sigue siendo crucial debido a la influencia sicológica que tiene en nosotros.

"El contexto que nos rodea influencia cómo nos sentimos".

La localización ideal debe resonar con nuestra personalidad.

Sería tentador decir, por ejemplo, que la localización ideal para un artista debe ser un lugar tranquilo, un contexto donde se pueda concentrar plenamente en su trabajo. La realidad es que algunos creativos florecen en circunstancias completamente opuestas. Algunos necesitan un entorno caótico para inspirarse, o bien su proyecto podría resonar con entornos específicos muy alejados de un oasis tranquilo.

"Luego, la idea y la persona son lo primero y tras ello viene la localización".

Sí, y la localización impactará de forma directa en nuestro rendimiento y resultados; por lo tanto, debería existir en todo momento una estrecha relación y una buena resonancia entre el concepto, el personal y la localización.

"¿Existen desafíos relacionados con la localización que debería conocer?".

Entérate por adelantado si el lugar requiere licencia o permisos. Es sabio no arriesgarnos a perder el día porque nos falte un permiso. Esto es especialmente importante si el evento involucra a mucha gente, pues seréis más visibles al aire libre.

Pero, incluso si trabajas solo y pasas desapercibido, si tu proyecto es comercial, es muy importante que te informes sobre los permisos necesarios, ya que podría suceder que los tuvieras que mostrar más adelante cuando tu proyecto se expanda, acuda a concursos y competiciones o gane más visibilidad.

## La importancia del tiempo

El momento correcto puede marcar la diferencia.

"Planear los horarios cuidadosamente es crucial".

Es esencial, por ejemplo, en el caso de las producciones audiovisuales. Si estamos filmando y queremos usar solo luz artificial en interiores, podremos trabajar a cualquier hora del día siempre que evitemos que la luz exterior entre en el área de trabajo. Sin embargo, si queremos combinar luz natural y artificial, o queremos trabajar en un interior pero haciendo uso de la luz natural que llega a través de las ventanas o puertas, la hora del día en la que filmemos será tan crítica como si decidiéramos filmar en exteriores.

Lo anterior son consideraciones obvias. Pero piensa ahora en una reunión de negocios: la hora a la que se desarrolla tiene un impacto importante en nuestros niveles de energía, la habilidad de concentrarnos e incluso el humor. Planea tus horarios con atención y esmero.

## El personal

Puedes trabajar solo o en equipo.

Si estamos liderando un proyecto grande, necesitaremos el apoyo de un buen número de personas para llevar a buen puerto el proyecto, y tu equipo es una parte crítica del éxito que buscas.

Incluso si trabajas solo, sigue siendo muy importante que entiendas las dinámicas que tienen lugar cuando trabajas dentro de un equipo más grande, ya que es muy posible que en algún momento colabores o trabajes para otros.

Muchos innovadores trabajan tanto solos como en grupo. Es importante ser flexible y estar listo para trabajar de ambas maneras, especialmente hoy en día, cuando las colaboraciones y las producciones a gran escala son tan comunes.

## ¿Debería hacerlo yo todo?

Es común que llegue el momento en que un innovador tenga que lidiar con la perenne tentación de querer hacerlo todo por sí mismo. El innovador piensa que tiene las habilidades necesarias para lograrlo, y a menudo es cierto. Pero no se trata de eso.

La innovación no se puede separar de la productividad. Ser eficiente y productivo puede incrementar la calidad de tus resultados al iterar tu concepto a través de múltiples escenarios y variaciones. Cuando quieres hacerlo todo por ti mismo, te arriesgas a gastar demasiada energía, esfuerzo y tiempo mientras sacrificas la productividad que podrías conseguir al unir las habilidades y esfuerzos de un equipo más grande.

"No necesitamos ser héroes".

Efectivamente, no necesitas ser un héroe. Es posible que puedas hacerlo todo por ti mismo y en algunos proyectos de menor tamaño esa podría ser la mejor estrategia.

"Hay ciertas cosas que solo se aprenden cuando lo haces todo por ti mismo".

Trabajando por tu cuenta podrías también evitar los retrasos causados por los procesos de comunicación y otras interacciones interpersonales.

Pero a medida que la complejidad de un proyecto crece, los beneficios de interactuar y trabajar con otros pronto superan a las desventajas. Los cambios y las iteraciones suceden más rápido. Múltiples perspectivas y ángulos enriquecen el proceso creativo. El *feedback* ayuda a refinar y corregir los desafíos rápidamente.

Así que cuando te encuentres a cargo de una producción grande, incluso si te sientes capaz de hacer la mayoría del trabajo, elige el área o las áreas que más te apasionen y concéntrate al 100% en ellas.

"Especialízate para ser más productivo y mejorar la calidad general de la producción".

Pon el resto en las manos de colaboradores talentosos que puedan trabajar bajo tu supervisión, asegurando de esta manera que tu visión será cuidada a través de todas las fases del proyecto.

Incluso cuando tu proyecto sea pequeño, mantente abierto a incorporar a otros a medida que se vaya desarrollando.

Los pequeños detalles pueden ser cruciales para el éxito de cualquier proyecto y hacerlo todo en solitario podría impedirte percibir muchos de ellos o prestarles la atención suficiente.

"El tiempo y la energía son limitados".

En una producción audiovisual, un asistente podría ayudarte a sostener un reflector o evitar que la luz alcance la lente de una cámara.

Incluso si no trabajas regularmente con artistas de maquillaje, estilistas, asistentes y otros profesionales similares, ten en mente que cualquier persona a tu alrededor puede ejercer alguno de esos roles bajo tu dirección.

"Pedir ayuda educadamente puede producir grandes resultados".

A veces la gente te verá trabajar y vendrán a ofrecer su apoyo espontáneamente. Ábrete al mundo y a las oportunidades que se crucen en tu camino.

A medida que preparas y organizas tu equipo, existen varios roles típicos que aparecerán una y otra vez. Revisemos algunos de ellos sin conectarlos con tipos específicos de proyectos. Esto abrirá tu mente a cómo estos roles pueden aparecer en campos donde no son comunes. Imagínate a un pintor trabajar con un artista de maquillaje, o a un escultor trabajar con un compositor de música para crear una instalación de arte. Abre tu mente a un mundo infinito de combinaciones y posibilidades. Diverge antes de converger.

## Asistente

En un proyecto creativo podemos tener uno o más asistentes. Sus funciones pueden variar enormemente y su propósito principal es asistir a los líderes del equipo para que estos se puedan concentrar en asegurar que la calidad de la visión y el concepto se mantengan a lo largo de la producción.

Los asistentes pueden ayudar a instalar o mover material, también pueden echar una mano con la logística de la producción y con los permisos necesarios. Se convierten en nexos esenciales de comunicación entre los líderes y otras partes del equipo y el personal.

Sus funciones, en resumen, son de una infinita variedad. Los asistentes liberarán tu tiempo para que puedas concentrarte en las áreas que más importan.

## Maquillaje

Cualquier proyecto que trabaje con personas involucrando lo visual puede beneficiarse de colaborar con un artista de maquillaje. Los buenos maquilladores entienden cómo la luz interactúa con diferentes tipos de piel, tejidos y materiales. Con sus paletas manipulan tonos, matices, sombras, contrastes y brillos según lo que requiera tu proyecto.

Algunos de ellos se especializan en efectos especiales que pueden mejorar tu proyecto con toques inusuales. Esto contribuirá a que tus resultados destaquen entre la multitud.

Si deseas trabajar con maquilladores búscalos al principio del proceso de preproducción, ya que necesitaréis tiempo para probar y decidir los materiales y estilos finales.

Es típico pensar en los maquilladores en el contexto de la fotografía o del cine, pero ¿y si pensamos en los negocios? Los maquilladores pueden tener un impacto enorme en la estética de un director/manager o añadir ese toque crucial a la foto de grupo de la empresa.

Cuando trabajes con personas y con medios visuales, considera los beneficios de incorporar a tu proyecto a un maquillador.

## Estilista

Cuando la ropa importa, un estilista puede marcar la diferencia entre un aspecto amateur y uno refinado. Los buenos estilistas tienen un sexto sentido para elegir los tejidos y la ropa que mejor encajan con tu concepto y visión. Si no encuentran una solución adecuada con el material existente, crearán ellos mismos la ideal, combinando materiales de forma increíble. Es un placer verles trabajar mientras ejercitan su pensamiento creativo, dando forma y vida a sus ideas.

De nuevo, es importante reunirse con el estilista tan pronto como sea posible, con el fin de darle tiempo para preparar y reunir los accesorios y materiales que se necesiten, así como para diseñar y crear nuevas combinaciones.

Así que cuando la ropa es parte del juego, considera subir el nivel con un estilista.

## Diseñador de escena

Los diseñadores de escena están a cargo de dirigir el diseño y la construcción de los escenarios que necesitas para tu proyecto.

Tu localización es tu escenario. Pero, en ocasiones, las localizaciones naturales no pueden proporcionar lo que necesitamos y entonces tenemos que construir escenarios a medida. Esto podría ser requerido en producciones audiovisuales, pero también en reuniones de negocios, celebraciones y otros tipos de encuentros.

Cuando tus alrededores no encajen con lo que necesites, considera resolver la situación con un diseñador de escena.

## Compositor musical

La música es una parte esencial de numerosos proyectos creativos. Debe estar en sintonía con la visión general del proyecto. Por ello, la comunicación y el *feeling* entre los directores y los compositores es crítica para el éxito global del proyecto.

Como la música es a menudo tan crucial, trabajar con un compositor precisa de un equilibrio clave. Por un lado, necesitamos dejar al profesional el espacio y tiempo necesarios para que trabaje cómodamente. Por otro lado, necesitamos asegurarnos de que los resultados se combinen sin problemas con el resto de la producción, reforzando la visión del director.

La música puede marcar la diferencia entre el éxito y el fracaso de muchos proyectos creativos. Si no eres un compositor, las siguientes son algunas maneras de conseguir buena música para tu proyecto:

(a) Si la necesitas rápidamente y la música no necesita ser única, considera usar librerías *online* de música (en inglés: *stock music libraries*). Puedes conseguir piezas musicales fantásticas por precios muy razonables. Ejemplos:
**[Web] premiumbeat.com**
**[Web] stockmusic.net**

(b) Si no tienes mucha prisa y necesitas música exclusiva, contrata a un compositor. Puedes encontrar algunos en:
**[Web] upwork.com**

## Actores/Modelos

A veces la estrella principal de tu proyecto es una persona.

La comunicación fluida entre el director y los actores es esencial. El actor se convierte en el pincel a través del cual el director expresa la visión.

Esfuérzate en conocer a la gente con la que trabajas, no solo durante la jornada de trabajo, sino también fuera de ella. Conóceles primero como seres humanos. Crea confianza.

Algunas maneras de encontrar actores o modelos para tu proyecto son:

(a) Haz un *casting*. Un *casting* es un evento típicamente abierto donde los candidatos demuestran sus habilidades y su grado de encaje con el rol o el proyecto. Es como una entrevista de trabajo pero para actores y modelos. Un buen *casting* puede marcar la diferencia en tu camino al éxito.
"¡Los mejores directores de *casting* están muy solicitados!".

(b) En algunos casos, la mejor persona para tu proyecto está delante de tus narices. Puede ser uno de tus amigos, un pariente o alguien que conociste ayer por primera vez. Algunos directores famosos han encontrado a sus actores/modelos estrella de esta manera.

# Audiencias

Tu proyecto está íntimamente conectado con tus usuarios o audiencia desde el primer minuto.

Creamos e innovamos para producir soluciones a desafíos relacionados con comunidades específicas. Esperar al final de nuestras producciones para pensar en esas comunidades es como embarcarse en un avión aleatorio hoy y decidir a mitad de vuelo que queremos aterrizar en París. ¡Podría ser demasiado tarde!

"Deberíamos comenzar a pensar en nuestra audiencia desde el primer día".

Comparte tu idea con grupos que representen a esa comunidad. Obtén su *feedback* y sus opiniones. Asegúrate de que tu mensaje resuena con esa audiencia, y si ese no es el caso revisa tu comunidad de destino o la idea misma. Repite este proceso en diferentes momentos durante la producción.

Para mantener el proceso tan objetivo como sea posible, estos grupos de prueba no deberían tener conexión alguna con nosotros.

Evita realizar este proceso con tu familia y amigos tanto como sea posible. Tu familia y amigos pueden darte *feedback* constructivo, tanto positivo como negativo, pero su opinión es a menudo demasiado parcial debido a la fuerte conexión que tienen contigo.

Ten en mente, también, que una prueba aislada con un solo grupo no puede ser muy representativa de la opinión general. Evitar el *feedback* puede ser igual de malo que ir contra tus propios impulsos debido al *feedback* específico que hayas recibido de un solo grupo.

Así que diversifica, obtén múltiples perspectivas y haz pruebas con varios grupos que sean tan diferentes entre sí como sea posible.

Sobre todo, sé honesto contigo mismo. No tienes la obligación de cambiar las cosas debido a un *feedback* que hayas recibido. La obligación que tienes es la de reflexionar sobre ese *feedback* y estar abierto a lo que sientas y pienses en respuesta a ello.

Si recibes *feedback* que implica realizar grandes cambios en tu proyecto, haz una pausa y reflexiona. ¿Tenías pensamientos similares en el pasado pero los evitaste hasta ahora? ¿Te dice tu intuición que la opinión de este grupo será similar a la de muchos otros? ¿O lo contrario?

No te precipites. Sigue reflexionando. Y continúa haciendo pruebas hasta que sientas un impulso definido que te lleve a dejar las cosas como están o a cambiarlas.

Es mucho mejor invertir unos días en este proceso que seguir volando en la dirección incorrecta que te aleja de tu "París". Porque una vez que tu proyecto esté avanzado, una vez que estés aterrizando en Nueva York, va a ser difícil retornar a París. No imposible, pero requerirá una inversión extra de tiempo y recursos con la que podrías no querer lidiar.

"Así que el *feedback* temprano es una necesidad".

Las metodologías ágiles y ligeras (*agile* y *lean* en inglés) promueven lanzamientos rápidos y múltiples iteraciones. Para que este proceso funcione, el *feedback* es esencial en todo momento.

"Necesitamos buscar ese gran encaje entre nuestro desafío y nuestras audiencias o mercados".

Sí, pero ten en mente que un nuevo proyecto creativo nunca complacerá a todo el mundo. Podría suceder todo lo contrario. Y si el proyecto es realmente innovador y diferente deberías esperar, de hecho, una buena cantidad de desacuerdo al principio. La resistencia inicial es algo típico cuando compartimos por primera vez avances rompedores e ideas realmente innovadoras con el gran público.

"Así que necesitamos estar listos para aceptar una cierta cantidad de rechazo cuando innovamos".

Las innovaciones más únicas pueden ser al principio demasiado chocantes para la mayoría de la gente, provocando rechazo generalizado. Solo unos pocos son capaces de adaptarse a esas nuevas ideas tan radicalmente diferentes cuando se comparten por primera vez. Luego, lo que estás buscando cuando pruebas tu producto no es necesariamente si le gusta a mucha gente. Eso sería genial, pero es secundario a tus objetivos principales. Los objetivos principales son dos:

1. Primeramente, averiguar si su *feedback* confirma que el producto comunica tu visión/mensaje correctamente. ¿Comprenden de lo que trata el proyecto?
2. Y, segundo, si el *feedback* confirma que el producto resuelve la necesidad o desafío específico que identificaste en la comunidad de destino.

Si un buen porcentaje de gente comprende tu mensaje/visión y el producto está resolviendo el desafío que identificaste, estás en el buen camino.

Y recuerda que esas comunidades continúan cambiando y tu visión debe cambiar con ellas. La recogida constante de *feedback* y un proceso de desarrollo flexible son claves para alcanzar el éxito.

## Un equipo de equipos

Cada uno de los profesionales que hemos mencionado puede a su vez dirigir un equipo propio. Una vez que confías en un profesional, es importante dejarle gestionar su propia gente y equipos sin interferir. Entrometerte desperdiciará recursos y podría crear tensiones y confusión.

Recuerda que la productividad es clave en los proyectos creativos. La inevitable incertidumbre que a menudo acompaña a los innovadores requiere un contrapeso, una división clara de los roles y las tareas por el bien de la eficiencia.

Y ahora, ¡comienza a crear!

CAPÍTULO 12:
# Escalando el pico del *marketing*

> *"No te preocupes sobre la posibilidad de que la gente robe tus ideas. Si tus ideas son buenas, tendrás que usar toda tu fuerza para que la gente las acepte".*
>
> **— Howard Aiken.**

Nuestros procesos creativos y de innovación han producido buenos resultados. Es la hora de explicar a nuestras audiencias cómo encaja nuestra solución con su desafío. ¡Bienvenidos al *Marketing*!

## La historia correcta

La percepción es poderosa.

¿Te gustaría ser capaz de escuchar sonidos provenientes de cualquier parte del mundo? ¿Y tener capacidades comunicativas que puedan proyectar mensajes en cualquier parte de la tierra?

"Espectacular. ¡Me interesa!".

Y, dicho de otra forma, ¿te gustaría aprender cómo desarrollar y programar una aplicación tecnológica que interactúe con los usuarios para enviar y recibir mensajes audiovisuales?

"Pues…".

Apuesto a que esta última no suena tan espectacular.

Y, sin embargo, ambos caminos nos llevan a Internet y a las mismas herramientas que usamos diariamente.

"Ya veo, ¡la percepción lo es todo!".

El *marketing* trata de construir historias excitantes para comunicar nuestros mensajes. Cogemos los hechos y los vestimos con colores bonitos, los hacemos brillar y destacar como hacemos con nosotros mismos cuando queremos impresionar a nuestra pareja.

"La perspectiva de la gente depende tanto de cómo presentamos las cosas... ¡ya veo!".

Aprender a cantar puede sonar como un desafío abstracto y complejo. Es difícil rellenar mentalmente la distancia que existe entre nuestras capacidades vocales actuales y las de los grandes maestros del canto.

"Es difícil encontrar la motivación...".

Pero... ¿y si lo miramos de otra manera?: ¿te gustaría cambiar tu forma de respirar para hacer un uso más eficiente del oxígeno que llega a tus pulmones?

"Mm, eso conecta con mi salud... interesante".

¿Te gustaría tener más energía y sentirte más descansado?

"¡Oh, sí!".

¿Te gustaría aprender a apoyar mejor tu voz para controlar los músculos de tu boca y de tus órganos vocales con más eficacia? De esa manera proyectarás y comunicarás tus mensajes, incluyendo canciones y discursos, con más confianza, sintiéndote más poderoso y siendo más convincente.

"¡Definitivamente!".

Quizás ahora comprendamos mejor de qué va lo de cantar. Ya no es tan abstracto. La esencia del canto no son las canciones, sino nosotros mismos, nuestro cuerpo, nuestra salud y confianza, y nos sentimos fácilmente identificados con esas cosas.

"¿Qué marcó la diferencia?".

Los detalles, la historia que construimos alrededor del mensaje. La historia proporcionó información y mejoró nuestra comprensión de lo que realmente significa aprender a cantar para nosotros y de por qué es algo importante.

A través de la historia adecuada, Internet adquiere también un nuevo significado. De repente, lo vemos como un regalo maravilloso que nos permite extender nuestros sentidos y capacidades de forma increíble. Somos capaces de escuchar, hablar y sentir la realidad en cualquier punto del planeta instantáneamente. ¿Verdad que es fantástico?

Los hechos son los mismos, pero cómo los explicamos, la historia que construimos a su alrededor, es lo que marca la diferencia.

"¡Eso es *marketing*!".

Y ahora, comencemos con un título.

## ¿Titular o no titular?

Un título es un símbolo, una abstracción que elegimos para representar un proyecto. Puede facilitar la comunicación de nuestro mensaje. Pero también puede simplificar el mensaje de manera incorrecta o confundir a la audiencia.

"¿Por qué confundiría a la audiencia?".

Quizás hemos creado algo cuya complejidad va más allá de lo que puede ser expresado con palabras. Si ese es el caso, intentar elegir un título podría volverse contra nosotros, creando una interpretación que tiene poco que ver con la esencia del mensaje.

Supón que comenzamos un proyecto eligiendo un título; por ejemplo: "El silencio de la guerra".

"Interesante título".

Sí, pero mientras trabajamos y exploramos la idea, nuestro impulso original puede cambiar y ramificarse hacia tantas perspectivas, direcciones y ángulos diferentes que podríamos decidir eliminar el título porque sentimos que no existe nombre, palabra o símbolo que pueda hacer justicia a la riqueza y ambigüedad contenida en el trabajo.

"Entiendo, pero algunos productos siempre requieren un título".

Sí, a veces no tenemos elección y debemos usar un título. A menudo vemos pinturas o fotografías sin título, pero raramente encontramos una película o pieza musical sin él. El cine está muy unido al *marketing* y el *marketing* trata de crear conexiones rápidas y fáciles de recordar entre un producto y una audiencia. El lenguaje es la forma más sencilla de crear esos nexos de unión. Así que, para una película y para muchos otros tipos de trabajos creativos, el título es realmente necesario.

"Un buen título siempre ayuda".

Sí, los buenos títulos ayudan a las audiencias a interpretar nuestras creaciones con más rapidez. Darles un nombre es como darles un punto de partida, un ancla desde la que pueden comenzar a explorar nuestro trabajo.

"Sin un título la audiencia necesita esforzarse más".

La audiencia tendrá que encontrar y decidir por sí misma dónde comenzar el proceso de interpretar el trabajo.

"Pero eso también alienta y promueve que la gente diverja mientras interpretan el trabajo".

Sí. Esto puede ser muy interesante y liberador, y por esa razón muchas piezas de arte moderno y contemporáneo no tienen títulos.

"Siento que esto nos conecta con el cierre prematuro…".

Una vez que se nos da un nombre, el proceso de convergencia se acelera. Perdemos la libertad de interpretar lo que tenemos frente a nosotros de cualquier manera que se nos ocurra. El título introduce inmediatamente una dirección y comienza a empujar nuestras interpretaciones hacia un camino predefinido.

"Pero también facilita nuestro trabajo como audiencia".

Así es. A medida que la creatividad y los negocios continúan convergiendo, el *marketing* los une, conectándolos con las audiencias a través de títulos y otras abstracciones fáciles de interpretar.

## ¿Por qué necesitamos el *marketing*?

Imagina un pequeño punto entre cientos de millones de otros puntos. Ahora imagina que tuvieras que localizar tu punto entre todos los demás. Existen aún más sitios web en Internet, y entre ellos está tu página web, la voz y rostro de tu servicio, producto, trabajo o de ti mismo.

Hoy en día, en una sociedad tan saturada como la nuestra, invertir nuestra energía en producir trabajos de calidad es solo el inicio. Y eso puede ser difícil de aceptar, especialmente para los innovadores que ven la implementación de sus ideas y las ideas mismas como el núcleo de sus esfuerzos y la clave del éxito.

Es tentador pensar que si producimos algo bueno, ellos (las audiencias) vendrán.

"Pero ¿qué es algo bueno? ¿Qué es la calidad?".

Somos parte de una sociedad formada por billones de seres humanos. Lo que sea que hagamos no se puede separar de esa sociedad y de los mercados, cuyas preferencias y motivaciones cambian constantemente. Tenemos que preguntarnos a nosotros mismos, ¿cuál es nuestro objetivo como innovadores?

Encontramos varias respuestas a esta pregunta:

(a) Producir algo que resuene principalmente con nosotros mismos, no necesariamente con una audiencia más amplia. Tal producto no tendrá, obviamente, mucho potencial para hacer negocio. El *marketing* no tiene importancia en este caso porque el objetivo somos solo nosotros. Este escenario es típico en muchos artistas que no encajan con la mentalidad emprendedora.

(b) Producir algo que resuene con nosotros y con aquellos más cercanos a nosotros (nuestra familia, amigos y amigos de nuestros amigos). En este caso, una modesta cantidad de *marketing*, a través de redes sociales y canales similares, debería ser suficiente para generar un pequeño grupo de seguidores. La inversión es diminuta o ninguna.

(c) El caso más común es cuando quieres alcanzar e influenciar a grandes cantidades de personas que te son completamente desconocidas y que no están relacionadas contigo. En este caso el *marketing* que necesitas se convierte en una enorme montaña que debes escalar, un pico que quieres alcanzar tan pronto como puedas en una complicada carrera contra múltiples competidores. Tu objetivo final no es solo llegar, sino permanecer ahí arriba durante tanto tiempo como sea posible.

## El pico del *marketing*

Esta no es una montaña típica. La montaña del *marketing* cambia constantemente. Un día la miras y el pico apunta en una cierta dirección, pero la semana siguiente se ha desplazado a una posición diferente. Para alcanzar el pico del *marketing* necesitas tener flexibilidad, resistencia a los obstáculos y una buena cantidad de información en tiempo real sobre tu mercado.

[Web] **torchprinciple.com/marketingmountain**

"Me imagino que para alcanzar un pico tan cambiante lo mejor será viajar ligero, llevar poco equipaje y estar listo para cambiar de ruta en cualquier momento…".

Sí, imagina que te pasas muchos meses aislado del mundo trabajando intensamente en la planificación de una larga expedición para ser el primero en alcanzar un cierto pico. Como parte de tus preparativos, acumulas un equipaje muy pesado a lo largo de todo ese tiempo. Y en cuanto terminas esa fase, te ponen en un avión y te dejan frente a la base de esta enorme montaña. Te comunican que debes alcanzar el pico tan rápido como puedas.

"Tienes que ser uno de los primeros en llegar".

La ansiedad crece y comienzas a preguntarte: ¿tengo el equipo adecuado para ascender rápidamente? ¿Me veré arrastrado por el peso de mi equipaje? ¿Qué peligros me encontraré en la ruta? ¿Quiénes son los que compiten conmigo y cuál es su situación?

Al haber estado encerrado y separado del resto del mundo durante mucho tiempo, tu conocimiento del contexto actual, de la montaña y de los competidores, es mínimo.

"La cosa no pinta bien".

Lo mismo sucede si intentas alcanzar el pico del *marketing* con un producto o servicio que hayas mantenido aislado del resto del mundo durante mucho tiempo. Puede que tengas que encarar pronto varios desafíos: tu equipaje (tu producto) no se adapta al contexto (la montaña), y tu progreso es lento o inexistente. Has estado trabajando pensando en una montaña que ya no existe.

"¡La montaña actual ha cambiado tanto!".

Tus competidores avanzan más rápido. Sus productos y su equipo se adaptan mejor al mercado. Algunos llevan equipaje y productos similares a los tuyos, pero son más refinados y están mejor adaptados al contexto. Te das cuenta de que es demasiado tarde para alcanzarles.

"Tus competidores han estado siguiendo la evolución de la montaña con atención".

El *marketing* es una montaña dura y difícil. Reflexiona sobre cuál es la mejor forma de escalarla:

(a) Obtén tan rápido como puedas la información y los recursos que necesitas para comenzar la expedición. Realiza un ascenso temprano y cuidadoso mientras continúas actualizando tu estrategia en tiempo real en respuesta a lo que encuentras durante la subida.

(b) Planifica y acumula información durante meses y, una vez que estés en la montaña, intenta encajar como mejor puedas tus recursos y tu equipaje con el desafío de la escalada.

La segunda opción puede poner en peligro tanto tu negocio como tu salud. La primera opción facilita que tu negocio y los mercados converjan gradualmente hacia el pico.

De la misma manera que el éxito de una producción cinematográfica depende en gran medida de la fase de preproducción, el éxito de cualquier proyecto comienza con una base fuerte. Esas primeras etapas tan cruciales tienen una enorme influencia en tus posibilidades de escalar con éxito la montaña del *marketing*.

"Y desde ese momento el seguimiento en tiempo real es esencial".

No puedes separar tu desafío de los competidores, ni de los obstáculos del camino, ni del pico mismo que continúa variando su posición a medida que progresas.

Cada uno de ellos, el pico (los usuarios que resuenan con tu solución), los competidores (las alternativas a tu producto) y los obstáculos (los desafíos del camino) se desviarán y cambiarán a menudo.

"¡Necesitamos hacer un seguimiento cercano!".

La ruta que sigues a través de la montaña del *marketing* depende en gran medida de esos desvíos y cambios que necesitas rastrear cuidadosamente.

Hoy en día, los destinatarios (usuarios, lectores y audiencias) de nuestras creaciones son extremadamente dinámicos y cambiantes. Ya se trate de una película o de una *startup*, es crucial que monitoricemos sus necesidades, opiniones y características continuamente. Esos picos continuarán desviándose, a veces dramáticamente en cuestión de días u horas. Este seguimiento profundo, esta necesidad de comprender tu contexto diariamente se aplica a todo, los proyectos profesionales y la vida personal.

La monitorización frecuente de nuestras audiencias objetivo debe ser compatible con la suficiente estabilidad en nuestra expedición. Las rutas, una vez que hemos realizado la inversión de abrirlas, necesitan ser exploradas durante el tiempo suficiente antes de proceder a evaluar su conveniencia y potencial. Monitorizar nuestras audiencias nos permitirá reflexionar gradualmente sobre los sacrificios conectados con continuar la ruta actual o considerar otras alternativas.

Para algunos innovadores este proceso podría parecer una distracción que nos aleja de lo que realmente importa, desarrollar y crear un mensaje/servicio/producto. Pero, de nuevo, los tiempos han cambiado y no vivimos en el Renacimiento, donde el entorno y los contextos eran mucho menos dinámicos.

Si quieres llegar a una audiencia global, ya sea en relación a los negocios o para conseguir seguidores y visibilidad, debes hacer un seguimiento regular de tu audiencia. No puedes pretender navegar un río lleno de rocas en línea recta. Estar bien informado del contexto que te rodea es el mejor seguro que puedes tener.

"Necesitamos ser flexibles y abiertos".

Lo cual puede en ocasiones colisionar con el ego de la gente. Queremos seguir un plan porque es nuestro plan.

"¡Alerta de ego!".

Nosotros lo iniciamos, fue nuestra idea, y modificarlo debido a un cambio de contexto, dejar que ese contexto modifique nuestra ruta, puede sentirse como si estuviéramos perdiendo control y posesión de ese plan. Luego, cómo de flexibles y adaptables seamos está a veces relacionado con nuestro sentido del control y la posesión.

"¿Y qué podemos hacer sobre eso?".

Los emprendedores y artistas pueden verse a ellos mismos como los facilitadores, los guías y los canales que transmiten un valor, una solución, a una comunidad.

"Luego la estrella es el valor que proporcionamos".

Sí, la estrella es el valor que transforma esa comunidad. Somos los facilitadores y canales que transportan ese valor, informando a la comunidad de su existencia.

Observa la conexión entre lo que acabamos de decir y el campo de la educación:

- Los profesores que más inspiran son aquellos que se comportan como guías, facilitadores y mentores. Proporcionan valor en forma de conocimiento profundo y generan una comunidad dinámica de estudiantes.

- En el lado opuesto, tenemos a profesores que tienen un alto sentido de la posesión sobre el conocimiento que comunican y sobre su posición como líderes de un grupo. Parte de su motivación está unida a mantener ese estatus sobre los demás.

Separación y cercanía. Aislamiento y distancia al contexto. Retornamos a los mismos asuntos que marcan la diferencia cuando escalamos la montaña del *marketing*.

Estar separado y aislado de tu audiencia, ya sea como profesor, emprendedor de negocios o artista creativo, genera una falsa sensación de seguridad, alienta expectativas poco realistas, distorsiona la percepción y te mantiene alejado de la realidad.

Estar cerca de la comunidad y de tus audiencias genera *feedback* valioso, alienta la empatía, mejora la comunicación, mantiene las expectativas realistas y doma nuestro ego.

"Este ego a menudo contraataca".

Muchas veces queremos mantener el aislamiento y la separación porque tenemos miedo de afrontar y saber cuál es verdaderamente nuestra posición en la vida. Cuando nos abrimos a una comunidad, las cartas quedan sobre la mesa y la verdad resplandece.

"Necesitamos coraje para afrontarlo...".

Sí, uno necesita coraje para afrontar el *feedback* y los hechos, pero el proceso nos da información clave y la oportunidad de corregir nuestra posición e influenciar nuestro presente y futuro de forma positiva.

"Luego, en general el aislamiento puede convertirse de verdad en un obstáculo".

Una cierta cantidad de aislamiento es útil y esencial en algunas etapas del ciclo de la innovación. Pero un exceso es dañino y te aleja gradualmente de la realidad cambiante y de las rutas que más resuenan con tu desafío.

En resumen, sé ágil, sigue en tiempo real la evolución de tus potenciales clientes y de tu contexto, y crea historias fenomenales para inspirar a tus audiencias.

Aunque este no es un libro sobre *marketing*, para finalizar este capítulo introduciremos rápidamente algunos términos relacionados con el *marketing online* que puedes explorar en más detalle por tu cuenta.

## SEO, SMM, SMO: Se trata del contenido

Internet extiende tus sentidos y tu alcance. Las aplicaciones móviles y los sitios web son los billones de naves que navegan el ciberespacio compitiendo por la atención de billones de destinos que llamamos usuarios. Para llevar la nave de tus contenidos a la atención de la audiencia correcta, podemos seguir diferentes estrategias:

- **SEO** (en inglés: *Search Engine Optimization*): los motores de búsqueda ayudan a organizar Internet al conectar a usuarios específicos con contenido concreto relacionado con sus necesidades. El SEO abarca una serie de estrategias que mejoran tu visibilidad en los motores de búsqueda para que los usuarios te encuentren más fácilmente.
- **SMM** (en inglés: *Social Media Marketing*): los anuncios de pago que aparecen en redes sociales como *Facebook*, *Twitter*, *YouTube*, etc.
- **SMO** (en inglés: *Social Media Optimization*): consiste en promover tus servicios, trabajo o productos en redes sociales como *Facebook*.
- **SEM** (en inglés: *Search Engine Marketing*): consiste en anuncios de pago posicionados en diferentes plataformas.

Puedes implementar cualquiera de estas estrategias por tu cuenta o contratar a un consultor/experto en sitios web como:
**[Web] upwork.com**

Comienza a implementar estas estrategias para subir más alto y acercarte al pico de tu montaña del *marketing*.

"¡Es la hora de escalar!".

CAPÍTULO 13:
# Negocios creativos

*"Las organizaciones del futuro dependerán cada vez más de la creatividad de sus miembros para sobrevivir. Los grandes grupos ofrecen un nuevo modelo en el que el líder es un igual entre titanes. En una colaboración auténticamente creativa, el trabajo es placer, y las únicas reglas y procedimientos son aquellos que avanzan la causa común".*

— **Warren Bennis.**

Hoy en día, el mundo de los negocios es más complejo que nunca. La velocidad del progreso tecnológico y la globalización de los mercados han creado un entorno dinámico que cambia constantemente. Los cambios son difíciles de predecir y la incertidumbre es a menudo nuestra compañera.

La complejidad y la competitividad son los desafíos. La innovación es una obligación si queremos mantenernos por delante de los competidores. Los negocios se están dando cuenta de que las herramientas que han utilizado tradicionalmente, las lentas tácticas de la lógica y el análisis, son incapaces de abordar estos desafíos.

"¡Necesitamos refuerzos!".

Ese refuerzo lo llevamos en nosotros desde siempre. Solo necesitamos darle espacio y combinarlo de forma apropiada con el siempre esencial lado analítico para obtener una mente equilibrada, lista para innovar y trabajar con la complejidad de nuestro mundo.

En un contexto tan rápidamente cambiante, basar decisiones empresariales en, principalmente, procesos PA, puede desembocar a menudo en errores costosos. Necesitamos una nueva estrategia, una estrategia que equilibre los rigores del análisis con la flexibilidad del pensamiento creativo. Necesitamos estrategias que nos ayuden a divergir más al inicio de nuestros procesos creativos, para así tener más posibilidades de sacar a la luz las delicadas revelaciones/ideas que a menudo se quedan a las puertas de nuestro reino consciente. Para llegar ahí tenemos que comenzar con los entornos donde se desarrollan los negocios.

## Un entorno empresarial ideal

"¿Cómo es un entorno empresarial ideal?".
    En él:

- La naturaleza del pensamiento analítico y del creativo es entendida y valorada.
- Los directores y gerentes alientan un flujo libre de ideas y las valoran por su mérito global.
- Los empleados tienen suficiente grado de autonomía para poder ejercitar su PC (de esa forma pueden alcanzar todo su potencial tanto a nivel personal como profesional, beneficiando a la empresa y a ellos mismos).
- La felicidad es un valor respetado y promovido.

"¿Has dicho la felicidad?".

## La importancia de la felicidad

Sí, felicidad. Cada vez más empresas se están dando cuenta de que la satisfacción de sus empleados se traduce en más calidad y más beneficios.
    "Pero ¿cómo describimos esa felicidad, o a qué va unida?".
    Va a menudo unida a la autonomía, la flexibilidad y la seguridad, en oposición a entornos donde los empleados se sienten presionados, amenazados, restringidos o esclavizados.
    "Estás hablando sobre la motivación".

Sí. La innovación combina el pensamiento analítico y el creativo, los procesos conscientes y subconscientes. Los empleados tendrán más propensión a involucrarse espontáneamente en estos procesos si disfrutan el entorno de trabajo, las tareas que tienen que realizar y si sienten que tienen el suficiente control sobre lo que hacen.

"Eso está claro, pero ¿no es difícil mantener ese espíritu en las organizaciones más grandes?".

## Manteniendo el espíritu

Comprendamos las razones: los mejores negocios del mundo fueron creados por autónomos (En inglés: *freelancers*). Gente que se arriesgó, combinando análisis y creatividad, para comprender la complejidad de sus entornos. Encontraron formas de producir valor que resonaron con sus clientes.

Pero a medida que los negocios crecen, algo cambia. Algo que a menudo refleja la transición de la infancia a la edad adulta. Algo que puede suceder en negocios exitosos de todo tipo.

Con el éxito a menudo viene el miedo de perder lo que hemos ganado. ¿Estás de acuerdo con esto?

"Sí".

El ansia por analizarlo todo se acrecienta y el miedo te empuja a intentar controlar lo que pasa a tu alrededor.

"El miedo me hace ansiar la seguridad y el control".

Esto, a su vez, implica un énfasis mayor en el PA. Un énfasis en converger, no en divergir.

"Nos alejamos de otras formas de pensamiento menos convencionales, más espontáneas e impredecibles".

Con el tiempo, estos negocios son superados eventualmente por nuevas *startups* que utilizan todo el rango de estrategias de pensamiento.

"Luego, esas empresas grandes se están autolimitando".

Se comportan como si tuvieran una mano atada a la espalda o estuvieran de pie sobre una sola pierna. ¡Literalmente!

Sabemos que tener éxito no es necesariamente muy difícil. Lo que es difícil es mantenerse ahí arriba. Pero no puedes esperar que eso suceda si llegas arriba haciendo uso de todo tu potencial y una vez que estás ahí eliminas la mitad de ese potencial por miedo a perder tu posición.

"Debilitan su potencial al dedicar parte de él a intentar asegurar su posición".

Quieren hacerla estable y permanente.

"Pero nada puede ser verdaderamente permanente, todo fluye sin cesar, nos guste o no".

Tal estrategia pronto se convierte en una trampa. De la misma forma que en el fútbol la mejor defensa es un gran ataque, la mejor garantía para mantenerte en cabeza es seguir innovando, manteniendo tus músculos creativos en forma y listos para actuar.

"Luego, a medida que el negocio crece, debemos mantener nuestros músculos creativos frescos y en forma".

## Un espíritu emprendedor estructurado

Sí, y comprendamos el por qué:

Crezca lo que crezca un negocio, el contexto que lo rodea no desacelera; continúa cambiando y evolucionando.

"A medida que el negocio crece, los recursos aumentan, pero los viejos y nuevos desafíos permanecen, mutando y evolucionando constantemente".

Por ello, la flexibilidad y el uso de todo nuestro potencial mental sigue siendo una obligación. Los negocios necesitan mantener su espíritu emprendedor mientras se benefician de lo mejor que puede aportar una organización empresarial estructurada y bien organizada.

Podríamos llamarlo: espíritu emprendedor estructurado.

"Me encanta, pero para muchas de estas organizaciones podría ser demasiado tarde si quieren cambiar la forma en que trabajan y se organizan. Algo me dice que estos principios y estrategias deberían aplicarse desde el primer día".

## Comienza con la educación

Esto nos lleva a una de mis áreas favoritas, la educación.

Piensa en tu vida como si fuera una historia. Una historia cuya narrativa está en gran parte en tus manos.

Imagina que al principio de tu historia se te expone a una variedad de disciplinas y se te anima a explorar y a crecer en las que resuenen más contigo. Esto generará orgánicamente en ti un entusiasmo autosuficiente y la disciplina natural de interactuar con el mundo de forma creativa y productiva.

Cambiar cómo funcionan las cosas en cualquier organización, no importa cuán grande o antigua sea, es siempre posible. Siempre existe un grado de flexibilidad en todo ser humano y en toda organización. Pero, por supuesto, cambiar hábitos tenaces y malsanos es siempre más difícil que crear desde el inicio otros más saludables.

"Es por ello que nuestra educación temprana es clave".

Durante mucho tiempo la educación ha estado centrada en acumular conocimiento e información.

"Esta obsesión con acumular, con la cantidad…".

Tras completar los estudios, la esperanza es que todo ese conocimiento y la práctica asociada ayuden al estudiante a rendir en el mundo real. Pero el mundo real es tan terco como un patrón de síntomas que no encaja con ninguna de las enfermedades específicas de las que hablan los libros.

Adaptar toda esta información acumulada al mundo real funciona en casos donde la complejidad no es demasiado alta. Pero cuando la complejidad es grande podemos sentirnos como si estuviéramos intentando encajar una llave preestablecida en el agujero incorrecto.

En el peor de los casos es un desperdicio de energía; en el mejor, es una solución imperfecta. ¿No sería mejor comprender primero el nuevo agujero y solo entonces construir una llave personalizada que encaje en él?

"Trabajando en las raíces de nuestro pensamiento".

Sí, más que ninguna otra cosa, para que los estudiantes rindan en el mundo real, necesitamos entrenarlos para utilizar todo su potencial mental, del analítico al creativo. Entonces estarán listos para comprender y adaptarse a la incertidumbre que es común en los entornos de hoy en día.

"Y eso significa exponerles a una variedad de posibilidades y campos desde el principio de su camino".

Yendo más allá, la educación debería ser una experiencia interactiva: no impones conocimiento al estudiante. El *feedback* fluye en ambas direcciones. Expones a los estudiantes a una variedad de experiencias para que puedan descubrir aquellas con las que mejor resuenan sus personalidades y habilidades. Esas son entonces alentadas con mayor intensidad.

"Hacer lo que resuena contigo y hacerlo con pasión y entusiasmo".

Eso crea seres humanos productivos y felices. La productividad y la felicidad van de la mano cuando usamos todo nuestro potencial para hacer lo que más resuena con nuestro ser.

Finalmente, hablemos sobre otra de las maneras en las que el mundo de los negocios se está adaptando a esta cambiante complejidad.

## La filosofía ágil (en inglés: *agile*)

En los últimos años hemos presenciado la emergencia de diferentes metodologías ágiles y ligeras (en inglés: *agile and lean*) aplicadas a áreas tan diversas como el desarrollo de *software*, el emprendimiento y el diseño.

Piensa en el modelo del *lean startup*, el desarrollo de *software* ágil, el *lean UX*, etc. Son consecuencia de la creciente complejidad y de la alta velocidad de cambio de los mercados actuales.

La innovación necesita refuerzos. Cuando finalmente pensamos en innovar, el contexto ha saltado hacia adelante y nos quedamos demasiado retrasados.

"¡Tenemos que ponernos al día!".

La innovación debe ser parte del tejido mismo del negocio. El contexto se debe considerar a cada paso. El *feedback* y la interacción con la audiencia y los usuarios deben ser continuos. Y para mantener el ritmo con el cambiante entorno, debemos minimizar el derroche innecesario de recursos.

"Vaya contraste con la forma en que los negocios solían hacerse en el pasado".

Trabajando en aislamiento o cuasi aislamiento, los equipos solían producir resultados altamente refinados que a menudo tenían que ser descartados o completamente rehechos debido a cambios en los requerimientos del cliente o en los mercados. Esta forma extremadamente ineficiente de trabajar ha empujado a muchos profesionales a considerar la necesidad de hacer las cosas de forma más ligera y flexible, adaptándonos a la realidad de lo que es el mundo, una criatura dinámica y cambiante cuyo siguiente paso es difícil de predecir.

Las estrategias ágiles y ligeras (*agile and lean*) nos ayudan a adaptarnos a la naturaleza de la bestia. Los beneficios son muchos:

- Una creciente armonía y resonancia entre los productos y las audiencias al realizar un seguimiento cercano y regular de la convergencia entre las necesidades y las soluciones.
- Ahorro de tiempo y dinero al minimizar el despilfarro.
- Tiempos de respuesta más rápidos que mejoran la eficiencia.

Estas filosofías y métodos ágiles comparten un rango de procesos clave:

(a) Se generan conceptos e ideas.

(b) Se crea un prototipo rápido, lo suficientemente funcional para demostrar el concepto y permitir su prueba.

(c) La validación del prototipo se hace de forma interna dentro del equipo. Las pruebas externas se desarrollan después con gente no conectada al proyecto. El *feedback* se recoge y analiza.

(d) Se aprenden lecciones y se aplican cambios en el proyecto en respuesta al *feedback*.

(e) Retornamos a b) y continuamos *iterando* a través de este proceso.

## PC ágil

Las metodologías ágiles se mueven rápido. Al PC, sin embargo, le gusta tomarse su tiempo para alcanzar los mejores resultados.

"¿Cómo combinamos ambas?".

Para ser ágil de forma creativa tus músculos creativos necesitan estar bien entrenados. Cuando tus músculos creativos son fuertes eres capaz de usar el PC de forma más rápida, adaptándote a las filosofías ágiles.

Por lo tanto, las metodologías ágiles requieren ciclos de innovación más rápidos. Esto implica la necesidad de que los participantes ejerciten sus músculos creativos de forma regular.

"¡Hora de hacer ejercicio!".

CAPÍTULO 14:
# Consejos adicionales para el mantenimiento

> *"Ves cosas, y dices '¿por qué?' Pero yo sueño cosas que nunca existieron, y digo '¿Por qué no?'"*.
>
> **– George Bernard Shaw.**

Veamos una serie de recordatorios y consejos adicionales para ayudarte a mantener tus músculos creativos en forma. Complementan los ejercicios que hemos cubierto previamente.

- Comienza identificando temas que te interesan. Busca maneras de interactuar con otros que estén interesados en áreas similares.

- Busca el equilibrio entre tareas que hacen un uso intenso del PA y otras que son más relajadas e impredecibles. Haz excursiones, práctica un deporte. Involúcrate en la música o en otra actividad artística. Ejercita tus músculos PC alejándote de la rutina y de los acantilados profundos de tu mente. Abre nuevas rutas, da la bienvenida a lo inesperado.

- Date permiso para permitir que tu mente deambule sin un propósito específico. Recuerda que es en esos momentos cuando las revelaciones/ideas subconscientes más impredecibles pueden encontrar el espacio para alcanzar tu conciencia. Prueba a meditar caminando (en inglés: *walking meditation*) en entornos inspiradores. Permite que tu subconsciente se abra gradualmente al nuevo espacio que estás creando en tu mente.
"Muchas de mis ideas me vienen durante mis relajantes paseos".

Otros prefieren actividades diferentes. Existen infinitas formas de crear el espacio que alienta la incubación exitosa de nuevas ideas. ¡Encuentra la tuya!

- Recuerda la importancia de divergir antes de converger, así como de ejercitar tus músculos creativos. Realiza actividades aleatorias (actividades que no vayan contra tus principios y que sean seguras para ti y para los demás) con una dirección definida o sin ninguna meta específica. Imagina la vida como un camino que está siendo atravesado exactamente de la misma manera por billones de otros seres humanos. ¿Acaso no te gustaría salirte del camino y explorar lo que hay ahí fuera en otras rutas alternativas?
"No soy un robot, ¡Quiero divergir!".

- Aplica el mismo concepto de la divergencia a la escritura. Siéntate y comienza a escribir. No juzgues o evalúes. Simplemente escribe.
"¿Sobre qué?".
Estás ejercitando tus músculos creativos. Lo que escribes no es lo importante. Simplemente, siéntate y escribe. Desafía a los filtros del PA al permitir que cualquier cosa que se te ocurra se traslade al papel (o al archivo digital).
"Y si nada sucede...".
Tu mente es un espejo de tu vida y tus experiencias. Tienes una vida, ¿verdad? Luego algo aparecerá. Quizás lo que escribas no tenga ningún sentido, no importa. Este proceso está estirando tus músculos creativos y podría conducirte a lugares inesperados.
Recuerda que las mejores cosas, incluyendo la vida misma, comienzan desde un lienzo vacío, desde esa nada que tanto nos asusta al principio.
"Dudas...".

- Cuando surjan las dudas, recuerda de nuevo que estás ejercitando tus músculos creativos. Ejercitar tus músculos corporales en un gimnasio puede parecer a veces una pérdida de tiempo, incluso algo doloroso, pero es la base sobre la que más tarde puedes construir grandes logros. Lo mismo sucede con tus músculos creativos.

- Lleva todo esto más allá. Ejercita tu coraje creativo. Flexibiliza tu mente. Comienza a cantar en lugares donde no cantas normalmente.
  "No canto".
  ¿Y cuándo tarareas tus canciones favoritas en la ducha o cuando celebras las buenas noticias? Cantar no es nada inusual. El contexto en el que tiene lugar es lo que puedes cambiar.

- ¿Tienes un lápiz o bolígrafo cerca? Dibuja algo.
  "No soy bueno dibujando".
  Piensa en tu firma como en un dibujo muy complejo, ¡porque lo es! Si puedes dibujar tu firma, entonces dibujar no es el problema. Tener el coraje de mover esos músculos creativos es un buen primer paso. Deja que esos músculos trabajen dibujando líneas aleatorias. Disfruta de la falta de un objetivo concreto, de la sensación de estar creando algo orgánico y complejo que es una extensión de tu ser. Piensa en lo que estás dibujando como una expresión de tu subconsciente.
  "¡Eso es emocionante!".
  Lo es, y podría revelar cosas inesperadas sobre ti.

- Aplica la divergencia a todo aquello que te bloquee.
  "Estoy teniendo problemas para escribir este informe".
  ¿Sientes que necesitas aire fresco? Abre una página diferente y escribe algo no relacionado con tu informe, tan aparentemente desconectado de lo anterior como sea posible. Debido a la forma de trabajar del subconsciente, las *inputs* no relacionadas pueden ampliar tu enfoque, arrojar más luz sobre el desafío y, en ocasiones, generar nuevas revelaciones/ideas que pueden ayudar con aquello que te está bloqueando, el informe en este caso.
  "¡Veo de nuevo el potencial de divergir antes de converger!".
  Sí, continúa ejercitando tus músculos PC llevando lo inesperado a todo tipo de actividades. Por ejemplo, si estás haciendo una foto de tu marido, amigo o novia, tómate un momento para hacer una foto adicional de algo aparentemente no relacionado que encuentres cerca de ti. Podría ser el pomo de una puerta o la textura del suelo bajo tus pies. Contempla lo que has capturado. Reflexiona sobre cómo

hace que te sientas. Refresca tu mente con el poder de la variación y la diversidad.
"¡Sorprende a tus neuronas!".

- Cuando invites a tus amigos a cenar, transforma el evento en otra oportunidad para ejercitar tus músculos PC. Sé creativo con los preparativos. Si haces un pastel, añade un giro único, sorprende a tu audiencia.
"Crea una experiencia inolvidable".

- Si vas a jugar con tus amigos, inventa un juego nuevo en vez de jugar con los típicos. Comienza de forma simple. Después de repetir la experiencia varias veces, tus propuestas irán creciendo en complejidad y atractivo.

- En general, transforma cualquier ocasión en algo único y memorable. Esto beneficia las mentes de todos. ¿De qué hablarán tus invitados cuando dejen tu casa? Comparte tu mente creativa con el mundo y a cambio recibirás increíbles beneficios.

En resumen, haz de tus días algo único. Corre riesgos controlados, celebra la interactividad, alimenta tu subconsciente, busca el equilibrio entre las tareas PA y otras más impredecibles y libres, cultiva espacio en tu mente y celebra la aleatoriedad.

"¡Vive con V mayúscula!".

## Diversidad multidisciplinar

Los atletas conocen la importancia de ejercitar todos los músculos del cuerpo, no solo unos pocos. Al igual que ellos, de tanto en tanto pon en movimiento una diversidad de canales creativos.

- Elige una semilla, una idea, un tema, un desafío.
- Escribe una historia corta o el tratamiento de un guion que comience desde tu semilla.
- Haz un dibujo espontáneo mientras reflexionas sobre la semilla.

- Imagina un negocio diseñado alrededor de tu desafío. ¿Quiénes son los clientes? ¿Cuál es el modelo de negocio? ¿Cuáles son los beneficios y cuáles los riesgos?
- Improvisa una escultura usando los materiales que encuentres a tu alrededor.
- Improvisa una canción que explore tu desafío.
- Imagina que estás bailando con tu semilla. Improvisa una coreografía. ¿Qué aspecto tendrá tu semilla y cómo actuará?
- Elije un grupo de colores para una paleta que represente tu semilla.
- Imagina que eres la semilla. Durante unos minutos compórtate como lo haría tu semilla. ¿Cómo se mueve y actúa tu desafío? Sé la semilla.
- Toma notas de cualquier revelación/idea o pensamiento interesante que te venga a la mente.

Este es un estupendo ejercicio para tus músculos PC. Cuanto más lo hagas más hábil serás conectando diferentes áreas y disciplinas.

En la vida encaras constantemente una variedad de desafíos, y cuantas más avenidas y canales explores, más fuertes se harán tus músculos creativos y mejor rendirán cuando estés buscando soluciones innovadoras para esos desafíos.

Terminamos este capítulo con la magia de las historias.

## Enriquece tu vida con historias

En las raíces de algunos de los mejores trabajos creativos encontramos historias. Las historias crean contextos ricos, cimientos sólidos que favorecen la innovación a través del cultivo de un subconsciente rico.

Dar con nuevas ideas puede parecer una tarea desalentadora, pero existen muchas estrategias para acelerar el proceso.

- En tu día a día, presta atención al mundo que te rodea, a la gente y a los acontecimientos.
"¿Qué está sucediendo ahí mismo al otro lado de la calle?". Sí, ¿qué está sucediendo detrás de ti, entre esas dos personas que se ríen a carcajadas? ¿O quizás están teniendo una acalorada discusión? Elije algo que llame tu atención e imagina qué sucedió antes y qué sucederá en el futuro con las personas involucradas.
En resumen, elije una semilla que encuentres en tu entorno y construye una historia a partir de ella.

- Mientras estás sentado en una cafetería o librería, presta atención a la persona sentada a tu lado. Observa el aspecto, los movimientos y los gestos de esa persona. Imagina cómo es su vida basándote en tus observaciones.

- Y ahora, donde sea que estés, en un parque, una calle, un centro comercial o una montaña, imagina que eres parte de una película. Esta película necesita atraer la atención de una audiencia amplia y comunicar un mensaje profundo.

- Observa el contexto que te rodea. Imagina lo que podría estar sucediendo. ¿Quién eres dentro de la película? ¿Un ladrón escapando de la policía, un abogado esperando el inicio de una reunión secreta, un padre desesperado buscando a su hijo? ¿Y por qué estás ahí? Responde estas y otras preguntas mientras comienzas a crear la historia.

- Toma nota de historias que atraigan a la gente en películas y revistas. Aquellas que sean populares y otras que resuenen contigo. Dales tu propio toque, escribe tu propia versión de las que más te gusten.
"Ramifícate".

- Haz crecer troncos nuevos a partir de esas semillas de calidad. Si eres parte de un grupo, improvisa actuaciones e interpretaciones junto a otros. Asume diferentes roles.

- Anota cualquier nueva revelación/idea.

# Celebra el contraste

Ejercitar tus músculos corporales a menudo requiere que los lleves a posiciones extremas antes de relajarlos de nuevo.

"El contraste fortalece. Lo mismo sucede en tu mente".

El contraste es esencial en todos los proyectos creativos. Gracias a él podemos apreciar las características únicas de cada sujeto.

Sea cual sea tu proyecto, piensa en qué elementos contrastantes puedes añadir. Al incluir elementos opuestos o contrastantes reforzarás ambos.

"Sin contraste, la vida se hace plana y aburrida".

Aplica todo lo previo a tu rutina diaria y estarás fortaleciendo tus músculos creativos, enriqueciendo tanto tu vida profesional como la personal.

"¡Adelante!".

CAPÍTULO 15:
# La innovación en números

> *"La innovación (cualquier nueva idea) por definición no será aceptada al principio. Precisamos intentos repetidos, demostraciones sin fin y ensayos monótonos antes de que la innovación sea aceptada e internalizada por una organización. Esto requiere una valiente paciencia".*
>
> — **Warren Bennis.**

Mucha gente no se ha parado nunca a pensar cuánto beneficio puede traer el PC a sus vidas. La pregunta que queremos responder es: ¿cuánto beneficio y de qué tipo nos aporta el PC en relación al PA?

Construyamos una simulación con números. Usando matemática muy sencilla y lenguaje llano, construiremos un modelo muy simplificado para reflexionar rápidamente sobre este tema.

Todo lo que hacemos requiere una inversión. Hay muchos tipos de inversión. En este modelo nos concentraremos en algunos de los más importantes: el tiempo, la energía y el dinero.

La energía y el tiempo, aunque interrelacionados, se mueven a velocidades diferentes. Puedes gastar mucha energía en poco tiempo. O gastar mucho tiempo sin apenas invertir energía. Los recursos requeridos por los procesos de innovación serán incluidos en el área financiera del modelo.

Idealmente, todos queremos obtener el mayor valor posible a cambio de la menor inversión que podamos hacer.

"¡Buen plan!".

Claro, pero recuerda que ese valor se puede expresar a corto plazo o a largo plazo. Puede durar poco tiempo o extenderse durante semanas, meses o años. Supongamos entonces que el número final que estamos buscando es el valor total, que llamaremos VT. Este número nace de la relación entre el valor obtenido (VO) y la inversión aplicada (IA). Es decir, cuanta más inversión hayamos tenido que realizar para obtener el valor, menos valor total. Y viceversa.

"Entiendo. Quiero obtener un VT tan alto como sea posible".

Normalizaremos todos los números en porcentajes relativos entre el 1% y el 100%.[50] Consideraremos que el 100% representa en cada caso el valor máximo que podemos asignar a ese parámetro.

"¡Comencemos!".

El valor que obtenemos, si dura un instante, no es tan valioso como si dura el 100% de nuestras vidas.

"Generalizando, la mayoría de las veces eso es cierto".

Por lo tanto, el valor obtenido (VO) es igual al valor (V) multiplicado por la duración de ese valor en términos del porcentaje que resta de nuestra vida (DV).

$$VO = V \times DV$$

En cuanto a la inversión aplicada (IA), simplificaremos el modelo estableciendo que la energía, el tiempo y el dinero combinados representan la inversión total (IT).

"Entiendo, la energía, el tiempo y los recursos que utilizo en el proceso representan mi inversión total en este modelo simplificado".

Sí, mucha inversión en un tiempo corto puede ser similar a una pequeña inversión sostenida durante mucho tiempo. Por lo tanto, la inversión aplicada (IA) será igual a nuestra inversión total (IT) multiplicada por su duración en términos del porcentaje del resto de nuestra vida sobre la que la sostenemos (DI).

$$IA = IT \times DI$$

"Genial, luego, tanto el valor obtenido como la inversión aplicada dependen de la duración que tengan".

Continuemos. El valor obtenido es menos valioso si nuestra inversión es más grande que si es más pequeña. Por lo tanto, el valor total (VT) es igual al valor obtenido (VO) dividido por la inversión aplicada (IA).

$$VT = VO/IA$$

"Cuanta más inversión aplicada, menos valor total recibimos en proporción. Y viceversa".

Por lo tanto, para obtener el valor total generado por el PA o el PC:

$$VT = (V \times DV)/(IT \times DI)$$

"El valor que obtenemos multiplicado por el tiempo que dura es dividido por nuestra inversión total multiplicada por el tiempo que la mantenemos".

Este es un modelo muy sencillo de un tema extremadamente complejo. Simplifica enormemente los parámetros involucrados. Aun así, es una abstracción útil que nos puede ayudar a reflexionar sobre este delicado balance entre nuestro PA y nuestro PC.

"¡Pongámoslo en movimiento!".

Supongamos que intentamos resolver un desafío usando primero y principalmente estrategias analíticas y lógicas (PA) y más tarde ponemos un mayor énfasis en las estrategias creativas (PC).

Cuando usamos el PA trabajamos secuencialmente en un entorno lleno de abstracciones y simplificaciones, obteniendo revelaciones/ideas que son más típicas, más cercanas a nuestro punto de partida. Cuando usamos el pensamiento creativo damos saltos impredecibles, llegando a revelaciones/ideas que se encuentran más alejadas de nuestro punto de partida. Son más originales.

Como queremos innovar, damos más importancia a las ideas que son más inusuales que a las que son más predecibles y típicas.

"¡Queremos innovar y mantenernos por delante de los competidores!".

Por lo tanto, el valor, V, será mayor para el PC que para el PA. ¿Cuánto? Mucho. Una idea única puede marcar la diferencia entre pasar a liderar el mercado o cerrar el negocio.

Asignemos un V de 100 para el PC y uno de 10 para el PA.

Lo siguiente que hay que considerar es la duración de ese valor, DV. Las ideas únicas y originales tienden a crear valor que dura más tiempo que aquel generado por las ideas predecibles. Las ideas predecibles y típicas no tardan mucho en mostrarse incapaces de proporcionar suficientes ventajas en el mercado y su valor decrece rápidamente. Como antes, el beneficio proporcionado por las ideas únicas y originales dura mucho más tiempo. Asignemos un DV de 100 para el PC y de 10 para el PA.

"Las ideas únicas y originales nos aportan más valor y nos ayudan a mantenernos por delante de los competidores durante más tiempo".

Pasemos ahora a la parte de la inversión.

Consideremos que la inversión financiera es similar para el PC y para el PA. Ambos requieren una colección de herramientas cuyo coste podemos considerar similar en la mayoría de los casos.

"¿Y que hay sobre la energía y el tiempo?".

Para que el pensamiento creativo sea productivo y efectivo necesitamos estar libres de las estrictas ataduras del tiempo. Los procesos del PC que buscan encontrar soluciones innovadoras tienen que ir más allá de las abstracciones mentales para trabajar con la complejidad pura de nuestro desafío. Esto podría requerir más energía y tiempo.

Luego, ¿cuán grande es la inversión temporal del PC en relación al PA? No mucho, y de hecho puede ser menor. El PA trabaja secuencialmente. El PC involucra el procesamiento simultáneo. Es la incertidumbre del PC lo que puede hacerlo durar más que los procesos del PA. Pero, debido a sus poderosas capacidades de procesamiento, el PC a veces alcanza sus resultados en menos tiempo.

En términos de energía, podemos asumir que los procesos del PC requieren más energía que el trabajar con abstracciones simplificadas. No mucha más, pero sí algo más. Siendo generosos, demos un IT de 100 al PC y de 50 al PA.

"Los procesos del PC en los adultos requieren en general más esfuerzo que los procesos del PA".

Finalmente, en cuanto al DI, la cantidad de tiempo durante la que mantenemos nuestra inversión, el PC requiere típicamente una duración mayor que el PA. Es más específico y trabaja más cerca de la complejidad pura que continúa evolucionando y, por lo tanto, necesita mantener durante más tiempo sus interacciones con esa complejidad.

El PA trabaja con abstracciones simplificadas. En comparación con la materia prima del PC, estas abstracciones están más separadas de la realidad y es común que cambien más lentamente. El PA sigue necesitando actualizar sus abstracciones, luego la diferencia no es muy grande, aunque existe.

"Tiene sentido, ser más específico y trabajar con los detalles más finos de algo que continúa cambiando nos mantiene intensamente enganchados a ello y con mayor frecuencia".

Demos, por lo tanto, un DI de 100 Al PC y de 50 al PA.

Luego, ¿qué obtenemos como resultado?

$$VT\ (PC) = (100 \times 100) / (100 \times 100) = 1$$

$$VT\ (PA) = (10 \times 10) / (50 \times 50) = 0.04$$

"¡El PC es el campeón!".

A pesar de lo simplificado que es este modelo, nos resulta útil para verificar alguna de nuestras intuiciones cuando trabajamos con el PA y el PC. Lo que estos números muestran es que el PA requiere una inversión de energía y tiempo que a menudo es menor de la que requiere el PC. Además, el PA, debido al nivel de abstracción con el que trabaja, también requiere un mantenimiento menos intenso de esa inversión.

"Luego, a corto plazo el PA parece la elección más fácil".

Sí, pero cuando consideramos ambos, el PA y el PC, durante toda su trayectoria y hasta el final, el PC genera revelaciones/ideas que proporcionan un valor mucho mayor y durante mucho más tiempo en comparación a lo que el PA puede generar por sí mismo.

"Luego el PC gana a largo plazo".

Sí, el PC requiere una inversión inicial mayor pero proporciona un valor total y un beneficio a largo plazo mucho mayores.

El PA requiere, en cierto modo, una inversión inicial más pequeña y más corta, pero proporciona un valor mucho más modesto que decrece más rápidamente a través del tiempo.

"Pues entonces recuérdame de nuevo por qué el PA domina tan a menudo en nuestras mentes".

Desde una perspectiva biológica, el PA tiene mucho sentido: hace un uso más eficiente de nuestra energía y logra unos resultados lo suficientemente buenos. Es también capaz de ayudarnos a que nos adaptemos a nuestros cambiantes entornos siempre que los cambios sean controlados y la competición sea modesta.

"Luego mientras las cosas no sean demasiado exigentes, el PA es eficiente y capaz".

Sí, el problema es que hoy en día la complejidad y la competición son altas y siguen creciendo tanto en nuestra vida profesional como en la personal. Los contextos cambian a velocidad de vértigo, a menudo en direcciones difíciles de predecir. La competición puede hacer que en un corto plazo de tiempo nuestros productos, servicios o nosotros mismos nos volvamos irrelevantes.

"El PC se vuelve esencial".

Sí, el PC se vuelve esencial para prosperar. Una inversión adicional de recursos relativamente pequeña puede proporcionar un beneficio mucho mayor, uno que nos ayude a dar un salto hacia delante y a mantenernos en cabeza durante más tiempo.

"En todo caso, el PA y el PC, ambos, están siempre presentes y se necesitan el uno al otro, ¿verdad?".

Sí. Esta comparación que acabamos de hacer es, por supuesto, completamente irreal, porque el PC y el PA no pueden nunca trabajar el uno sin el otro. El modelo sirve para recordarnos por qué el PC es tan importante hoy en día y por qué una sociedad tradicionalmente inclinada hacia el PA está comenzando a moverse hacia un mejor equilibrio entre ambas estrategias.

El PC y el PA necesitan trabajar juntos constantemente. La innovación no puede depender solo de uno de ellos. Ambos son importantes en los procesos creativos, pero el PC es especialmente relevante cuando queremos generar valor a largo plazo en un entorno rápidamente cambiante, competitivo y complejo.

CAPÍTULO 16:
# La esencia de la creatividad

> *"La creatividad, como se ha dicho, consiste básicamente en reconfigurar lo que conocemos para descubrir lo que no conocemos. Por lo tanto, para pensar creativamente debemos ser capaces de mirar con ojos frescos lo que normalmente damos por descontado".*
>
> **— George Kneller.**

Exploremos en más detalle el significado de la creatividad. Hay muchas maneras posibles de definirla. Para nuestros propósitos, definiremos la creatividad como el proceso de utilizar lo conocido para producir algo nuevo, que debería tener alguna aplicación práctica o servir a una comunidad o a un individuo de alguna manera.

"¡De lo conocido a lo desconocido!".

Sí, nos movemos de lo conocido a lo desconocido, reconfigurando lo antiguo para alcanzar nuevas soluciones que (y esto es clave) deberían generar algo de valor.

## Una cuestión de tiempo

Esta definición sugiere de inmediato algo crucial: la creatividad trata el ahora y el contexto actual, el presente, en oposición al pasado. Ese pasado se convierte en una base sobre la que te apoyas de camino a nuevas revelaciones y descubrimientos.

"Luego la creatividad se ocupa principalmente del estado de las cosas hoy, no en el pasado".

Sí.

"Prestando más atención a lo que nos rodea ahora…".

No consideres la creatividad como un proceso separado, sino como una forma de vivir. En esencia, la creatividad simplemente significa reconfigurar lo que conocemos para buscar y producir algo nuevo.

Ser creativo beneficia nuestra salud, carrera, relaciones y bienestar. Es una forma más profunda y amplia de resolver los desafíos, yendo más allá de las posibilidades que pueden ofrecer la lógica y el análisis por sí solas.

En resumen, sea cual sea tu ocupación (artista, ingeniero, empresario, escritor, emprendedor o periodista), la creatividad es una herramienta que puede mejorar tu vida de muchas formas.

"Una forma de ser… Me encantaría poder aplicar estos comportamientos creativos a todo lo que hago, pero no es fácil".

## Levantarte requiere esfuerzo y energía

Así es, sostenerte sobre los hombros del conocimiento pasado para alcanzar lo que es nuevo requiere algo de esfuerzo. También requiere nuevas estrategias de pensamiento, a las que puede ser más difícil acceder en la edad adulta.

"Reconozco ese esfuerzo. Por ejemplo, dibujar es muy difícil para mí".

Quizás deberías tener en cuenta que la creatividad es lo que sucede antes.

"¿Antes? ¿Antes de qué?".

## La punta del iceberg

Cuando escuchamos las palabras creativo o creatividad muchos piensan en las habilidades de dibujar, esculpir, diseñar, programar, etc.

"Claro".

Pero esos son métodos, técnicas y canales. Son formas de expresar, comunicar e implementar las ideas que se generaron previamente. Esas habilidades son la punta de un iceberg cuya enorme base incluye las raíces de la creatividad, la comprensión de los principios que son comunes y compartidos por la mayoría de las actividades y disciplinas creativas.

"Una base común".

Sí, piensa en el ritmo, la estructura, el color, el movimiento, los brillos y las sombras.

Esos son algunos de los muchos parámetros que forman parte de los cimientos comunes de tantas actividades creativas. Aparecen en la música, pero también en la bolsa, en la danza, en el dibujo y en los discursos públicos, en el diseño y en la física y la química.

El movimiento existe en el pincel que baila sobre el lienzo, en los delicados trazos creados por el bailarín, en cómo la luz y la sombra se persiguen a través de una composición. El movimiento y el ritmo son también elementos clave a comprender en las fluctuaciones de la bolsa, en cómo se comportan las células vivas y los virus o en el tono cambiante de la voz humana cuando transmite un mensaje importante a una audiencia.

"Entiendo, necesitamos comprender primero las capas más profundas...".

Por un lado, en la cúspide de este iceberg se encuentra la implementación de las revelaciones/ideas creativas. Dominar una de estas habilidades y técnicas de implementación, como por ejemplo el dibujo, es más fácil si existe una predisposición natural, pero es un camino que cualquier persona puede seguir siempre que estemos listos a invertir el número de horas, días, meses y/o años necesarios para convertirnos en unos expertos en ese campo.

"Es cuestión de tiempo".

Los expertos dicen que para dominar un instrumento musical necesitas invertir un mínimo de varios miles de horas de práctica.[51]

Con eso quizás no te hagas un virtuoso, pero debería ser suficiente para expresarte creativamente de forma cómoda.

"Pero ¿y que hay sobre el resto de este iceberg? ¿Qué se encuentra debajo?".

Allá vamos: más importante que las habilidades y técnicas de implementación es el proceso de comprender en profundidad la esencia de los principios universales mencionados con anterioridad. Es la comprensión profunda de esos principios lo que te convertirá en un maestro.

"Luego es la base la que marca la diferencia…".

Sí, las habilidades que se encuentran en la punta del iceberg son importantes pero limitadas si no hay una comprensión profunda, una base firme.

"Un ejemplo, por favor".

Podrías ser un experto usando cámaras de fotos, pero si tu comprensión de la iluminación, la composición, las emociones humanas y otros principios clave es limitada, tu progreso a través del tiempo y la originalidad de tu trabajo serán también limitados.

"¿Y qué hay sobre el caso opuesto?".

En el lado opuesto podrías tener una gran comprensión de los principios profundos y decidir entonces invertir más tiempo en mejorar tu dominio de diferentes habilidades y técnicas. Esas habilidades se convierten en canales, formas de expresar tus ideas y mensajes. Combinando una base fuerte con el tiempo suficiente para desarrollar y practicar esas habilidades estarás en el buen camino hacia la maestría.

"La comprensión y las habilidades. ¿Cuál viene antes?".

Comienza con ambas, pero asegúrate de apoyar y alimentar continuamente esa base. Ayúdala a que se haga más fuerte y más profunda con el tiempo. De esa forma, la punta del iceberg continuará siendo rica, segura, estable y flexible durante décadas.

"Mientras que una base débil podría hacer que la punta se derrumbara fácilmente".

¡Así es!

"Eso está muy bien pero no todos tienen la capacidad de profundizar tanto, algunas personas son de forma natural más creativas que otras, ¿no es cierto?".

## ¿Está tu potencial creativo fijado de antemano?

Tu potencial creativo no está fijado de antemano. No es una cantidad de algo que determina lo que puedes o no puedes lograr. Si piensas de esa manera te estarás etiquetando como un ser no creativo. Los creativos, por definición, empujan y superan constantemente sus límites, percibidos o reales.

"Pero cuando miro a los innovadores exitosos…".

## Ya estás en el camino

Cuando contemplamos innovadores y creadores de éxito en acción podemos sentir lo mismo que cuando vemos a los mejores atletas: parecen estar hechos de otra pasta. Es como si vinieran de otra galaxia. No es posible, pensamos, que algún día podamos llegar tan lejos.

"Así me siento".

Sin embargo, hubo un momento en sus vidas en el que pensaron exactamente lo mismo. Algunos de ellos quizás tuvieron un punto de partida mejor que el tuyo (y la genética podría ser parte de ello), pero la razón principal del por qué están donde están reside en cuánto y cómo ejercitaron sus músculos, los físicos en el caso de los atletas y los creativos en el caso de los innovadores de éxito y de las personas más creativas.

Cuando comenzamos a compararnos con los demás es fácil exagerar la distancia que nos separa de ellos.

"Es una cuestión de percepción, ya veo…".

¿Puedes firmar? ¿Puedes golpear y recoger una pelota? ¿Cantas en la ducha? ¿Corriste alguna vez para subirte a un autobús que se iba? ¿Organizas e implementas planes a menudo? ¿Te encuentras a veces ensimismado en la contemplación de una hermosa puesta de sol?

"Claro que sí…".

Todos poseemos cerebros poderosos cuyos músculos creativos están listos para la acción. Lo que puede diferenciarte de los mejores innovadores es una mezcla de comprensión más profunda y de una inversión de tiempo suficiente practicando una variedad de técnicas. Pero la mayoría de nosotros ya tenemos el potencial y las habilidades genéricas que son la base de lo que más tarde se convierte en un maestro profesional. Así que no te preguntes si puedes unirte a ese camino. ¡Ya estás en él!

"¡Ya estoy en él!".

Sí, y para seguir creciendo necesitas ejercitar tus músculos creativos de la manera adecuada y durante el tiempo suficiente para generar el avance y el progreso que te haga profundizar y te lleve lejos.

"Luego todos estamos en el mismo camino, solo que en diferentes partes de él".

La gente comienza sus caminos en diferentes lugares, pero la senda que encaras está abierta a todo el mundo.

"Depende de mí seguir ejercitando mis músculos creativos".

Ve la creatividad como una serie de estrategias de pensamiento y de resolución de problemas que puedes expandir y fortalecer continuamente.

"Como cuando fortalezco un músculo".

Así es, piensa en ello como un músculo que puedes expandir, crecer y fortalecer. Está en tus manos cómo y cuánto quieres trabajarlo diariamente.

"Así que, como con el ejercicio físico, se trata de ver los obstáculos como desafíos, no como problemas".

Sí, esta perspectiva hace de los obstáculos percibidos una molestia relativa. Mientras sigas centrado en mantener tus músculos creativos sanos y en forma, sabes que estarás bien.

"Y estos principios, estas raíces, ¿qué son, de dónde vienen?".

## Artistas de la vida

El origen es la vida misma en sus diferentes manifestaciones. Estos principios son las raíces y la materia prima de la creatividad.

"Un ejemplo, por favor".

Piensa en la luz y la sombra. Son dos polos que expresan una dualidad clave de nuestro mundo. La noche y el día. La oscuridad y el brillo. A su vez, también expresan un principio clave, el contraste, que es esencial en toda forma de creatividad. Cuando juntamos elementos contrastantes podemos apreciar las cualidades y características especiales y únicas de cada uno con más facilidad. Percibimos la luz gracias a la oscuridad, el ritmo gracias a la quietud y el color en relación al mundo de los grises.

"El contraste es un poderoso principio que podemos aplicar a cualquier tema".

¿Pero qué sucede si ignoramos el contraste y nos centramos solamente en uno de los polos?

Imagina un trabajo creativo hecho por completo de figuras rítmicas sin pausas de por medio, u otro hecho de claridad total, sin oscuridad ni sombras. Esto es posible, lo es. Seguramente expresa algo.

"Suena algo raro".

Sí, está restringido y limitado en su potencial de comunicar los sutiles matices de un mensaje complejo cuando lo comparamos con la alternativa de juntar más de un polo. Podría también fallar en capturar la atención de la mente tan bien como otros trabajos que emplean todo el rango presente entre ambos polos.

"Presiento que el contraste es importante desde hace mucho…".

Así es. Por razones biológicas y evolutivas, los seres humanos se ven atraídos por el contraste. El contraste puede significar la supervivencia (por ejemplo el contraste entre el entorno y un depredador o una planta peligrosa).

"Luego, comprendiendo la importancia del contraste comenzamos a captar su potencial en relación a la creatividad y la innovación".

Cierto, una vez que comprendes la importancia del contraste, puedes comenzar a estudiar más cómo se comporta, cómo interactúa con nuestras mentes.

"¿Por ejemplo?".

Hablemos de la ley del contraste simultáneo en relación a la percepción: nos dice que cuando posicionamos dos colores complementarios (colores opuestos en la rueda de color, por ejemplo azul y amarillo) el uno junto al otro, los percibiremos como más intensos; sus características y propiedades se ven automáticamente reforzadas. Luego, posiciona dos polos cualesquiera el uno junto al otro y sus características se volverán más intensas al estar cada uno junto a su opuesto.

"Fascinante, juntando a los opuestos ambos se ven reforzados. ¿Y esto se aplica solo a los colores?".

Se aplica a cualquier cosa: la luz y la sombra, la armonía y la disonancia, el ritmo y la quietud. A pesar de ser tan distintos se necesitan y dependen el uno del otro para brillar más, para llegar a las audiencias de forma poderosa.

"Los opuestos se atraen, se refuerzan mutuamente y capturan a la audiencia".

Así que ten en mente que trabajar con los extremos (o polos) refuerza a ambos y al mensaje general que estás intentando transmitir. Trabajar con un solo polo es a veces necesario, efectivo e interesante, pero al hacerlo corres el riesgo de debilitar tanto al polo como al mensaje.

"Hay excepciones, por supuesto".

Sí. Estas no son leyes obligatorias, solo pautas, guías y recordatorios. Sin embargo, funcionan tan bien en la amplia mayoría de los casos que a menudo nos ayudan a encontrar las mejores soluciones.

"Puedo sentir la importancia de este principio, el contraste, en la forma en que vivimos".

Cuando la vida es un monólogo sin suficientes contrastes nos sentimos más inseguros, superficiales, débiles y asustados ante la complejidad del entorno. Pero cuando la vida es una mezcla diversa de polos y experiencias, un viaje multidimensional lleno de contraste, salimos reforzados, somos más sabios y profundos.

Piensa en vosotros, los lectores de este libro: sois una audiencia muy diversa, llena de contraste. Compara eso con una audiencia compuesta de personas con una trayectoria, edad y ocupación similar. Suena mucho menos interesante, ¿verdad?

"Totalmente".

Resumamos:

A medida que profundizas más y más en los principios universales de la creatividad estás expandiendo la base que alimentará tus proyectos creativos. Uno de esos principios es el contraste. Comprender el contraste beneficia todas tus actividades creativas e innovadoras. Ignorarlo podría debilitarte a ti y a tus procesos creativos.

Reflexionar sobre estos polos que se alimentan mutuamente, y sobre el delicado equilibrio que los mantiene vivos, es una gran forma de mantener tus músculos creativos afilados y en forma.

"Eso está hecho, ¡profundicemos!".

CAPÍTULO 17:
# La personalidad creativa

*"Si escuchas una voz en tu interior que dice, 'No puedes pintar', entonces pinta, y esa voz será silenciada".*

**– Vincent Van Gogh.**

Ser creativo es una forma de vivir y también de ser.
"¿Necesitas tener un tipo concreto de personalidad para ser creativo?".

En absoluto, pero hay ciertos rasgos de personalidad que facilitan el pensamiento creativo, y otros que lo dificultan enormemente.

Cuando estudiamos los mayores genios creativos de la historia podemos identificar comportamientos compartidos. Uno de ellos es la perseverancia a pesar de los obstáculos y rechazos.

"Siguen adelante".

Estos genios interpretaron lo que otros llamarían fallo como oportunidades para avanzar y progresar.

Innovar implica arriesgarse, saltar a lo desconocido y abrazar la incertidumbre. No podemos esperar alcanzar nuestras metas a la primera. El proceso creativo lleva tiempo y a menudo múltiples iteraciones. Esto es lo que desalienta a mucha gente que abandona sus desafíos creativos después de un par de intentos, intentos que etiquetan como "fallos".

"Típico comportamiento impaciente del PA".

Sí. El PA quiere conclusiones y respuestas y las quiere rápido. Pero la innovación y la creatividad requieren una estrategia mental diferente, flexible, iterativa y evolutiva.

"Una que estire nuestras habilidades mentales en todas las direcciones".

Al sacarnos de nuestra zona de confort, esta estrategia fuerza a nuestras mentes a trabajar más duro para interpretar el mundo, combinando y mezclando nuestras experiencias en direcciones inesperadas.

"El proceso creativo nos hace más profundos y ricos".

Piensa en el caso opuesto: cuando nos quedamos la mayor parte de nuestro tiempo en nuestra zona de confort estamos abriendo las puertas a la atrofia, física y mental. Atrofia del cuerpo, que genera dolor, y atrofia de la mente que, enjaulada en su abstracto castillo analítico, comenzará a acumular miedos y ansiedad.

Mirar al mundo a través de la lente analítica significa vivir en el pasado, en los recuerdos y en lo que ya es conocido, en oposición a vivir en el presente, donde cualquier cosa puede suceder, donde lo nuevo es la norma y los desafíos abren las puertas a nuevas oportunidades.

El PA quiere hacer nuestra vida más fácil, pero un exceso de ese apoyo y cariño puede debilitar tu mente.

Los creativos son conscientes también de su capacidad para remodelar sus mentes continuamente. Como seres humanos tenemos la fenomenal habilidad de reflexionar sobre nosotros mismos y sobre nuestros procesos mentales. Esto nos da la increíble oportunidad de moldear cómo funciona nuestra mente en cada momento, de dirigirla gentilmente hacia cualquier dirección que elijamos. Incluso podemos cambiar o eliminar los hábitos que están fuertemente arraigados en la mente, a veces creando hábitos mejores que pueden compensar los previos. Esto requiere perseverancia. Sea cual sea el resultado, ejercitar tus músculos creativos producirá beneficios en todas las áreas de tu vida.

## Más sobre las personalidades creativas

Las personalidades creativas son altamente sensibles y generan el suficiente espacio mental para ser receptivas a los movimientos de su subconsciente. Ser sensible significa ser receptivo a la vasta cantidad de *inputs* que nos están bombardeando constantemente. Es fácil activar el piloto automático del PA, minimizando la energía que usamos para interactuar con el mundo. Esta eficiencia produce una falta de ingredientes de calidad en nuestra olla subconsciente.

"Sin ellos, los procesos de pensamiento creativo pierden su magia".

Para innovar necesitamos evitar los procesos de filtrado de la mente, lo que nos permitirá tener acceso a la información pura a través de la que nadamos constantemente. Allá donde estés, imagínate a ti mismo dentro de un océano de información. Acostúmbrate a conectarte con ese presente a través de tus músculos creativos, y tu futuro será más rico y más profundo a todos los niveles.

Por otro lado, las personalidades creativas son capaces de crear el suficiente espacio en sus mentes. Esto implica domar el incesante parloteo analítico generado por los procesos del PA.

En nuestras ocupadas vidas es fácil entrar en el círculo vicioso de analizar en exceso las ventajas e inconvenientes de nuestro presente, pasado y futuro. Esto genera un entorno ruidoso en el que se hace difícil notar las delicadas y frágiles revelaciones/ideas que emergen de nuestro subconsciente.

La creatividad requiere un enfoque flexible y amplio, y eso significa relajación y espacio. Piensa en las sutiles revelaciones del subconsciente como en el fino y hermoso sonido de un violín en medio de un huracán. Es difícil escuchar algo si no conseguimos calmar la tormenta de nuestro interior.

Una mente sensible y abierta está lista para todo lo que venga. Esta es también la actitud de los que encaran la vida como si la experimentaran por primera vez. Lo opuesto es una actitud de sabelotodo, una actitud que cierra tu mente a lo nuevo y a lo diferente.

Imagina el flujo infinito de información en el que nadas constantemente. Imagina cómo se combina y recombina con tu conocimiento existente a nivel subconsciente, hasta que emergen fugaces y delicadas revelaciones/ideas. Estas revelaciones pueden pasar desapercibidas fácilmente a menos que el enfoque de tu mente sea lo suficientemente amplio y difuso para detectarlas.

Por lo tanto, cuando el contexto lo requiere, una sensibilidad aguda y un enfoque más amplio son rasgos clave de una personalidad creativa.

## Un estudiante perenne

Los creativos son estudiantes por naturaleza. Para ellos, el conocimiento es siempre relativo e incompleto, abierto a preguntas y reinterpretaciones.

"¡Todo fluye!".

Sí, nuestros cuerpos fluyen, pero también nuestra interpretación de cualquier evento y los eventos en sí mismos. Aprender supone recoger perspectivas que siempre pueden ser revisadas. Estos estudiantes son como ramas flexibles y adaptables.

## La paradoja de la persistencia

A menudo se nos recuerda la importancia de perseverar y ajustarnos a nuestros planes. Por otro lado, el PC disfruta con la incertidumbre y alienta la flexibilidad y la espontaneidad.

¿Cómo podemos conjugar estas dos perspectivas? En un mundo donde la complejidad está alcanzando nuevas cotas y donde todo cambia constantemente, la perseverancia combinada con una actitud flexible es el punto donde esas dos perspectivas se encuentran.

Por un lado, necesitas ajustarte a tu ruta durante el tiempo suficiente para permitir que nuevas revelaciones/ideas emerjan. Por otro lado, necesitas tener la suficiente flexibilidad para estar abierto a otras avenidas prometedoras que podrían aparecer en tu camino.

"¡Es posible pasarse con la perseverancia!".

Perseverar durante demasiado tiempo, cuando está claro que estás conduciendo por una carretera sin salida, es claramente contraproducente. Ser consciente de que esto está sucediendo no es fácil. Tener el coraje de admitirlo es aún más difícil.

Es difícil alcanzar el equilibrio adecuado mientras caminas por la cuerda floja. Recuerda, la creatividad requiere coraje, paciencia y confianza.

## Tan estimulante como un buen amigo

Las personalidades creativas comprenden la importancia de compartir e interactuar con los demás. Una de las mejores maneras de evitar caer en los acantilados de cierre durante la etapa de nutrición de la creatividad es interactuar a menudo con colegas y amigos, intercambiando pensamientos y perspectivas. Esto mantiene los ingredientes en movimiento y combinándose en tu olla subconsciente. Recuerda, no quieres que las cosas se asienten demasiado pronto.

A veces nos asentamos demasiado pronto y estrechamos nuestras perspectivas como consecuencia de un exceso de aislamiento. Como innovadores a veces sentimos la tentación de hacerlo todo en secreto, ocultándonos del mundo.

"¡Alguien podría robar mi idea!".

Los documentos de confidencialidad, las patentes y otros procesos similares son clave en ocasiones para proteger nuestra propiedad intelectual. Pero hay muchas otras cosas que podemos compartir. Ese proceso de compartir puede beneficiarnos enormemente.

Algunos de los grandes genios de la historia pasaban gran parte de su tiempo interactuando e intercambiando conocimiento con sus amigos y colegas.

"¿No tenían miedo de que les robaran sus ideas?".

Estos genios comprendieron la diferencia clave entre tener una idea e implementarla.

Los creativos experimentados se dan cuenta de que en un mundo lleno de talento hay muchas posibilidades de que nuestra idea no sea tan única como pensamos.

"Pero te aseguro que...".

E incluso si hoy es única, ¿estamos preparados para sacrificar los inmensos beneficios de interactuar con los demás y de recibir su *feedback* a cambio de las hipotéticas ventajas de ser los primeros en implementar esa idea?

"Vale, pero si nadie más sabe...".

Los creativos experimentados saben que existe una enorme distancia en términos de esfuerzo, tiempo y motivación entre tener una idea e implementarla con éxito. Y que la importancia de una idea va mucho más allá de la etapa visionaria inicial. Así que, cuando hemos de elegir entre el ocultamiento y los beneficios de compartir, los creativos experimentados eligen la segunda opción.

"Quieres decir que cuando sobreproteges tus semillas...".

Las sofocas. Siendo sobreprotector puedes sofocar semillas, ideas, gente, a tu compañero o cualquier otra cosa. Te conviertes en un obstáculo. Un obstáculo entre ellos y su necesaria nutrición. En el caso de los desafíos y las ideas, su nutrición son ingredientes de calidad que provienen de tu interacción con el mundo y con otras personas.

Sí, vivimos en un mundo lleno de patentes y de complicados temas legales relacionados con la propiedad intelectual. Esta es una de las grandes preocupaciones para bastantes creativos. Pero como demuestra la experiencia de muchos famosos fundadores de *startups*, antes de preocuparte en exceso sobre complejos temas legales primero necesitas demostrar que puedes construir un negocio viable y sostenible. Ese es un desafío muy complicado y para tener éxito necesitas todo el apoyo, todo el *feedback* y todos los ingredientes de calidad que puedas conseguir.

"Eso me recuerda a *YouTube*...".

Si los fundadores de *YouTube* se hubieran preocupado en exceso sobre temas de propiedad intelectual, nunca se hubieran convertido en lo que son hoy. La propiedad intelectual es importante, pero no es lo más importante al principio de tu camino. Obsesionarte sobre cuán única es tu idea es como soñar con la fantasía de cocinar el plato más único del mundo. Te distrae de lo que realmente importa: recoger los ingredientes que necesitas para implementar tu solución.

"El trabajo duro es la clave".

Sí, se trata de trabajo duro apoyado en grandes ideas. Pero el trabajo duro es el 99% de todo ello. No es una carrera para proteger la idea. Sin entrar en detalles, proteger las ideas es en el mejor de los casos muy caro y complicado, y en el peor de los casos puede ser imposible. Lo que de verdad importa es implementar esa idea lo mejor y lo más rápido que puedas.

"Luego ser el primero no es lo más importante".

Piensa en alguna de las compañías tecnológicas más importantes del mundo. *Google* no fue la primera en su campo, llegó después de *Netscape*. *Facebook* vino después de *MySpace*. Y podríamos continuar con más ejemplos.

"Pero ¿y si realmente necesito proteger algunas partes de mi proyecto?".

No hay duda de que en ocasiones habrá diseños, algoritmos y otras partes de tu implementación que necesitarás proteger durante la fase de producción de tu proyecto. Los procesos de registro de patentes y marcas están diseñados para lidiar con ello. Pero siempre existirán amplias partes de tu idea que podrás compartir con los demás. Compartir te ayuda a recoger nuevas perspectivas y a recibir *feedback* detallado al que sería difícil acceder de otra manera.

"Supongo que es difícil moderar nuestro ego…".

Este es un buen momento para reflexionar sobre la lucha que los creativos tienen que mantener a menudo con sus egos: ser un innovador, un creativo o un emprendedor, requiere un alto nivel de confianza en ti mismo. La incertidumbre te rodea y te sientes expuesto y vulnerable. Necesitas una buena cantidad de confianza para mantenerte en tu sitio y algunos dirían que también una dosis saludable de ego. Pero el ego, como el estrés, es otro caballo salvaje. Y es bastante fácil que se descontrole.

"Puede crecer y crecer como…".

Podrías ver al ego como un globo que puedes inflar más o menos. Cuanto más se infla, más crece y más grande lo quieres. Y te olvidas de que cuanto más crece, más cerca está de…

"¡Explotar!".

Sí. Un ego fuera de control te devolverá eventualmente al inicio de tu camino o más abajo, perjudicando tus relaciones y paralizando tus acciones. La confianza en ti mismo requiere equilibrio, como la mayoría de las cosas en la vida.

"Y la solución para eso es…".

Siéntete libre de interactuar con los demás en relación a tus desafíos. Intenta involucrar a gente de todo tipo y no solo a los expertos. Toda persona posee un tesoro de experiencias e ingredientes únicos, perspectivas nuevas y frescas que puedes añadir a tu proyecto. Cada uno de ellos puede ser potencialmente una audiencia, usuario o cliente para tu producto, servicio o creación. Valóralos y aprécialos porque en alguna de esas interacciones podría estar el ingrediente mágico, esa pizca de sal que proporcione el añadido clave que necesitas para llegar al éxito.

"Luego los expertos no son necesariamente las mejores fuentes".

Te sorprenderías. A veces son los aficionados y los principiantes los que generan los ingredientes y las ideas más originales. Un exceso de conocimiento puede impedir la divergencia y empujarte hacia soluciones típicas y predecibles.

"Cuando los patrones mentales existentes son profundos, puede ser difícil abrir otros nuevos".

Saber menos, pero no demasiado poco, puede facilitar la divergencia, y la divergencia alienta las interacciones impredecibles.

En general, el equilibrio entre saber demasiado o demasiado poco es delicado. Tener un conocimiento insuficiente sobre tu desafío limita enormemente las posibilidades de tus procesos de incubación. Saber demasiado, por otra parte, incrementa la dificultad de evitar en tu mente los caminos de mínima resistencia que te llevan a soluciones predecibles. La solución es cultivar una mente que absorba la información que necesites sin dejar de ejercitar una conciencia amplia y abierta, evitando el cierre prematuro y dando tiempo a que esa información se combine y mezcle con otras áreas de tu experiencia. Así que, mientras escuchas e interactúas con los demás, no intentes imponer tu visión. Respeta sus perspectivas. A menudo serán diferentes de las tuyas. Celébralo. Celebra la diversidad. ¿Qué sería de tu olla subconsciente sin la diversidad?

"Las perspectivas de otras personas podrían influenciarme de muchas formas…".

El hecho de que sus perspectivas sean diferentes no significa que tengas que cambiar tu proyecto o receta. Sus perspectivas son ingredientes frescos a considerar para tu mezcla. Y lo que suceda cuando combines sus perspectivas con las tuyas es algo que no te debes precipitar a juzgar. Da tiempo y espacio a tus procesos de incubación. Deja que las cosas se mezclen y combinen a su ritmo. Intentar acelerar ese proceso te conducirá hacia el cierre prematuro, lo que puede alejarte de las revelaciones e ideas más únicas y valiosas.

Recuerda llevar contigo alguna forma de grabar los ángulos y perspectivas interesantes. Los ingredientes frescos, como la comida fresca, se deterioran rápidamente.

## La motivación

Finalmente, retomemos la metáfora de la cocina: los mejores cocineros son aquellos que sienten pasión por su oficio y los mejores innovadores son aquellos que sienten pasión por aprender. Si compartes esa pasión, si ese fuego está fresco y vivo dentro de ti, tus platos serán originales desde el principio. La motivación es realmente la base de toda la magia que está por venir.

¡Mantente fresco!

## CAPÍTULO 18:
# Citas creativas

Inspírate en estas citas dichas por personalidades históricas. Nos recuerdan la importancia de la divergencia creativa y de ejercitar nuestros músculos creativos (Traducción del inglés al español realizada por Javier Ideami).

*"Todo niño es un artista, lo difícil es seguir siendo artista cuando creces".*

**– Pablo Picasso.**

*"Si escuchas una voz en tu interior que dice, 'No puedes pintar', entonces pinta, y esa voz será silenciada".*

**– Vincent Van Gogh.**

*"Grande es el humano que no ha perdido su corazón infantil".*

**– Mencius (Meng-Tse), Siglo IV a.C.**

*"No temas a la perfección, nunca la alcanzarás".*

**– Salvador Dalí.**

*"Curiosidad sobre la vida en todas sus manifestaciones, pienso, sigue siendo el secreto de los grandes creativos".*

**– Leo Burnett.**

*"No puedes esperar por la inspiración, tienes que ir a por ella con un bate".*

**– Jack London.**

M. A. Rosanoff: "Señor Edison, por favor, indíqueme las reglas de laboratorio que desea que siga". Edison: "Aquí no hay reglas. ¡Estamos intentando lograr algo!".

**– Thomas Edison.**

"La imaginación es el comienzo de la creación. Imaginas lo que deseas, quieres lo que imaginas y, finalmente, creas lo que quieres".

**– George Bernard Shaw.**

"No es el incompetente el que destruye una organización. El incompetente nunca se encuentra en la posición de poder destruirla. Son aquellos que llegan a algo y quieren descansar sobre sus logros los que bloquean las cosas para siempre".

**– F. M. Young.**

"Es fácil generar nuevas ideas; lo difícil es abandonar lo que funcionaba hace dos años, pero que pronto estará anticuado".

**– Roger von Oech.**

"La creatividad, como se ha dicho, consiste básicamente en reconfigurar lo que conocemos para descubrir lo que no conocemos. Por lo tanto, para pensar creativamente debemos ser capaces de mirar con ojos frescos lo que normalmente damos por descontado".

**– George Kneller.**

"Piensa izquierda y piensa derecha y piensa abajo y piensa arriba. ¡Oh, las cosas que puedes pensar si solo lo intentas!".

**– Dr. Seuss.**

*"La creatividad surge de un conflicto entre ideas".*

**– Donatella Versace.**

*"No pienses. Pensar es el enemigo de la creatividad. Pensar es un acto autoconsciente y cualquier cosa consciente de sí misma es vil. No puedes intentar hacer cosas. Simplemente las haces".*

**– Ray Bradbury.**

*"La creatividad es simplemente conectar cosas. Cuando preguntas a gente creativa cómo hicieron algo, se sienten algo culpables porque no hicieron nada realmente, solo vieron algo. Algo les pareció obvio después de un rato".*

**– Steve Jobs.**

*"Ves cosas, y dices '¿por qué?' Pero yo sueño cosas que nunca existieron, y digo '¿Por qué no?'".*

**– George Bernard Shaw.**

*"Todos operamos en dos modos contrastantes, que se podrían llamar el abierto y el cerrado. El modo abierto es más relajado, más receptivo, más exploratorio, más democrático, más juguetón y más humorístico. El modo cerrado es el más estrecho, más rígido, más jerárquico, con más visión de túnel. La mayoría de la gente, desafortunadamente, pasa la mayor parte de su tiempo en el modo cerrado. No es que el modo cerrado no sea útil. Si estás saltando un barranco, el momento de saltar es un mal momento para considerar estrategias alternativas. Cuando ataques la posición de la ametralladora del enemigo, no malgastes energía intentando ver su lado divertido. Hazlo en el modo cerrado. Pero una vez que la acción termine, intenta retornar al modo abierto, para abrir tu mente de nuevo a todo el feedback que nos permite decir si la acción ha tenido éxito, o si necesitamos hacer más para mejorar lo que hemos hecho. Dicho*

*de otra forma, debemos retornar al modo abierto, porque en ese modo somos más conscientes, más receptivos, más creativos y por lo tanto, más inteligentes".*

**– John Cleese.**

*"Sin jugar con fantasía no ha nacido jamás un trabajo creativo. La deuda que tenemos con el jugar de la imaginación es incalculable".*

**– Carl Jung.**

*"Proponer nuevas preguntas, nuevas posibilidades, considerar viejos problemas desde un ángulo nuevo requiere imaginación creativa y marca el avance real en la ciencia".*

**– Albert Einstein.**

*"Para ser creativo tienes que contribuir con algo diferente de lo que has hecho antes. Tus resultados no tienen que ser originales para el mundo; pocos resultados cumplen verdaderamente ese criterio. De hecho, la mayoría de los resultados están construidos sobre el trabajo de otros".*

**– Lynne C. Levesque.**

*"Una vez que nos deshacemos del pensamiento tradicional podemos ponernos a crear el futuro".*

**– James Bertrand.**

*"Lo esencial de la creatividad es no tener miedo de fallar".*

**– Edwin H. Land.**

*"El alcanzar la excelencia solo puede suceder si la organización promueve una cultura de insatisfacción creativa".*

**– Lawrence Miller.**

"No hay duda de que la creatividad es el recurso humano más importante de todos. Sin la creatividad no habría progreso, y estaríamos repitiendo para siempre los mismos patrones".

**– Edward de Bono.**

"La persona creativa quiere ser un sabelotodo. Quiere saber sobre todo tipo de cosas: historia antigua, matemáticas del siglo XIX, técnicas actuales de fabricación, diseños florales e inversión bursátil. Porque nunca sabe cuándo estas ideas podrían combinarse para formar una nueva. Podría suceder en seis minutos, en seis meses o en seis años. Pero tiene fe en que sucederá".

**– Carl Ally.**

"Las cosas que más tememos en las organizaciones (fluctuaciones, disturbios, pérdidas de equilibrio) son las fuentes primarias de la creatividad".

**– Margaret J. Wheatley.**

"Cuando el más débil de los dos cerebros (izquierdo y derecho) es estimulado y animado a trabajar en cooperación con el lado más fuerte, el resultado final es un enorme incremento en la habilidad global y..., a menudo, una eficiencia cinco o diez veces mayor".

**– Profesor Robert Ornstein, Universidad de California.**

"La innovación (cualquier nueva idea) por definición no será aceptada al principio. Precisamos intentos repetidos, demostraciones sin fin y ensayos monótonos antes de que la innovación sea aceptada e internalizada por una organización. Esto requiere una valiente paciencia".

**– Warren Bennis.**

"La forma de conseguir buenas ideas es generar muchas ideas y deshacerte de las malas".

— Linus Pauling.

"Para tener una gran idea, genera muchas ideas".

— Thomas Edison.

"El hecho de que tan pocos se atrevan hoy en día a ser excéntricos es el peligro más grande de nuestro tiempo".

— John Stuart Mill.

"El pensamiento creativo no es un talento, es una habilidad que se puede aprender. Hace crecer a las personas, fortaleciendo sus habilidades naturales, lo cual mejora el trabajo en equipo, la productividad y (donde sea relevante) los beneficios".

— Edward de Bono.

"Un inventor es simplemente una persona que no se toma su educación demasiado en serio. Verás, desde que una persona tiene seis años hasta que se gradúa tiene que hacer tres o cuatro exámenes al año. Si falla una vez, está fuera. Pero un inventor está fallando casi siempre. Prueba y falla quizás mil veces. Si tiene éxito una vez, entonces lo ha conseguido. Estos dos escenarios son totalmente opuestos. A menudo decimos que el mayor trabajo que tenemos es enseñar al nuevo empleado a fallar inteligentemente. Tenemos que entrenarle a experimentar una y otra vez y a seguir intentándolo y fallando hasta que aprenda qué es lo que funciona".

— Charles Kettering.

"Todo acto de creación es primeramente un acto de destrucción".

— Picasso.

*"Todo el desarrollo humano, no importa su forma, debe encontrarse fuera de las reglas; de otra manera nunca tendríamos nada nuevo".*

**– Charles Kettering.**

*"Cualquiera puede buscar moda en una tienda de ropa o historia en un museo. Los exploradores creativos buscan historia en la ferretería y moda en un aeropuerto".*

**– Robert Wieder.**

*"Si no esperas lo inesperado no lo encontrarás, pues no se alcanza a través de la búsqueda o el rastreo".*

**– Heraclitus.**

*"El genio es uno por ciento inspiración, y noventa y nueve por ciento transpiración".*

**– Thomas Edison.**

*"Las organizaciones del futuro dependerán cada vez más de la creatividad de sus miembros para sobrevivir. Los grandes grupos ofrecen un nuevo modelo en el que el líder es un igual entre titanes. En una colaboración auténticamente creativa, el trabajo es placer, y las únicas reglas y procedimientos son aquellos que avanzan la causa común".*

**– Warren Bennis.**

*"No te preocupes sobre la posibilidad de que la gente robe tus ideas. Si tus ideas son buenas tendrás que usar toda tu fuerza para que la gente las acepte".*

**– Howard Aiken.**

*"Algunos hombres miran a las cosas y preguntan ¿por qué? Yo sueño sobre cosas que no existen y pregunto ¿por qué no?".*

**– Robert Kennedy.**

*"En toda palabra de un genio reconocemos los pensamientos que una vez rechazamos".*

**– Ralph Waldo Emerson.**

*"El punto de innovación es el momento clave cuando gente talentosa y motivada busca la oportunidad de actuar sobre sus ideas y sueños".*

**– W. Arthur Porter.**

Y concluimos con algunas citas anticreativas que ilustran la necesidad de mantener nuestros músculos creativos en forma para evitar el estrechamiento de nuestros horizontes, como sucede en los casos que podemos leer aquí abajo:

*"Todo lo que puede ser inventado ha sido inventado".*

**– Charles H. Duell, Director de la oficina de patentes de EEUU, 1899.**

*"Las mujeres responsables y sensibles no quieren votar".*

**– Grover Cleveland, 1905.**

*"¿Quién demonios quiere escuchar hablar a los actores?".*

**– Harry M. Warner, Warner Bros Pictures, 1927.**

*"No hay ninguna posibilidad de que el ser humano pueda acceder jamás al poder del átomo".*

**– Robert Miliham, Premio nobel de física, 1923.**

*"Máquinas voladoras más pesadas que el aire son imposibles".*

**– Lord Kelvin, presidente de la Royal Society, 1895.**

*"El caballo está aquí hoy, pero el automóvil es solo una novedad, una moda".*

**– el presidente del *Michigan Savings Bank* recomendando no invertir en la empresa *Ford Motor*.**

*"El vídeo no será capaz de mantenerse en ningún mercado más allá de los primeros seis meses. La gente se cansará pronto de estar mirando una caja de madera cada noche".*

**– Daryl F. Zanuck, 20th Century Fox, hablando sobre la televisión en 1946.**

*"¿Qué utilidad tiene para la empresa un juguete eléctrico?".*

**– *Western Union*, cuando renunció a los derechos sobre el teléfono en 1878.**

# ¿Te gustó el libro?

Si aprendiste algo útil del libro, apreciaría mucho si pudieras dejar tu opinión allá donde lo hayas comprado. También puedes enviarme tu opinión por *email* a ideami@ideami.com.

[Web] **torchprinciple.com/review**

Muchas gracias.

# Glosario

### Ascensor de profundidad
Metáfora que representa la relación entre principios universales y diferentes áreas, campos y disciplinas. Por ejemplo, el ritmo en relación a la danza, las variaciones de la bolsa o los terremotos.

### Ascensor de texturas
Metáfora que representa el rango de posibilidades que se extiende entre las texturas visuales que son fácilmente identificables por nuestros procesos analíticos y otras que son más difíciles de interpretar para nuestra mente.

### Burbujas reveladoras
Metáfora que representa las nuevas revelaciones/ideas como frágiles burbujas que surgen de nuestros procesos subconscientes.

### Caminos de mínima resistencia
Patrones neuronales que son activados a menudo, por lo tanto, fortalecidos, generando caminos de mínima resistencia a través de los cuales tienden a fluir nuestros procesos mentales con más facilidad.

### El pico del *marketing*
Metáfora que relaciona los procesos de *marketing* con el desafío de escalar una montaña cuyo pico muta continuamente de forma y posición, mientras compites contra otros equipos que persiguen el mismo objetivo.

### El principio de la antorcha
Metáfora que representa el proceso de generar soluciones únicas a través del desafío de iluminar ideas innovadoras. Inicialmente,

estas ideas se encuentran situadas muy lejos de donde nos encontramos dentro de un vasto océano de oscuridad mental. Al comenzar nuestra búsqueda sostenemos en las manos de nuestra mente una pequeña antorcha de luz, nuestro conocimiento inicial sobre el desafío.

## Espacios negativos

Aquello que rodea al sujeto principal con el que trabajamos. El espacio ocupado por el sujeto es el espacio positivo. El espacio negativo es aquel que rodea al sujeto. Piensa en una manzana: el espacio interno de la manzana es el espacio positivo. El espacio negativo es el espacio alrededor de la manzana.

## *Lean* UX

Aplicar los principios *lean* a la mejora de la experiencia del usuario.

## *Lightstorming*

Técnica de *brainstorming* que utiliza texturas anónimas.

## Mapa acústico

Pieza de audio que reproduce un contexto acústico específico. Ejemplos: el sonido de una jungla, de un bar, de la lluvia, de pájaros cantando, etc.

## Metodología *Lean*

En esencia, *lean* significa generar más valor para el cliente con menos recursos, eliminando todo lo superfluo.

## Metodología Ágil

Metodología para el desarrollo de un producto/servicio u otro *output*, consistente en desarrollar pequeñas iteraciones con un énfasis fuerte en la autonomía, el ensayo y la recogida de *feedback*.

## Olla subconsciente

Metáfora que representa nuestro subconsciente como una olla de cocina donde el conocimiento se combina. Estas combinaciones podrían generar burbujas reveladoras.

## SK-Engine

Herramienta de *brainstorming* que combina la aleatoriedad guiada con estímulos verbales.

## Soundstorming

Técnica de *brainstorming* que combina la aleatoriedad guiada con estímulos acústicos.

## Textura

Es una variación continua y no uniforme dispuesta sobre una superficie de cualquier tipo.

## Textura anónima

Textura visual que no puede ser interpretada o etiquetada con rapidez por nuestra mente.

# Bibliografía

**Edwards, B.** (1987). *Drawing on the Artist Within.* Touchstone.

**Claxton, G.** (1999). *Wise Up.* Bloomsbury USA.

**Gelb, M.** (2000). *How to think like Leonardo Da Vinci: Seven steps to genius every day.* Dell.

**Koppett, K.** (2001). *Training to Imagine.* Stylus Publishing.

**Gawain, S.** (2002). *Creative Visualization.* New World Library.

**Michalko, M.** (2006). *Thinkertoys: A Handbook of Creative-Thinking Techniques.* Ten Speed Press.

# Referencias

1. http://theleanstartup.com/principles ("The Lean Startup") / https://en.wikipedia.org/wiki/Lean_manufacturing ("Lean Manufacturing") / https://en.wikipedia.org/wiki/Lean [Consulta: 16 de enero de 2016].

2. http://www.humankinetics.com/excerpts/excerpts/the-bodyrsquos-fuel-sources: "As potential fuel sources, the carbohydrate, fat, and protein in the foods that you eat follow different metabolic paths in the body, but they all ultimately yield water, carbon dioxide, and a chemical energy called adenosine triphosphate (ATP)" [Consulta: 11 de enero de 2016].

3. https://en.wikipedia.org/wiki/Nervous_system ("The Nervous System") [Consulta: 12 de enero de 2016].

4. https://en.wikipedia.org/wiki/Long-term_potentiation ("Long Term Potentiation") [Consulta: 9 de enero de 2016].

5. http://healthcare.utah.edu/publicaffairs/news/current/08-14-2013_brain_personality_traits.php ("Myth of left and right brain debunked") [Consulta: 11 de enero de 2016].

6. http://americanrtl.org/Einstein [Consulta: 19 de enero de 2016].

7. http://www.virtuesforlife.com/10-great-life-lessons-from-albert-einstein/ "It's not that I'm so smart; it's just that I stay with problems longer" [Consulta: 21 de enero de 2016].

8. http://www-935.ibm.com/services/us/ceo/ceostudy2010 / http://public.dhe.ibm.com/common/ssi/ecm/gb/en/gbe03297usen/GBE03297USEN.PDF [Consulta: 23 de enero de 2016].

9. http://en.wikipedia.org/wiki/Montessori_education [Consulta: 13 de enero de 2016].

10. http://www.ncbi.nlm.nih.gov/pubmed/21126528 [Consulta: 11 de enero de 2016].

11. https://en.wikipedia.org/wiki/Neural_oscillation [Consulta: 2 de enero de 2016].

12. http://www.choosemuse.com / https://www.crunchbase.com/organization/interaxon [Consulta: 3 de enero de 2016].

13. https://en.wikiquote.org/wiki/Henri_Poincaré [Consulta: 4 de enero de 2016].

14. http://www.sciencemag.org/content/328/5976/360.abstract [Consulta: 5 de enero de 2016].

15. *Anger Management For The Twenty-First Century* by Century Anger Management Publishing / https://books.google.es/books?id=_yI3WalNdLgC&pg=PA61&lpg=PA61&dq=%22creative+thinking+can+transform%22&source=bl&ots=SfIcJMKvz4&sig=UZU2WGNPBP_B51OvtYxrNcFBPkw&hl=es&sa=X&ved=0CDkQ6AEwBGoVChMIzamG7_bayAIVCX4aCh175Qcz#v=onepage&q=%22creative%20thinking%20can%20transform%22&f=false / "Creative thinking can transform the conflict into an opportunity" [Consulta: 16 de enero de 2016].

16. *Einstein's Universe: Gravity at Work and Play* by A. Zee "by Einstein's own admission, he was daydreaming when what he called the happiest thought of his life occurred to him. Perhaps he was having the dream of falling. The subconscious can work in strange ways." **https://books.google.es/books?id=tI6hr5boxg0C&pg=PA17&dq=einstein+subconscious&hl=es&sa=X&redir_esc=y#v=onepage&q=einstein%20subconscious&f=false** [Consulta: 5 de enero de 2016].

17. **https://en.wikipedia.org/wiki/The_Selfish_Gene** (*The Selfish Gene*) / **http://www.amazon.com/The-Selfish-Gene-Popular-Science/dp/0192860925** [Consulta: 7 de enero de 2016].

18. *Creative Problem Solving: A Guide for Trainers and Management*, by Arthur B. VanGundy Page 32: "As Einstein noted: The formulation of a problem is often more essential than its solution which may be merely a matter of mathematical or experimental skill. [Einstein and Infeld, 1938, p. 29]." **https://books.google.es/books?id=Ya9G2ozV9IYC&pg=PA32&lpg=PA32&dq=%22The+formulation+of+a+problem+is%22+einstein&source=bl&ots=l9yuCB5ARy&sig=GDYZ6mklvCJNydt-5QfG5092smXY&hl=es&sa=X&ved=0CDAQ6AEwAmoVChMIjr_xiaPZyAIVTOsmCh0D7AL5#v=onepage&q=%22The%20formulation%20of%20a%20problem%20is%22%20einstein&f=false** / Other Sources: *Encyclopedia of Creativity, Two-Volume Set, Volume 2. The Routledge International Handbook of Innovation Education* [Consulta: 17 de enero de 2016].

19. **https://en.wikipedia.org/wiki/Quantum_fluctuation** ("Quantum Fluctuation") [Consulta: 5 de enero de 2016].

20. *Thinkertoys: A handbook of creative-thinking techniques*, by Michael Michalko, Page 227 of 379 (59%): "Einstein imagined he was a beam of light hurtling through space, which led him to the theory of relativity".

21. *Surviving Transformation: Lessons from GM's Surprising Turnaround* by Vincent P. Barabba. "The Albert Einstein quote "Imagination is more important than knowledge," comes from an in-depth interview by George Sylvester Viereck in the *Saturday Evening Post*." **https://books.google.es/books?id=JwviBwAAQBAJ&pg=PT212&dq=imagination+is+more+important+than+knowledge+einstein&hl=es&sa=X&ved=0CCYQ6AEwAWoVChMIubGkiLvZyAIVRbIUCh18tQFI#v=onepage&q=imagination%20is%20more%20important%20than%20knowledge%20einstein&f=false** [Consulta: 1 de enero de 2016].

22. *Thinkertoys: A handbook of creative-thinking techniques*, by Michael Michalko, Page 261 of 379 (69%): "Albert Einstein observed that: the words of language, as they are written or spoken, do not seem to play any role in my mechanism of thought. The physical entities which seem to serve as elements in thought are certain signs and more or less clear images which can be voluntarily reproduced and combined." *Drawing on the artist within* by Betty Edwards, Page 46: "Faraday, Galton, Einstein, and certain other noted scientists have reported that they solved scientific problems in visual images and only afterwards translated their thoughts into words".

23. *Dilemmas in the Study of Information: Exploring the Boundaries of Information Science* by Samuel D. Neill / **https://books.google.es/books?id=76HQ8UMpRFAC&pg=PA25&dq=einstein+imaginary+trips&hl=es&-**

**sa=X&redir_esc=y#v=onepage&q=einstein%20imaginary%20trips&f=false** [Consulta: 2 de enero de 2016].

24. *How to Think Like Leonardo da Vinci: Seven Steps to Genius Every Day* by Michael J Gelb: "In his quest for truth, and his search to understand the essence of natural systems, Leonardo went to extremes. His anatomical studies of the act of coitus, his dinner party for deformed and grotesque characters, his remarkably composed sketch of the hanging of Bandinelli, the phantasmagorical war machines, all demonstrate his intuitive knowledge that to understand a system, one must explore it, or imagine it, under extreme conditions".

25. "Genius is one percent inspiration, ninety-nine percent perspiration." Spoken statement (c. 1903); published in *Harper's Monthly* (September 1932). **https://en.wikiquote.org/wiki/Thomas_Edison** [Consulta: 3 de enero de 2016].

26. *SK-Engine* es una herramienta *online* de *brainstorming* que utiliza la aleatoriedad guiada en combinación con estímulos verbales para estimular el subconsciente.

27. *Soundstorming* se refiere a procesos de *brainstorming* que utilizan principalmente sonidos para estimular el subconsciente. *Lightstorming* se refiere a procesos de *brainstorming* que utilizan principalmente texturas visuales para estimular el subconsciente.

28. *Thinkertoys: A handbook of creative-thinking techniques*, by Michael Michalko, Page 222 of 379 (58%): "When Einstein was troubled by a problem, he would like down and take a long nap".

29. *Drawing on the artist within* by Betty Edwards, Page 47: "In 1907, Albert Einstein recorded the creative moment when he grasped that the effect of gravity was equivalent to a nonuniform motion as "the happiest moment of my life." Quoted in Hans Pagels, *The Cosmic Code*, 1982".

30. **https://en.wikipedia.org/wiki/Theory_of_multiple_intelligences** ("Theory of multiple intelligences") [Consulta: 5 de enero de 2016].

31. **https://en.wikipedia.org/wiki/Theory_of_multiple_intelligences** ("Theory of multiple intelligences") [Consulta: 7 de enero de 2016].

32. **http://www.businessinsider.com/new-study-destroys-malcolm-gladwells-10000-rule-2014-7** ("Business Model Canvas") [Consulta: 11 de enero de 2016].

33. **https://en.wikipedia.org/wiki/Harry_Potter** ("Harry Potter Books") [Consulta: 23 de enero de 2016].

34. *Thinkertoys: A handbook of creative-thinking techniques*, by Michael Michalko, Page 261 of 379 (69%): "Albert Einstein observed that: the words of language, as they are written or spoken, do not seem to play any role in my mechanism of thought. The physical entities which seem to serve as elements in thought are certain signs and more or less clear images which can be voluntarily reproduced and combined".

35. *Drawing on the artist within* by Betty Edwards, Page 186: **http://www.goodreads.com/book/show/680042.Drawing_on_the_Artist_Within** / **https://books.google.es/books?id=ROh9ZGJPfv8C&pg=PA186&dq=drawing+artist+within+sighting+durero&hl=es&-**

sa=X&ved=0CCAQ6AEwAGoVChMIpOrbhMPZyAIVi-VsaCh31wQx5#v=onepage&q=drawing%20artist%20within%20sighting%20durero&f=false** [Consulta: 2 de enero de 2016].

36. *Drawing on the artist within* by Betty Edwards **http://www.goodreads.com/book/show/680042.Drawing_on_the_Artist_Within** [Consulta: 23 de enero de 2016].

37. **http://www.biography.com/news/alexander-fleming-5-other-accidental-medical-discoveries** ("Penicillin") [Consulta: 9 de enero de 2016].

38. *Thinkertoys: A handbook of creative-thinking techniques*, by Michael Michalko, Page 227 of 379 (59%): Einstein imagined he was a beam of light hurtling through space, which led him to the theory of relativity.

39. *Excursions to the Far Side of the Mind* by Howard Rheingold: "The role of visual thinking in artistic and scientific creativity through the ages can be discerned in a distinct pattern of historical testimony. Autobiographical accounts of creative geniuses from Mozart to Einstein attest to the role of mental images in the creation of masterpieces".

40. **http://www.goodreads.com/quotes/978797-look-at-walls-splashed-with-a-number-of-stains-or** / **http://www.tate.org.uk/context-comment/articles/deliberate-accident-art** [Consulta: 19 de enero de 2016].

41. "Whenever he felt that he had come to the end of the road or into a difficult situation in his work, he would take refuge in music, and that would usually resolve all his difficulties" (Ronald W. Clark, 1971. *"Einstein. The Life and Times"*. p106).

42. **https://en.wikipedia.org/wiki/Stress_(biology)** ("Stress") [Consulta: 2 de enero de 2016].

43. **http://wanderluxe.theluxenomad.com/10-reasons-why-couples-break-up-after-vacation** / **http://www.bustle.com/articles/98465-why-the-most-common-time-of-year-for-long-term-relationship-breakups-is-during-the-holidays-because**: "Holidays are often the ultimate test for relationships — it's actually the most common time of year that couples break up" [Consulta: 1 de enero de 2016].

44. "I have not failed. I've just found 10,000 ways that won't work." **http://www.goodreads.com/author/quotes/3091287**. Thomas_A_Edison [Consulta: 8 de enero de 2016].

45. **https://en.wikipedia.org/wiki/Psychological_resilience** ("Resilience") [Consulta: 2 de enero de 2016].

46. **https://en.wikipedia.org/wiki/Drug** ("Drug") [Consulta: 19 de enero de 2016].

47. **http://ctb.ku.edu/en/table-of-contents/structure/strategic-planning/develop-strategies/main**: "Also, just one strategy, affecting just one part of the community such as schools or youth organizations, often isn't enough to improve the situation. Make sure that your strategies affect the problem or issue as a whole" [Consulta: 3 de enero de 2016].

48. **http://www.physicsclassroom.com/class/sound/Lesson-4/Natural-Frequency** / **https://en.wikipedia.org/wiki/Mechanical_resonance**: "Many resonant objects have more than one resonance frequency. It will

vibrate easily at those frequencies, and less so at other frequencies" [Consulta: 2 de enero de 2016].

49. "I can't account for how at any given moment I feel the need to explore a life as opposed to another, but I do know that I can only do this work if I feel almost as if there is no choice; that a subject coincides inexplicably with a very personal need and a very specific moment in time". (Traducción propia del inglés al español). **http://www.hollywoodreporter.com/news/steven-spielberg-reveals-daniel-day-409709** [Consulta: 8 de enero de 2016].

50. **https://en.wikipedia.org/wiki/Feature_scaling** [Consulta: 11 de enero de 2016].

51. **http://www.businessinsider.com/new-study-destroys-malcolm-gladwells-10000-rule-2014-7** / **http://pss.sagepub.com/content/early/2014/06/30/0956797614535810.abstract** [Consulta: 21 de enero de 2016].

**torchprinciple.com**

www.ingramcontent.com/pod-product-compliance
Lightning Source LLC
Chambersburg PA
CBHW052129010526
44113CB00034B/1031